西漢雙雄

侯衛青與冠軍侯霍去病／

舅甥二人如何助武帝開創大漢盛世

喬忠延 著

衛青馳騁朝堂數十載，當初不過是個放羊童，

其姐衛子夫一朝受漢武帝寵幸，連帶衛氏全族跟著崛起；

霍去病首次出戰便告捷，六擊匈奴屢屢得勝，儼然成為胡人噩夢。

這對縱橫沙場、所向披靡的將軍舅甥，共通點居然都是「私生子」？！

打下河西走廊，改變世界格局，一代將才衛青與霍去病的傳奇人生。

目錄

目錄

目錄

序論

大漢雙雄中華魂——衛青、霍去病

在歷史上，屹立著兩位時光無法抹去其光采的山西英傑，他們就是輝煌於西漢時期的衛青和霍去病。

衛青（約西元前一五三至前一〇六年），字仲卿，河東平陽人（今山西省臨汾市），其故鄉在今臨汾市堯都區青城村。漢朝最傑出的抗匈奴英雄。他披甲上陣，收復失地，拓展疆土。因戰功卓著，漢武帝賞封他為長平侯，官至大司馬、大將軍。

衛青出身卑微，母親是長安平陽侯府邸的婢妾，與從平陽前來侯邸做事的縣吏鄭季私通，生下了他。鄭季供職期滿返回故里，不久，年幼的衛青也被送到父親身邊。讓衛青跟隨父親本是為了能接受良好的教育，但衛青只是被當作奴僕使喚，每天不得不持鞭放羊。

稍能自立，他甩掉羊鞭返回長安，母親卻只能讓他給平陽公主當騎奴。童年的艱苦生活、少年的苦難、奴僕的卑微經歷，磨練了他頑強不屈的意志，熔鑄成他寬懷大度的性格。

衛青命運的轉折來自三姐衛子夫。衛子夫因受到漢武帝的寵幸而進宮，他也幸運地進宮，在建章營當了差。雖然衛青進宮後不久遭到陳皇后母女的綁架，但是有驚無險，事後更得漢武帝的厚愛，升他為建章監、侍中。不久，擔任大中大夫，可以參與朝中大事的議論決策。

江山代有才人出。漢武帝是一位具有雄才大略的帝王，即位後志在改變漢朝不斷遭受匈奴侵擾、邊塞難以安寧的窘境。他精心謀劃了馬邑之圍，卻因老將思想保守、行動滯後而錯失良機。建非常之功，需非常之人。為此，年輕的衛青得以被任用，披掛上陣，奔赴抗擊匈奴的疆場。衛青沒有辜負漢武帝的期望，一起出征的其他各路大軍相繼失利，唯獨他凱歌高奏。他率軍直搗匈奴祭祀天地的龍城，斬殺俘虜七百餘人。漢朝取得對匈奴作戰的首次勝利，時在元光六年（西元前一二九年）。

元朔元年（西元前一二八年）秋，衛青第二次出征匈奴。身為車騎將軍，率領三萬將士，兵出雁門（治今山西右玉縣），重創匈奴，斬殺俘虜數千人。這次戰鬥的勝利，確立了衛青作為抗擊匈奴主將的地位。次年，衛青率領四萬鐵騎，再度出征。本是要收復河南地，即現今黃河以南的河套地區，他卻兵出雲中（今內蒙古托克托東北），迂迴側擊，攻占高闕（今內蒙古杭錦後旗西北），截斷了盤踞河南地的白羊王、樓煩王與匈奴王庭的聯繫。繼而飛速形成對白、樓二王的包圍，精兵猛攻，正如《史記》所載，「捕首虜數千」，大獲全勝，一舉收復河南，解除了匈奴逼近長安、危及京城的困局。為此，漢武帝賞封衛青為長平侯，食邑三千八百戶。曾經的放羊娃、騎奴，一躍而為萬人敬仰的長平侯，「王侯將相寧有種乎！」河南地的收復，象徵著漢朝對匈奴的作戰由抗擊階段進入反擊階段。

元朔五年（西元前一二四年）春，衛青統領六位將軍，進擊匈奴。衛青親率大軍，兵出高闕，奔襲上千里，連夜包圍右賢王，發動攻擊。這突如其來的打擊，令右賢王措手不及，倉促應戰，抵擋不住，慌忙帶著愛妾朝大漠深處逃命。此戰俘虜了「得右賢裨王十餘人，眾男女萬五千餘人，畜數千百萬」。捷報傳回京都，漢武帝喜出望外，派出特使趕往軍中，封衛青為大將軍，增加食邑六千戶，並將他的三個兒子全都封侯。衛青推辭對兒子的封侯，為戰將請功。漢武帝最後將衛青麾下十將領封侯。一戰而十一位將領封侯，世所罕見。

繼而，在元朔六年（西元前一二三年）的春天和夏天，大將軍衛青率領六位將軍，連續兩次出兵打擊匈奴，斬獲匈奴部眾上萬人。最為人稱道的是，十八歲的霍去病以剽姚校尉（《史記》寫為剽姚，《漢書》寫為嫖姚，也有寫作票姚）的名義領兵上陣，勇猛異常，展示出他的軍事才幹。之後，作為大將軍的衛青，與漢武帝共同規劃霍去病兩度征戰隴西（今甘肅隴山以西黃河以東一帶）。此二役，霍去病打得匈奴聞風喪膽，渾邪王率部投降，「鑿空」通往西域的大道。

元狩四年（西元前一一九年）春天，衛青與霍去病各自率領五萬大軍，出征漠北。衛青自定襄（今內蒙古和林格爾西北）出兵，縱深千里，突然遭遇匈奴伊稚斜單于的主力。他臨危不懼，迅速指揮將士擺開戰陣。趁敵不備，發動猛攻，戰至傍晚，暴風突起，漢軍越戰越勇，匈奴節節敗退，伊稚斜單于嚇得魂飛魄散，狼狽逃竄。衛青率軍迅速追擊，奔波二百餘里未能趕上。隨即，攻陷匈奴趙信城，得到大量糧草補給。此戰「捕斬首虜萬餘級」，打得伊稚斜單于十多天與部眾失去聯繫。衛青與霍去病大獲全勝，徹底摧毀了匈奴盤踞在漠南的根基。恰如《史記．匈奴列傳》記載：「匈奴遠遁，而幕南無王庭。」自此，漢朝反擊匈奴的戰役，取得了決定性的勝利。

衛青凱歌還朝，漢武帝任命他為大司馬，衛青成為權傾朝野的大臣。

衛青性雄毅，多大略，為人寬厚。主理朝政，謙和待人，極力薦才，大度，不輕易動怒。李敢因為父親李廣自殺而怨恨衛青，拳腳相加，使之臉部受傷，衛青怕漢武帝追究懲處李敢，匿諱不言，閉門養傷；大臣汲黯禮數不周，衛青也不計較，依然一如既往恭恭敬敬向他請教國事。

衛青功高而不震主，得勢而不立威，敬賢而不養士，兢兢業業走完了一生。元封五年（西元前一〇六年），他患病去世。漢武帝頒旨，將他陪葬在茂陵，陵墓形狀似廬山，以紀念他收復此地的功績。謚號為「烈」，取《謚法》中「有功安民曰烈」之意。

霍去病（西元前一四〇年至西元前一一七年），河東平陽人，故鄉在今山西省臨汾市堯都區高堆村。著名的英雄將領。他十八歲領兵奔赴抗擊匈奴的前線，以凌厲剽悍的風格，橫掃千軍，創造了六戰六捷的戰績。官至大司馬，以冠軍侯聞名於世。

霍去病出生在平陽侯長安府邸，父親霍仲孺是從平陽到府中服務的小吏，母親衛少兒是府中的女奴。他出生後，姨母衛子夫入宮得寵，舅舅衛青也進宮當差，整個親族的發展踏上康莊大道。霍去病很早就進入宮中，受到良好的教育。舅舅衛青抗擊匈奴，捷報頻傳，成為他效仿的榜樣。他進入羽林軍刻苦訓練，武藝高強，深得漢武帝的賞識。

元朔六年，衛青再次北征匈奴。漢武帝命霍去病為剽姚校尉，率領八百精騎隨同作戰。首次上陣，霍去病即展現出卓越的軍事才能。他行如迅電，戰如猛虎，斬殺俘虜匈奴相國、當戶及單于的大父行籍若侯產（《漢書》中寫作藉若侯產）等兩千零二十八人，還俘虜了單于的季父羅姑比。漢武帝欣喜異常，賞封他為冠軍侯，食邑一千六百戶。

元狩二年（西元前一二一年）春天，漢武帝任命霍去病為驃騎將軍，率軍一萬人，獨立作戰，出擊隴西。二十歲掛帥統領大兵，這在漢朝史無前例，朝中大臣無不為之擔心。然而，霍去病用捷報沖散了他們的疑慮。此戰斬殺、俘獲八千九百六十人，並且斬殺折蘭王、盧胡王，俘獲渾邪王之子以及相國、都尉。最令匈奴震驚的是，繳獲了匈奴祭天的金人。漢武帝頗為驚喜，為霍去病增加食邑兩千兩百戶。

當年夏天，霍去病再次出擊隴西，率軍直搗匈奴腹地，大獲全勝。《史記．衛將軍驃騎列傳》記載天子曰：「驃騎將軍踰居延，遂過小月氏，攻祁連山，得酋涂王，以眾降者二千五百人，斬首虜三萬二百級，獲五王，五王母，單于閼氏、王子五十九人，相國、將軍、當戶、都尉六十三人。」赫赫戰績讓漢武帝龍心大悅，他加封霍去病食邑五千戶，還將追隨他出征有功的趙破奴、高不識、僕多等將領也一併封侯。

霍去病連續兩次率兵出征隴西，重創匈奴，史稱「河西大捷」。漢朝軍民歡騰，匈奴唉聲嘆氣。隴西丟失，激怒了單于伊稚斜，決意要懲處據守此地的渾邪王和休屠王。二王聞知，膽戰心驚，密議投降漢朝。霍去病受命率領大軍前去迎降。就在霍去病迎降途中，休屠王反悔了。為防止走漏風聲，渾邪王刺殺了休屠王，鎮服了他的部下。但就在霍去病大軍趕到時，匈奴陣營還是有了騷動，休屠王手下的部眾企圖作亂。稍有遲緩，就可能發生惡戰，霍去病臨危不懼，飛馬前去，與渾邪王聯手斬殺叛軍，穩定降軍人心，成功迎回四萬匈奴降軍，一時傳為佳話。匈奴則悲嘆：「失我祁連山，使我六畜不蕃息。失我焉支山，令我婦女無顏色。」

從此，漢朝控制了整個隴西地區，打通了前往西域各國的通道。昔年，張騫由此地前往大月氏遭到匈奴扣押，幾經周折，雖最終返回長安，卻前後歷經十三年。霍去病反擊匈奴獲勝後，張騫二次西行前往烏孫，暢通無阻。司馬遷稱之「鑿空」，並以為鑿空者是張騫。其實，帶領將士浴血奮戰、鑿空隴西的是霍去病。如果說張騫是絲綢之路的開拓者，那麼，霍去病，以及此前收復河套地區的衛青，就是絲綢之路的奠基者。元狩四年春，反擊匈奴的大決戰開打了！霍去病與舅舅衛青各自率領五萬騎兵，出征漠北。霍去病大軍從代郡（今河北蔚縣東北）出擊，越過離侯山，渡過弓閭河，飛速挺進兩千餘里，直抵現今蒙古國巴托東肯特山的南面，與匈奴左賢王接戰。霍去病率軍勇猛衝殺，攻勢凌厲，匈奴防線徹底崩潰。左賢王部眾潰逃四散，全軍覆滅。此戰斬殺和俘虜了七萬零四百四十三人，俘虜了屯頭王、韓王等三人，將軍、相國、當戶、都尉八十三人。大戰告捷，霍去病率軍在狼居胥山（今蒙古國肯特山）主峰建立高壇，在姑衍山（在今蒙古肯特山以北）旁開闢廣場，同時高舉千萬支勝利火炬，舉行祭天禮，祭奠烈士，犒勞將士！得勝還朝，漢武帝加封霍去病食邑五千八百戶，任命他為大司馬。霍去病成為位高權重的大臣。

自此，「匈奴遠遁，而幕南無王庭」。因而，衛青和霍去病也被史學家視為改變當時東方世界格局的名將。

霍去病少年得志，英勇果敢，率軍作戰如霹靂閃電，無堅不摧，堪稱常勝將軍。少年得志的他也養成了超凡脫俗的做派，得勝歸來，漢武帝要為他建造府邸，他一口回絕：「匈奴未滅，何以家為！」這展現了他不存私欲的報國志向。然而，漢武帝要他學習兵法，他則說：「顧方略何如耳，不至學古兵法。」這就有點趾高氣揚、目空一切。這種心態衍生的負面行為是不受委屈、睚眥必報。李敢打傷衛青，衛青匿諱不言，閉門養傷。霍去病則趁與李敢陪同漢武帝前往甘泉宮狩獵之機，一箭將他射死。暴烈的性格成就了一位軍事天才，或也導致了他生命的必然短暫。

元狩六年（西元前一一七年），二十四歲的霍去病暴病亡故，他成為漢朝的一顆「流星」。極為悲痛的漢武帝，下令將他葬於茂陵，並諡封為「景桓侯」。《諡法》曰：「布義行剛曰景」、「辟土服遠曰桓」。「景桓侯」是對霍去病一生功績的忠實評價。

霍去病下葬之日，漢武帝命河西五郡的胡人、邊民，穿黑衣，披鐵，列隊綿延幾十里護送他的靈柩前往茂陵。霍去病陵墓為祁連山形狀，以紀念他生前抗擊匈奴所建立的不朽功勳。

的確如此，霍去病的功績是不朽的，衛青的功績也是不朽的。他們連年征戰，平息匈奴人的入侵，保證了邊塞安寧；他們主動出擊，連續得勝，「匈奴遠遁」，改變了西漢乃至世界的格局，他們安定西域，隨後張騫第二次西行，開闢了舉世聞名的絲綢之路。

擊鼓開篇

《詩經．小雅．采芑》載：「鉦人伐鼓，陳師鞠旅。」古代戰爭用「鉦」和「鼓」發號施令，擊鼓則進，鳴金則退。「鉦」者，金也。衛青、霍去病為兩員戰將，故採用「擊鼓開篇」與「鳴金收官」為本書的開篇與結語之題。

天崩地裂！翻江倒海！摧枯拉朽！

是千古名將衛青、霍去病的戰場風姿。這樣充滿熱血的神態握，不時就從中華歷史的書頁裡飛躍出來，尤其在時代發生劇變時，像風向標，像催化劑，總能給人源源不絕的熱情，給人鼓舞。

衛青、霍去病的形象在我眼前是一幅氣壯山河的畫：一群拿著鼓、持著鑼、舉著鼓槌的彪形大漢，飛快地躍上廣場，轉眼間雙腿一弓，雙臂一揚，揮手一打，立刻有如石破天驚，有如怒潮倒灌，有如地動山搖。何止彪形大漢，即使柔情似水的嬌娘也是如此，只要成為「鼓舞」隊中的一員，就會迸發出撼天動地的氣概。

這鑼鼓不是風，但有暴風在雙槌間橫掃；這鑼鼓不是雷，但有霹靂在雙鈸間轟鳴；這鑼鼓不是電，但有強光在雙鐃間閃爍；這鑼鼓不是火山，但有岩漿在銅鑼上迸發；這鑼鼓不是大海，但有浪濤在轟響聲裡洶湧澎湃。

可以說這鑼鼓比風狂，比雷凶，比電烈，比山雄，比海瘋。

這是他們獨有的鑼鼓，一旦鼓隨人舞，就會鼓舞出震驚人寰的十足威風。

上古時期，放勳帶領部族定居在姑射山前、平湖北側的開闊地帶。古人以山南、水北為陽，始有平陽這個名稱。那不是盤古開天地的時代，卻應是夸父逐日的時代。火紅的日頭周而復始，升上天，落下山。升上天，白晝豁亮；落下山，滿目黑暗。神祕、神祕、神祕！欲破解神祕的夸父，直奔日頭追去，生命卻終結在追逐的焦渴裡。何止是日頭升落神祕，風霜雨雪、霹靂閃電，同樣神祕。破解神祕的是放勳，因為他的功績，後人建廟祭祀他，尊他為五帝當中的一位，後世子孫尊稱為帝堯。

帝堯帶領先民觀天測時，確定曆法，破譯上天的神聖密碼。進而敬授民時，用上天的法則指導地上的農業耕種，將狩獵取食的先祖，帶進了農耕文明時期；將中原部族，帶進了文明。「日出而作，日落而息。鑿井而飲，耕田而食」，吟唱的正是當初的生活景況。我曾主觀臆想，威風鑼鼓就萌生在狩獵取食與耕田而食這個四處奔波和安居樂業的交叉點上。那是先祖發自骨血的宣言，發自精髓的吶喊。

我的主觀臆想不再無根無據的。襄汾縣陶寺遺址的考古專家經過研究，確定了陶寺文化的時間，恰好在堯舜時代。那黃土下的墓坑裡埋藏著四千多年前的樂器，有土鼓，有鼉鼓，還有能夠敲擊出清脆悅耳聲音的石磬。可以斷定，先祖就是用這土鼓、鼉鼓和石磬，抒發宣言，高聲吶喊。吶喊，延續幾近五千年的吶喊，不斷更新吶喊的樂器，終於形成寰宇罕見的威風鑼鼓。

與威風鑼鼓同樣令寰宇震撼的是大漢名將衛青、霍去病。

不少學者認為，衛青、霍去病改變了世界的格局，受到他們的軍事重創，匈奴分化為南匈奴和北匈奴。南匈奴繼續與漢人融化；北匈奴則向西遷徙。衛青、霍去病因而成為世界軍事史中的名將。

試問，古今中外名將林立，常勝將軍能有幾人？無論幾人，衛青都昂首挺立於前端。試看，戰爭廝殺演化為體育競技的賽場較量，最後的獲勝者走上領獎臺，胸前掛上光燦燦的金牌，是何等光彩！但那金牌的得主叫做什麼？

冠軍。

冠軍一詞的來歷是什麼？什麼人將它發揚光大？秦末戰爭時期，楚軍將領宋義胸有謀略被各路將領推舉為「卿子冠軍」。可惜，這位卿子冠軍名聲尚未叫響，即被項羽斬於帳中。元朔六年，即西元前一二三年，漢武帝將「冠軍」之名賞封給對匈奴作戰首戰即取得勝利的霍去病。

衛青、霍去病揚名寰宇不偶然。古人云：「一方水土養一方人」，吃著水土孕育出的果實長大的人們，其實也是這方水土的果實。

衛青、霍去病承載著這方水土頂天立地的志向。回望歷史，塞外遊牧部族與中原農耕部族的一次次衝突與融合，是中華文明史的不朽主題。如果把這些衝突與融合畫出一條界線，必須畫在西漢時期，畫在漢武帝時期。但即使畫在漢武帝時期，也不是畫在他初登帝位的時候——必須要待衛青登場。在衛青沒有亮相之前，漢武帝空有征服匈奴的志向與豪情。本想憑藉精心謀劃的馬邑之圍一洗祖先恥辱，終結北部狼煙屢起的局面，孰料守成持重的老將一猶豫，竟放走就要進入埋伏圈的匈奴大軍。漢武帝夢寐以求的勝利，轉眼化為一枕黃粱。

歷史用足夠的耐心等待，等待衛青領軍上陣，打勝了保衛邊地的防守戰，狠狠的給匈奴來了一記下馬威。慣於殺戮掠搶的匈奴不得不收手，不得不龜縮。衛青把民族衝突與融合的界線牢牢鎖定在元光六年，即西元前一二九年。

堯都，這方水土孕育出頂天立地的志向與豪情，譜寫出名垂青史的浩歌！

若想成為一個通覽世事的「明白人」，要把民族衝突與融合的這條界線與堯舜時代的交叉點對比地來看一下。那個交叉點其實也畫出了一條界線——塞外遊牧部族與中原農耕部族的界線。狩獵取食發展出兩種截然不同的生存形態，塞外狩獵變為遊牧，中原狩獵變為耕田。遊牧者繼續以肉食為主，農耕者則以五穀雜糧為食。遊牧者身體的強壯、氣質的剽悍，不言自明。

擁有這些特質的匈奴人，不時南下劫掠，屢戰屢勝。

劫掠與守衛是歷朝歷代戰爭的主題。戰爭是野蠻對文明的撕扯和破壞。文明與野蠻較量，根本不是對手。唯一的獲勝手段就是以暴制暴，將骨血和精髓裡的膽識與氣概，化作暴雨，化作狂風，化作風馳電掣的駿馬，化作鋒利無比的長矛，只有這樣才能攻無不克、戰無不勝。

衛青、霍去病帶著這種「基因」躍馬上陣，自然如天崩地裂，如翻江倒海，如摧枯拉朽。

一部閃耀在世界軍事史上的壯麗華章，就這樣擊鼓開篇了。

一曲嘹亮在中華文明史上的高亢浩歌，就這樣雄壯唱響了。

第一章　胡馬何其驕

本是同根生

《史記．匈奴列傳》：「唐虞以上有山戎、獫狁、葷粥，居於北蠻，隨畜牧而轉移。」

平陽，雖然早在隋文帝開皇年間改名為臨汾，但是，歷史無法改變，歷史承載的文化也無法改變。堯都仍是堯都，堯都豐厚的文化底蘊依然豐厚。或許因為堯都是戲曲的搖籃吧，那裡老一輩的人都喜歡說：「舞臺小社會，社會大舞臺。」延續這句話，人生猶如演員，作為多大，名聲多大，不光要看自身的技藝有多高，還要看擁有的舞臺有多大。用這種說法回望名垂青史的衛青、霍去病，他們的名聲大，是因為他們擁有的舞臺大；他們的舞臺大，是因為建構舞臺的時日漫長。浩瀚的沙漠和遼闊的草原，是衛青、霍去病披甲上陣、馳騁生命的博大舞臺。及至他們登場亮相，匈奴已經為拓展這舞臺縱橫已久了。

司馬遷在《史記．匈奴列傳》中，開宗明義將匈奴的歷史追溯至夏代末年。然而，筆尖再點染墨色，歷史就探究到了堯舜之前。他寫道：唐堯、虞舜以前就有山戎、獫狁、葷粥，居住在北方蠻荒之地，追尋水草旺盛的地方隨時遷徙。他們飼養的牲畜，多是馬、牛、羊，也飼養駱駝、驢、騾等等。他們沒有城郭和長期棲居地，占有土地卻不種植。這是遊牧民族的生活常態，用如今的標準丈量似乎並不先進，可要是還原到當初的社會卻並不落後，而且，還帶領著當初的社會進步。所謂進步，就是把狩獵進化成了遊牧。

葷粥沒有文字書寫的法律條文，只用言語來約束人們的行為。這裡我們暫且以葷粥統稱山戎和獫狁這些遊牧部族。他們吃畜肉，穿獸皮，披氈毯。孩童很小時尚不能騎馬，卻能騎著羊四處奔跑。若是看見天上的飛鳥和地上的野鼠，隨即挽弓搭箭出手射獵。當然，他們用的是小弓短箭，那是父輩為他們特製的。再長大些即與父輩同弓同箭，射殺狐狸和兔子，食其肉，寢其皮。成年男子拉弓射箭自不待言，個個都能上陣作戰。他們的風俗是，每天遊走放牧，順便射獵飛禽走獸；每天練習作戰本領，時刻準備侵襲征伐。世世代代如此，早已成為天性。

相比較中原初生的諸多方國（指上古時期由部族演化成的地方性國家），葷粥缺少應有的文明教化。若是司馬遷在世，我想和他商量，難道當初帝堯教化萬民，垂拱而治，沒有抵達那裡？記得《淮南子．修務訓》中寫道：「堯立孝慈仁愛，使民如子弟。西教沃民，東至黑齒。北撫幽都，南道交趾。」如此廣袤的疆域，難道沒有涵蓋葷粥遊牧的草原？商量只是笑談，沒有一定要和史聖一決高下，我距司馬遷的時代，與司馬遷距帝堯的時代同樣久遠。他是猜度，淮南王劉安也是猜度，既是猜度就未必準確。

能夠準確認定的是，《尚書．堯典》記載，帝堯「欽若昊天，曆象日月星辰」，確定了曆法。我敢說這是「準確認定」，是因為當代考古提供了物證，襄汾縣陶寺遺址出土的古代觀象臺，不僅證實曆法的形成，也證實了節氣的出現。由此可以斷定，中原地區的農耕種植在這一時期獲得了巨大的進步。其實，生存方式無所謂孰優孰劣，進行優劣區分的應該是帝堯所推行的「教化萬民，垂拱而治」。

葷粥習俗，看見形勢有利就進攻，不利就逃命，並且不以逃跑為羞恥。只要有利就謀取，不管是否有違禮義，並且以獲利多而沾沾自喜。他們看重青壯年，輕視老弱者。青壯年吃肥肉美食，老年人只能吃剩肉、啃骨頭。父親去世，兒子可以娶後母為妻；兄長去世，小弟可以娶嫂子為妻。

《漢書．匈奴傳》記載：「匈奴，其先夏後氏之苗裔，曰淳維。」《漢書》開宗明義，將北方沙漠、草原劃為匈奴的領地，並且明確指出，那時的匈奴稱作淳維，是夏代的後裔。夏代由大禹開創，敗壞在夏桀手裡。《史記．殷本紀》記載，夏桀「為虐政淫荒」。商湯聯合眾多部族起兵，擊敗夏桀將士。

我從史書裡鉤沉這早已沉寂的歷史，是想釐清長年侵擾中國北方的匈奴，到底有著何種基因。依照《括地譜》追索，夏桀亡故後出頭露面的是他那兒子獯粥。獯粥率領部族北遷，與久居沙漠、草原的山戎、獫狁、葷粥交融在一起，取了個統一的名字，這就是：匈奴。

匈奴強悍的體魄、原始的風俗，對中原構成了極大威脅。尤其是氣候惡劣的年頭，風沙侵襲他們和他們的牲畜，衣食無著的匈奴，會把南國的人畜，當作他們經常射獵的飛鳥和野獸。他們一揮鞭南驅，中原邊地便血色塗地、狼煙衝天，便家破人亡、大禍臨頭。

如此揮鞭南驅，逼得趙武靈王不得不胡服騎射；逼得相鄰的趙國、燕國不得不修造長城。尤其是到了秦始皇時，對已有的長城修築加固，同時沿狼山新修了高闕至榆中段。如此，從臨洮至遼東，形成了一道巍峨綿延的屏障——萬里長城。正如《史記．匈奴列傳》所記：「築長城以拒胡。」

變亂也不同

《史記．匈奴列傳》：「自淳維以至頭曼千有餘歲，時大時小，別散分離，尚矣，其世傳不可得而次云。」

秦始皇在歷史上是一位頗有爭議的皇帝，有人褒揚他功績赫赫，有人咒罵他殘暴無道。殘暴無道的其中一個罪過就是修築萬里長城，弄得無數家庭妻離子散，家破人亡。

客觀地審視歷史，不怪秦始皇修築長城，剽悍的匈奴確實不可小覷。匈奴的首領稱作單于。單于的全稱是：「撐犁孤塗單于」。「撐犁」的意思是「天」，「孤塗」的意思是「子」。「單于」意為「廣大」。「撐犁孤塗單于」與中原的「天子」意思幾近相同。從《史記．匈奴列傳》可以看出，自淳維到頭曼經歷了一千多年。其間，匈奴勢力時大時小，有時聚集有時分化，因為時間久遠，所以他們的世系很難依次排列出來。但是，有一點可以肯定，那就是始終威脅著中原，只是程度或大或小而已。

秦朝時，匈奴的單于是頭曼。頭曼單于很早便立了太子冒頓。回望匈奴這段歷史，與春秋時期晉國宮廷變亂的廢長立幼有些相似。那時，晉獻公已經立了繼位的世子申生，又受寵妃驪姬的蠱惑，要廢掉申生，立他和驪姬生的奚齊。為達目的，驪姬費盡心機，一而再，再而三地陷害申生。申生不傻，明白是驪姬加害自己，不殺掉驪姬自己就性命難保。然而，他寧願引頸自刎，也不傷害驪姬。他認為父親鍾愛驪姬，害死她就等於斷送了父親的好日子。申生不害驪姬，最終驪姬卻逼得他自殺身亡。

那麼，匈奴宮廷的奪嫡史又是如何上演的？太子冒頓日漸長大強壯，而頭曼單于寵愛的閼氏也生下一子。爭奪的開場如出一轍，結果卻全然不同。新得寵的閼氏與頭曼單于一番床榻耳語，太子冒頓便前往鄰國月氏成為人質。送去人質一般是為了加強國家之間的信任，防止兩國交戰。偏偏冒頓到達月氏沒有多久，頭曼單于便率兵前去攻打。

很明顯，這是要借刀殺人，害死冒頓，讓新寵閼氏的兒子如願以償繼承單于的位置。後來的結局如何？與晉國變易世子的結局大相徑庭。

先不說結局如何，卻說頭曼單于大軍壓境，月氏王憤怒無比，立即派人捉拿人質，此時若想形容一下冒頓的處境，只能用「命懸一線」。哪知這個成語，並不適用於另一種環境中長大的冒頓。聞風，他跳進馬廄，搶到一匹駿馬，飛身躍上，揚鞭揮打，竟安全脫離險境，回歸單于王廷。無論是《史記》，還是《漢書》，均沒有描述冒頓出現在王廷時父親是何表情。但從頭曼後來的行為可以猜度，他應該先是大吃一驚，而後又分外欣喜。吃驚沒能置兒子於死地，欣喜兒子有膽有識——非如此哪能死裡逃生。隨即，頭曼送出上萬兵馬，由冒頓統領。

以普通人的認知去解讀這上萬兵馬，頭曼可能有兩種心思。一是後悔，先前的做法幾乎斷送了冒頓的性命，這可是個膽識不凡的兒子呀；二是暫緩一步，以圖謀新的良策剪除冒頓。從後來冒頓的行徑回望，他對父親的行為只有第二種認知，沒有第一種解讀。冒頓是何行徑？司馬遷寫在《史記．匈奴列傳》中記載的情節是：

「冒頓乃作為鳴鏑，習勒其騎射，令曰：「鳴鏑所射而不悉射者，斬之。」行獵鳥獸，有不射鳴鏑所射者，輒斬之。已而冒頓以鳴鏑自射其善馬，左右或不敢射者，冒頓立斬不射善馬者。居頃之，復以鳴鏑自射其愛妻，左右或頗恐，不敢射，冒頓又復斬之。居頃之，冒頓出獵，以鳴鏑射單于善馬，左右皆射之。於是冒頓知其左右皆可用。從其父單于頭曼獵，以鳴鏑射頭曼，其左右亦皆隨鳴鏑而射殺單于頭曼，遂盡誅其後母與弟及大臣不聽從者。冒頓自立為單于。」

現在讓我遵照司馬遷的筆墨，復原一下那令人脊背發涼的場景。

冒頓製造了一種能夠發出響聲的「鳴鏑箭」，帶領部眾操練。他下令：「我用此箭射東西，你們必須一起射擊。違令者斬！」

命令頒布後，冒頓帶領部眾外出狩獵，看見鳥獸，他即射出「鳴鏑箭」。沒有追隨他射擊的，他馬上將其斬首。以後打獵，他的「鳴鏑箭」飛向何處，部眾也萬箭齊發。

可是有一天，冒頓的「鳴鏑箭」竟然射向了他自己的愛馬，部眾有的猶豫了，沒有射出弓弦上的箭，腦袋立即被砍掉了。這有點不可思議吧？不可思議的還在後頭。再一天，他的「鳴鏑箭」竟然射向了自己的愛妻。難道這也要追隨放箭嗎？又有幾個部眾猶豫著沒有射擊，一如既往，腦袋搬家。

又一日出獵，冒頓把「鳴鏑箭」射向單于的駿馬，這一次部眾沒有一個遲緩，沒有一個猶豫，萬箭齊發，駿馬倒地慘死。冒頓滿意了，他的部眾訓練成功了，他就要帶領他們去實現他的「終極目的」。

是日，冒頓帶著部眾跟隨父親頭曼單于狩獵。一群野狼躥出草叢，頭曼吼叫著催馬追去。冒頓隨聲呼喊，向前追趕，部眾緊跟其後。突然，他的「鳴鏑箭」射向了前面吼叫著的父親。隨即，飛箭齊至，頭曼單于慘叫一聲，倒在草地上。

殺死父親，冒頓還不收手，一鼓作氣，殺死異母兄弟，當上了單于。至於父親那寵愛的閼氏，他沒有按照先例娶之為妻，而是手起刀落，殺死了她！

單于之位上坐著盛氣淩人而又凶殘的冒頓，秦始皇的擔憂是正常的，修築長城無可非議。只是，多少人為此妻離子散，多少人為此家破人亡。孟姜女哭長城的悲憤淒婉，彌散在看不見的烽火狼煙中。

凶殘又狡詐

《史記・匈奴列傳》中記載匈奴至冒頓繼位後而更加強大……

凶殘不可怕，最怕凶殘又狡詐。

閱讀《史記》和《漢書》有關匈奴的篇章，每讀至冒頓殺父奪位，我背脊禁不住森森發涼。毫無疑問，從冒頓奪位的過程便可以看出，他就是一個既凶殘又多謀的單于。亂箭射死父親頭曼單于時，可以肯定，在場的不只是冒頓的部眾，一定還有頭曼單于的隨從。不難想像，那些忠於頭曼的部下，該當怎樣震驚、怎樣發怒、怎樣拔劍欲斬殺冒頓。冒頓卻縱馬躍出，高聲怒喝：「我為太子，平日最為體恤部眾，未嘗有過錯。單于竟然聽信閼氏讒言，欲殺長立幼，我命將休。今日射殺單于實在是不得已而為之，與汝等何干？今單于已死，不可生還，何不擁立我繼承單于之位？」

這些話冠冕堂皇，不擁立冒頓反倒成自己的不是了，何況匈奴人向來以力量為尊，冒頓成單于再適合不過。幾句勸慰的話說過，想必冒頓會突然轉換語氣說道：「順我者賞，逆我者亡！」

話音未落，「鳴鏑箭」飛上高空，隨著聲響已有一隻盤旋的飛鷹撲閃著翅膀栽跌在地。頭曼單于的隨從，看看掙扎的飛鷹，誰也不願意落到眨眼即死的下場。恰此時，冒頓部眾高聲疾呼：「擁立太子即位！」

結果就是這樣，冒頓順利地當上了單于。分析整個過程，真可謂足智多謀。遺憾的是，他是殺父奪位，卑劣的做法只能讓史家把「足智多謀」換寫成「心懷不軌」，把「聰明」換寫成「狡詐」。一個人凶殘狡詐，危害的只是身邊的那些人；一個單于凶殘狡詐，危害的範圍就大得多了。

成為單于的冒頓作風一如既往。司馬遷在《史記．匈奴列傳》中細緻入微地刻劃了他凶殘狡詐的作風：

「冒頓既立，是時東胡彊盛，聞冒頓殺父自立，乃使使謂冒頓，欲得頭曼時有千里馬。冒頓問群臣，群臣皆曰：『千里馬，匈奴寶馬也，勿與。』冒頓曰：『奈何與人鄰國而愛一馬乎？』遂與之千里馬。」

冒頓當上單于後，東邊有強盛的東胡部族，聞知冒頓殺父奪位故意找碴挑釁，派出使者前往匈奴索要千里馬。人家有千里馬，與你有何干？東胡不過是想藉由敲詐勒索探聽虛實。冒頓不僅將計就計麻痺東胡，還一箭雙雕激將群臣。他問：「東胡向我朝索要千里馬，你們以為如何？」回答眾口一詞：「不給！千里馬豈能隨便送人！」冒頓單于卻寬懷大度地說：「與人毗鄰，和睦為好，豈能吝嗇好馬，為此而傷了和氣！」一言既出，命令即頒，將千里馬送往東胡。東胡王得到千里馬，欣喜若狂。得馬為次，探底為主，他笑冒頓單于弱小，不敢拒絕，不敢抗爭。那就可以得寸進尺了！

使者再次覲見冒頓單于，這一次討要的竟然是冒頓心愛的閼氏。欺人太甚！是可忍，孰不可忍！然而，冒頓忍了，還忍得深不可測。他笑著問群臣：「東胡索要我心愛的閼氏，你們以為如何？」回答眾口一詞：「不給！心愛的閼氏豈能隨便送人！」冒頓單于又寬懷大度地說：「與人毗鄰，和睦為好，豈能吝嗇一個女人，為此而傷了和氣！」退朝後，回到閼氏身邊，冒頓含淚賠情，出語溫煦，懇求她明曉大義，此去定要讓東胡放下戒備。次日，閼氏起程，冒頓單于灑淚相送。閼氏不負厚望，見到東胡王，便依計行事，告給他冒頓物資缺乏、兵力不足，非常害怕東胡。東胡王由此認定冒頓單于膽小怕事，便幻想，何不趁機西擴！東胡與匈奴之間有一塊空地，沒人居住，這地方有一千多里，雙方各在這空地的兩邊修起哨所。東胡王派使者對冒頓說：「我們之間的空地是你們到不了的地方，我們想占有它。」

冒頓問群臣：「給不給土地？」群臣中有人回答：「這是兩國間的空地，給也可，不給也可。」

冒頓大怒，說：「土地，國家的根本，怎可放棄！」說畢，命人將同意給土地的大臣拉出去斬首。冒頓怒氣未消，馬上下令出兵征討東胡，並宣布後退者殺無赦。冒頓單于率軍飛速挺進，東胡輕敵，毫無防備，一觸即潰，東胡王也死於亂軍之中。

拿下東胡只是冒頓單于小試鋒芒，他的擴張欲望自此開始噴發。一個因為仇恨而殺父奪位的人，當然要睚眥必報，冒頓劍指月氏。當初，月氏勢力非常強大，盤踞在祁連山一帶，吞併了烏孫，威脅著匈奴。他做人質，差點客死異地。冒頓單于不會有仇不報，他不僅有仇必報，還要早報、快報。月氏以為匈奴軍隊還在與東胡糾纏時，冒頓已率領大軍鋪天蓋地般席捲而來。曾經不可一世的月氏，哪是他的對手，很快就崩潰了。

如果那時有戰地紀錄片，我們會看到冒頓單于得意的微笑，他一雪心頭之恥，解了胸中之恨。

當真是，凶殘不可怕，最怕凶殘還狡詐。

崛起的匈奴帝國

《史記・匈奴列傳》：「於是匈奴貴人大臣皆服，以冒頓單于為賢。」

「橫看成嶺側成峰，遠近高低各不同。」蘇軾這句飽含哲理的詩句，不僅可以用於看物，而且可以用於看人。今人眼中的冒頓單于，與當時匈奴人眼中的冒頓單于絕對不是一個形象。讀過《史記》的人，大約會認同他是一個凶殘狡詐的典型人物，但司馬遷在《史記・匈奴列傳》中記載的那些匈奴貴族大臣對冒頓的感受，卻是一個字：賢。賢，是有德行，有才能。今人誰也不否認冒頓的才能，但誰敢恭維他的德行？可是，為何匈奴人會認為他賢呢？是因為立場不同，看事物的出發點不同。站在匈奴擴張的角度去看，冒頓單于確實有本領，有能力。可這擴張，對於鄰國就是入侵，就是災難。

冒頓時代，匈奴的強大達到了頂點，由此時起，匈奴單于的世系、官制等才為世人所知。《史記・匈奴列傳》寫道：

> 「置左右賢王，左右谷蠡王，左右大將，左右大都尉，左右大當戶，左右骨都侯。匈奴謂賢曰「屠耆」，故常以太子為左屠耆王。自如左右賢王以下至當戶，大者萬騎，小者數千，凡二十四長，立號曰「萬騎」。諸大臣皆世官。呼衍氏，蘭氏，其後有須卜氏，此三姓其貴種也。諸左方王將居東方，直上谷以往者，東接穢貉、朝鮮；右方王將居西方，直上郡以西，接月氏、氐、羌；而單于之庭直代、雲中：各有分地，逐水草移徙。而左右賢王、左右谷蠡王最為大（國），左右骨都侯輔政。諸二十四長亦各自置千長、百長、什長、裨小王、相、封都尉、當戶、且渠之屬。」

簡而言之，匈奴根據官職大小、地位貴賤，分封地盤。這記載與《尚書．堯典》總述帝堯的功績有點類似，其中寫道：「克明俊德，以親九族。九族既睦，平章百姓。百姓昭明，協和萬邦。黎民於變時雍。」區別在於，帝堯重在德行教化，匈奴重在利益分配，將權力與利益緊密掛鉤，形成匈奴的尊卑有序。

再來看匈奴人的風俗和律令。《史記．匈奴列傳》寫道：

> 歲正月，諸長小會單于庭，祠。五月，大會龍城，祭其先、天地、鬼神。秋，馬肥，大會蹛林，課校人畜計。其法，拔刃尺者死，坐盜者沒入其家；有罪小者軋，大者死。獄久者不過十日，一國之囚不過數人。而單于朝出營，拜日之始生，夕拜月。其坐，長左而北鄉。日上戊己。其送死，有棺槨

金銀衣裘，而無封樹喪服；近幸臣妾從死者，多至數千百人。

單于在早晨走出營地，去拜初升的太陽，傍晚拜月亮。就座時，年長的在左邊，而且要面朝北方。對於日期，他們崇尚戊日和己日。他們安葬死者用棺槨，給死者佩戴金銀，穿戴衣裘，但卻不起墳立碑，也不穿喪服。單于死後，他所親近和寵幸的大臣、妻妾要殉葬，多的時候有幾千幾百人。

匈奴單于無時無刻不在做戰爭準備，這固然恐怖，更為恐怖的是他們對戰爭的認知與態度。《史記．匈奴列傳》記載：

舉事而候星月，月盛壯則攻戰，月虧則退兵。其攻戰，斬首虜賜一卮酒，而所得鹵獲因以予之，得人以為奴婢。故其戰，人人自為趣利，善為誘兵以冒敵。故其見敵則逐利，如鳥之集；其困敗，則瓦解雲散矣。戰而扶輿死者，盡得死者家財。

從這段話裡可以看出，戰爭就是利益的代名詞。說穿了，他們打仗就是為了劫掠。殺死敵人，或俘虜敵人，不只賞賜一杯酒，所繳獲的財物也歸其所有，被俘的人則充當其奴婢。戰爭目的只有赤裸裸的兩個字：利益。這絕無道義的戰爭，卻用物質誘惑，殺傷力強大，莫非這也是「重賞之下必有勇夫」？不必深究匈奴貴族的制勝法寶，血淋淋的歷史，在司馬遷的《史記．匈奴列傳》裡只留下戰慄的一行字：

北服渾庾、屈射、丁零、鬲昆、薪犁之國。

看看，冒頓單于率領鐵騎，縱橫廝殺，滅掉東胡後，征服了北方的渾庾、屈射、丁零、鬲昆、薪犁諸多部族。

有人評價，冒頓單于第一個在北方草原建立起一個統一的強大的匈奴帝國。確實是如此。

匈奴直逼太原郡

《史記．匈奴列傳》：「匈奴大攻圍馬邑，韓王信降匈奴。」

所向披靡。用這個成語來形容冒頓單于統領的匈奴大軍，再適合不過。他那三十萬大軍東征西討，攻無不克，戰無不勝。向東滅掉東胡後，拓地到朝鮮界；向西打破月氏，擴張到西域。焉耆、危須、薪犁等地，都有匈奴駐紮的「僮僕都尉」。設這個官職幹什麼？收稅。來往於此地的諸國人都必須繳納賦稅。這樣的賦稅，有些類似後來草寇盜賊敲詐過客的「買路錢」。

東西擴張成功，冒頓單于把他的矛頭指向南北。如前所述，向北他征服了屈射、丁零等部族，控制了西伯利亞一帶；向南他奪取了當年被蒙恬收回的河南地盤，吞併了樓煩、白羊，威脅到了初生的漢朝。歷史學家對當時的局勢這樣評判，別看冒頓單于建立的匈奴帝國統轄了遼闊的蒙古高原，人口卻很少，據說充其量只能相當於漢朝一個郡的人口數量。當時漢朝的大郡，人口數量已達五六十萬。與漢朝人口相比，匈奴小得不足掛齒。可就這個不足掛齒的匈奴，竟然弄得漢朝焦頭爛額。

漢高祖六年（西元前二〇一年），冒頓率軍像沙塵暴一般迫近馬邑地界。守衛馬邑的韓王信，驚恐不安。

需要說明的是，此韓王信，非是淮陰侯韓信。韓王信是戰國時韓襄王的孫子，韓國滅亡後流落到了民間。秦朝末年，劉邦大軍在韓國故地攻下陽城，張良發現了這位韓襄王的庶孫。張良祖上曾是韓國的相國，因而對他有著一種特殊的感情，就將他推薦給了劉邦。劉邦見他相貌堂堂，任命他為將軍，讓他跟隨自己率領軍隊進入武關。

秦朝滅亡，項羽分封天下，劉邦得封漢王，此韓信追隨劉邦進入漢中。要說他還真是個聰明人，他見劉邦士兵中東方人很多，就建議劉邦利用他們的思鄉之心，出漢中，以奪天下。劉邦欣然接受。平定三秦後，劉邦拜他為韓太尉，派他帶兵攻取韓地。漢高祖二年（西元前二〇五年），他攻下了韓國故地，劉邦便立他為韓王。之後，為區別淮陰侯韓信，便稱他為韓王信。韓王信確實聰明，守衛滎陽時被項羽的軍隊攻破，為了活命當即繳械投降。保住了性命，又思慕韓王的那個名分，看個空子逃跑出來，回到劉邦身邊。劉邦不計前嫌，仍讓他為韓王。

楚漢相爭結束，劉邦平定天下，韓王信在潁川獲得封國，定都陽翟，時在漢高祖五年（西元前二〇二年）。一年之後，劉邦將他的封地改在太原以北，都城改在晉陽。對於韓王信封地的改變，世人多有議論，有的人認為韓王信十分勇武，劉邦擔心日後他會對自己構成威脅，就讓他去和匈奴廝殺，以削弱他的勢力；有的人則認為，劉邦沒有對他起疑心，改封地，就是要他抵禦匈奴。

持第二種看法的人，未幾時面露喜悅。不日，韓王信以晉陽遠離邊境，難以及時阻擋匈奴侵犯為由，上書漢高祖：「國被邊，匈奴數入，晉陽去塞遠，請治馬邑。」看，韓王信何等忠信愛國，不惜擔當風險，甘願將都城遷往邊塞。漢高祖更是欣喜，下詔准許。韓王信即遷都至馬邑。

就在韓王信遷都馬邑的當年秋天，匈奴冒頓單于率兵包圍了馬邑。韓王信一面堅守，一面派使者向匈奴求和。後來漢高祖派兵來救，冒頓單于害怕吃虧，帶兵撤退。不過，韓王信之前的舉動沒逃過劉邦的耳目，劉邦懷疑他有二心，便派人斥責他。讓漢高祖沒料到的是，韓王信立即帶領馬邑守軍投降了匈奴。

氣勢洶洶的冒頓單于，得到降將韓王信之後氣焰更加囂張。韓王信帶著匈奴南下，越過句注山（即雁門山），直逼太原郡。

軍情十萬火急！看來疆域大，不能算強國；財富多，也不能算強國。

強國比的是綜合實力。匈奴，即使不能算全民皆兵，也算是男兒皆兵，男兒皆能騎能射。以步兵為主的漢朝軍隊，是否能夠戰勝氣勢洶洶的匈奴騎兵？真讓人提心吊膽。

劉邦白登遭圍困

《史記‧匈奴列傳》：「高帝自將兵往擊之。」

漢高祖親自帶兵前去征討匈奴，能不能抵擋氣焰囂張的匈奴大軍？據說，先是打了幾個小勝仗。後來如何？《史記‧匈奴列傳》寫道：

「會冬大寒雨雪，卒之墮指者十二三，於是冒頓詳敗走，誘漢兵。漢兵逐擊冒頓，冒頓匿其精兵，見其羸弱，於是漢悉兵，多步兵，三十二萬，北逐之。」

司馬遷寫得確實很好，既寫出了漢高祖冒著酷寒征戰的一腔熱血，又寫出了冒頓單于本有的狡詐，一波三折。只是語言精練，無法精細還原當時波瀾壯闊的場景。好在關於這場戰爭，力圖再現的描摹者眾多，有人嘗試還原這段歷史場景：

時值寒冬，大雪紛紛，漢高祖率領的大軍凍得手腳皸裂，苦不堪言。不過，因為打了幾場小勝仗，情緒高漲，將士們恨不能飛速挺進，把入侵的匈奴打得落花流水。漢高祖更是求勝心切，下令乘勝追擊。

縱觀古代軍事史，所有的勝利者不是打對方的弱點，就是打對方的錯誤。若是對方不犯錯誤，就要設法引誘對方犯錯誤。從這場戰爭的局勢變易看，冒頓單于就在引誘漢高祖犯錯誤——他可是及其狡詐的人！他沒有和漢軍纏鬥不休，而是故意先打敗仗。當然，如此手法不算新鮮，要蒙蔽身經百戰的漢高祖也非易事。怪就怪漢高祖急於求勝，魯莽進兵。雖然「知己知彼，百戰不殆」，對他來說是最淺顯的道理。他派出騎兵前去偵探匈奴軍情，得到的情報是，匈奴精兵強將不足，老弱士兵居多，連戰馬都瘦骨嶙峋。這情報很符合漢高祖當時的心態：老弱士兵，怎能經打？最宜速戰速決。從後來的戰況分析，此時漢高祖已經踏進了冒頓單于的圈套。這個無形的圈套束縛了他。他已成為冒頓單于的精神俘虜還不自知——匈奴隱匿了精兵，偵探看到的羸弱士兵並非實情。不過還有一次解脫束縛的機遇，漢高祖雖然已經進兵，但還是派出最為信任的奉春君劉敬去與匈奴和談。毫無疑問，和談是假，刺探軍情是真。

漢高祖進軍途中遇到的情況，和偵察提供的情報毫無差異，沿途只要碰到一個匈奴小兵，大喝一聲他就會嚇得抱頭鼠竄，這更堅定了漢高祖取勝的信心。他哪知道冒頓單于設定的精神圈套，已牢牢將他套定，而且還在時時收緊。

這樣的剖析，不是小說家在杜撰，而是出自有理有據的分析。因為漢高祖把從匈奴歸來的劉敬打入監獄。為何要把派去刺探軍情的劉敬打入監獄？因為劉敬的判斷與他的判斷大相徑庭。《史記．劉敬叔孫通列傳》記載劉敬還報曰：「兩國相擊，此宜夸矜見所長。今臣往，徒見羸瘠老弱，此必欲見短，伏奇兵以爭利。愚以為匈奴不可擊也。」劉敬的彙報簡短明瞭，兩國大戰在即，應該展示強大的一面，震懾對手。但他在匈奴那裡看見的卻是羸瘠老弱，定是匈奴有意顯露自己的短處，而埋伏奇兵以期獲得勝利。

細細思量，劉敬的情報與前面的情報沒有差異，與漢高祖進軍過程中看到的情況也沒有差異。差異在於，漢高祖居高臨下做判斷，劉敬不矜不驕做分析。不怨漢高祖，他出兵滅了秦朝，又打敗了不可一世的項羽，哪能把匈奴放在眼裡！輕敵、缺乏危機意識不知不覺影響了他的判斷，或許即便冒頓單于的圈套牢牢套死了他，他還全然不知原委。不知也罷，劉敬的提示應該讓他猛然醒悟，豈知世事總是無常，此時的劉邦已非當年的劉邦。

當年，征戰在外的韓信上書要當個假齊王，他一看勃然大怒。怒火剛要出口，張良使個眼色，他馬上穩定情緒，轉怒為喜，說道：「要當就當個真齊王，何必當個假的。」你看，糾正失誤何等快！如今貴為天子，自信十足，再也聽不得逆耳之言了。可憐的劉敬仍然像先前那樣實話實說，因而有了牢獄之災。

將劉敬押入大牢，漢高祖命令快馬加鞭、日夜兼程。騎兵衝在前面，步兵緊緊追趕，趕到平城正要喘息，突然一聲呼哨響起，四處雪塵彌漫——不是飛雪降下，是匈奴騎兵蜂擁合圍上來了。馬是駿馬，將是悍將，兵是強兵，哪還有一匹嶙峋瘦馬，哪還有一個羸弱老兵？上當，漢高祖大呼上當！呼喊無用，只有急令將士強行廝殺。長途奔波的疲憊之師，哪能鬥得過養精蓄銳的匈奴軍隊。勉強抵擋，穩住陣腳，偏偏冒頓單于又趕來增援，漢軍體力透支，士兵們一個個倒在血泊裡。眼看著就要打敗，漢高祖匆忙下令搶占東北方向的白登山。

匈奴人馬發起攻擊，所幸漢軍居高臨下，還算有點優勢，匈奴多次進攻都被打退。冒頓單于看看一時難以攻山取勝，便命令四面陳兵，合圍漢軍。

這就是史書所載的「白登之圍」。幾十萬大軍被困，即使匈奴不進攻，將士要吃要喝，糧草用盡，就是末日呀！

不光彩的逃脫之計

《資治通鑑．漢紀三》：「帝用陳平祕計，使使間厚遺閼氏。」

所幸「白登之圍」有驚無險，漢高祖帶著大軍安全撤退出來，掐指一算，整整七天，難熬的七天呀！

漢高祖如何帶著大軍撤退出來的？漢高祖被圍，無法脫身，居高俯視山下，四面八方都是匈奴軍隊。西邊士卒全部騎白馬，東方士卒全部騎頭白身黑的馬，北方士卒全部騎黑馬，南側士卒則一律騎赤馬，這些馬毛色亮、體矯健，威武無比。面對如此強大的對手，如何能夠突圍？反覆思量，一籌莫展。叫來隨軍的陳平商量，一時也無良策，漢高祖除了嘆息，就是忍耐。好在陳平沒有白吃飯，總算想出個點子。

什麼點子？《史記》沒有點明，只說「高帝乃使使間厚遺閼氏」。

原來冒頓單于新得一個閼氏（皇后），非常寵愛，經常帶在身邊。陳平的主意就打在她身上，使臣帶著使命悄悄溜進匈奴大營。當然，使臣不會空手而去，帶著不少黃金、珠寶，最有刺激性的是一幅人物畫。閼氏喜歡黃金，喜歡珠寶，最不喜歡那幅畫，那幅畫就是關鍵。那畫繪的是何人？一個美女。美女閉月羞花、沉魚落雁，閼氏看得膽戰心驚。使臣道：「陛下為讓單于退兵，要獻上這位絕色美女。只是美女現不在軍營，需回朝帶來，所以先獻上她的畫像，請閼氏轉達。」

閼氏馬上回答：「那大可不必。」正受寵的閼氏當然不會容許自己的地位受到挑戰，使臣一聽正中下懷，連忙答話：「其實這是無奈之舉。陛下也捨不得這個美女，且獻上美女還怕單于冷落了閼氏。若是閼氏能讓單于退兵，我們又何必出此下策。」

閼氏居然答應了使臣的請求。閼氏還真有勸動冒頓單于的辦法。辦法是嬌滴滴的枕邊風：「你熟睡時軍中傳說，中原要來救兵。」

冒頓單于發問：「真的？」閼氏又說：「漢帝被困，漢軍哪能不救。」見單于生疑，她又說：「即使滅掉漢帝，打到中原，我們水土不服，萬一有什麼意外，豈不斷了我們的恩愛？」說著，閼氏居然淚流滿臉。她繼續哭著勸：「據說漢朝天子能通神靈，你看，圍困了六天，軍隊安靜不亂，如同神兵。若是再戰，出了戰禍，得不償失，不如放他一馬。」

難道閼氏真能這樣輕鬆說服了單于？事有湊巧，和單于約定前來會戰的王黃、趙利沒有按時趕到，冒頓懷疑他們是假盟友，深恐他們和漢軍串通一氣來攻打他。若是腹背受敵，那就危在旦夕了！狡詐而多疑的冒頓單于只好網開一面，放走漢軍。

據說，漢高祖下令撤退時，陳平還怕有詐，命令弓箭手搭好箭，張滿弓，慢慢下山。就這樣，漢高祖帶著大軍逃出了重圍。《資治通鑑．漢紀三》可以作為佐證：

「帝用陳平祕計，使使間厚遺閼氏。閼氏謂冒頓曰：『兩主不相困。今得漢地，而單于終非能居之也。且漢主亦有神靈，單于察之！』冒頓與王黃、趙利期，而黃、利兵不來，疑其與漢有謀，乃解圍之一角。會天大霧，漢使人往來，匈奴不覺。陳平請令強弩傅兩矢，外鄉，從解角直出。」

陳平有這麼好的祕計，那為何不記載進《史記》、《漢書》？司馬光在《資治通鑑》中寫道，「其失中國之體，故祕而不傳」。

是呀，冒頓單于放走了漢高祖，沒有失去威風。是呀，漢高祖逃出白登，卻並不光彩，不得不遮掩臉面。

和親以求平安

《史記．匈奴列傳》：「漢亦引兵而罷，使劉敬結和親之約。」

無論光彩不光彩，漢高祖總算帶著大軍死裡逃生，回到中原。值得記憶的是，漢高祖知錯即改，放出了押在大牢的劉敬，而且，真誠地認錯。《史記．劉敬叔孫通列傳》記載，漢高祖曰：「吾不用公言，以困平城。」遂加封劉敬為關內侯，食邑兩千戶，號為建信侯。這種做法比前朝後世很多帝王都明智，不少帝王即使做錯也要文過飾非，死不認帳。從這點看劉邦，別看他出征前固執得要命，終於吃了苦頭，還能夠反思，挺可愛的。

「可愛」是後人安居斗室做出的評價，當時的情形是事態緊急，刻不容緩。匈奴像高懸在頭頂的一把利劍，隨時都可能劈砍下來，因此要趕緊化解這強大對手造成的危機。

化解危機的辦法就是「和親」，中國歷史上兩大對立陣營的「和親」開始了。「和親」一詞出現得很早，在《左傳．襄公二十三年》就有「和親」二字：「中行氏以伐秦之役怨欒氏，而固與范氏和親。」不過，此處的「和親」與漢高祖開啟的「和親」大為不同。首先，這不是指國家之間，而是指晉國兩個貴族之間修好關係；其次，沒有用締結婚姻的方式結親示好。漢高祖進行的這次「和親」，使「和親」一詞將以上未曾包括的意思都囊括進來，屬於開創性舉動。不過，這項充滿開創性的舉動，發明者不是漢高祖，而是被他關押了又放出來的劉敬。愁眉不展的漢高祖放出劉敬後，向他討教對付匈奴的辦法。劉敬提供了什麼良策？《史記．劉敬叔孫通列傳》記載：

> 劉敬曰：「天下初定，士卒罷於兵，未可以武服也。冒頓殺父代立，妻群母，以力為威，未可以仁義說也。獨可以計久遠子孫為臣耳，然恐陛下不能為。」上曰：「誠可，何為不能！顧為奈何？」劉敬對曰：「陛下誠能以適長公主妻之，厚奉遺之，彼知漢適女送厚，蠻夷必慕以為閼氏，生子必為太子。代單于。何者？貪漢重幣。陛下以歲時漢所餘彼所鮮數問遺，因使辯士

風諭以禮節。冒頓在，固為子婿；死，則外孫為單于。豈嘗聞外孫敢與大父抗禮者哉？兵可無戰以漸臣也。」

還原漢高祖問策劉敬的情形，大致應是以下這樣。劉敬說道：「天下剛剛安定，將士們甚是疲勞，不能再發兵討伐。況且，匈奴冒頓單于敢殺父奪位，娶他的很多繼母為妻子，性情暴烈，與他根本不能談什麼仁義道德。唯一的辦法是使他的子孫臣服，但恐怕陛下不肯這樣做。」

劉敬說到此停頓下來。漢高祖說：「只要能使他子孫後代都臣服，我怎麼能不肯做呢？」

劉敬這才說出和親的辦法：「如果陛下能把長公主嫁給單于，他一定感激，一定會把公主立為閼氏。將來公主的兒子一定會被立為太子。陛下每年再賜予他一些我們用不了的金銀財寶，經常來往，教他中原禮節。如今冒頓在位，是中原的女婿。冒頓死去，太子繼位，是中原的外孫，更應畏懼陛下。試想，哪有外孫與外祖父對抗的？這是不戰而勝的最好辦法。」

司馬遷筆墨簡練到了再不能簡練的程度，用一個「善」字作為漢高祖的回答。

可是，就這個「善」字弄得呂后寢食不安、哭哭啼啼。她哭著對漢高祖訴苦：「我就這一兒一女，為何要把女兒遠嫁到匈奴那裡！」

司馬遷在《史記》中記錄了當時呂后的反應：

高帝曰：「善。」欲遣長公主。呂后日夜泣，曰：「妾唯太子、一女，奈何棄之匈奴！」上竟不能遣長公主，而取家人子名為長公主，妻單于。使劉敬往結和親約。

漢高祖一猶豫，呂后趕緊命太史選擇吉日，把女兒嫁給了趙王張敖。那和親的事如何進行？漢高祖挑選了個平民家的女兒，詐稱是嫡長公主，派劉敬前去匈奴，促成了這次開創性的和親。和親的五項協定。一是漢朝將公主嫁給匈奴。

二是漢朝與匈奴劃疆立界。《漢書．匈奴傳》記載：「長城以北引弓之國受令單于，長城以內冠帶之室朕亦制之，使萬民耕織，射獵衣食，父子毋離，臣主相安，居無暴虐。」三是如《史記》所載，「漢與匈奴約為兄弟」，雙方享有平等地位。四亦見諸《史記》，「歲奉匈奴絮繒酒米食物各有數」，匈奴不再侵擾漢朝。五是兩方進行「通關市」活動，這也可以從《史記》中看到。

這和親協定頗值得回味，把公主嫁給單于，居然和單于是兄弟關係；雙方享有平等地位，漢朝要「歲奉匈奴絮繒酒米食物各有數」。可見，和親是何等屈辱。

屈辱的漢朝能夠不再屈辱嗎？

呂后遭羞辱

《史記．匈奴列傳》：「高祖崩，孝惠、呂太后時，漢初定，故匈奴以驕。」

「故匈奴以驕」，如何驕橫？司馬遷寫得有點簡單：「冒頓乃為書遺高后，妄言。」所謂「妄言」如何言？沒有細說。好在班固有《漢書》存世，將「妄言」記載下來，真實再現了匈奴冒頓單于的驕橫。《漢書．匈奴傳》寫道：

孝惠、高后時，冒頓寖驕，乃為書，使使遺高后曰：「孤僨之君，生於沮澤之中，長於平野牛馬之域，數至邊境，願遊中國。陛下獨立，孤僨獨居。兩主不樂，無以自虞，願以所有，易其所無。」

看了這信是何感想？「高后大怒」。能不怒嗎？高后可不是一般的女人。高后，即呂后，漢高祖的皇后。漢高祖駕崩，呂后的兒子劉盈繼位，史稱漢惠帝。劉盈仁慈和善，當太子時，漢高祖覺得他的性格不像自己，就想廢掉他，讓戚夫人的兒子趙王劉如意取而代之。呂后聞知趕緊鼓動大臣進諫，這才保住太子的地位。漢高祖去世，呂后必然要進行報復，召趙王進京，圖謀加害。漢惠帝猜到太后居心不良，與趙王飲食起居相偕一起，呂后無法得手。一天，漢惠帝出去打獵，趙王年小沒能早起隨同出去，結果被呂后強飲毒酒害死。害死趙王，呂后還不罷休，還要害死戚夫人。害死也罷，死了便沒了痛苦。她砍掉戚夫人的手腳，挖掉她的眼睛，熏聾她的耳朵，毒啞她的嗓子，將她扔進豬圈，稱為「人彘」。多麼心狠手辣的一個女人。冒頓單于公然侮辱她，話雖說得婉轉，「願以所有，易其所無」，誰還不知道那是要和她行床笫之歡。呂后大怒並不過火。大怒的呂后準備怎麼辦？她召來陳平、樊噲和季布等大臣商量，要斬掉匈奴使者，馬上發兵擊之。率先發言的是樊噲，他是呂后的妹夫——妻姐遭此羞辱，實在憤怒；不只是憤怒，還要衝鋒陷陣，殺奔匈奴，給他們點顏色看看。《漢書》記載他的原話是：「臣願得十萬眾，橫行匈奴中。」

有妹夫挺身而出，願進攻匈奴，呂后應該有了底氣，她轉臉問季布。豈料季布給她潑了一頭涼水。《漢書》記載：

布曰：「噲可斬也！前陳豨反於代，漢兵三十二萬，噲為上將軍，時匈奴圍高帝於平城，噲不能解圍。天下歌之曰：『平城之下亦誠苦！七日不食，不能彀弩。』今歌吟之聲未絕，傷痍者甫起，而噲欲搖動天下，妄言以十萬眾橫行，是面謾也。且夷狄譬如禽獸，得其善言不足喜，惡言不足怒也。」

看過《漢書》的記載，令人啼笑皆非。季布也真是過於直爽，不同意出兵就罷了，何必要發雷霆之怒，竟然要斬樊噲。難道不知道樊噲與呂后的關係？若是呂后發怒豈不危及性命？然而慷慨陳詞的季布並無性命之憂，當然，首要原因是他的話確有道理。當初漢高祖被匈奴包圍在白登，樊噲人在哪裡？作為上將軍不能解除主上被圍困，難道你忘了此事？致使朝野流傳這樣的歌謠：「平城之下亦誠苦，七日不食，不能彀弩。」遭受圍困，七天沒吃的，無法逃脫，可真丟人現眼。如今歌謠還在耳邊縈繞，怎麼能傷疤剛好就忘了疼呀！三十二萬大軍險些全軍覆沒，你十萬大軍就想橫掃匈奴，的確有癡人說夢的嫌疑。當然，季布的聰明表現在他最後說的那幾句話：匈奴猶如禽獸，禽獸不說人話理所當然，何必要和他們計較呢？

或許，呂后聽見季布說得有理，不再有什麼火氣，便用一個「善」字結束了這場朝議。朝議結束了，事情沒有結束，如何回覆冒頓單于？所幸有個「大謁者張澤」，寫出了回信，並收錄在《漢書》中：

「單于不忘弊邑，賜之以書，弊邑恐懼。退日自圖，年老氣衰，髮齒墮落，行步失度，單于過聽，不足以自汙。弊邑無罪，宜在見赦。竊有御車二乘，馬二駟，以奉常駕。」

話說得十分可憐，「年老氣衰，髮齒墮落」，連走路都搖搖晃晃，就差一句「哪能再和你尋歡作樂。」

冒頓單于也識時務，給個臺階即退步，帶點檢討意味地回覆：「未嘗聞中國禮義，陛下幸而赦之。」

心狠手辣的呂后，考量、沉思，確實惹不起匈奴，只能低聲下氣地討好人家。於是，給冒頓單于獻上皇帝的禦車和駕車的駿馬，繼續和親。一場鬧劇落下了帷幕。鬧劇演完了，鬧劇在人心上留下的羞恥卻沒有完結。

第二章 刑天今何在

為英雄搭建舞臺

《史記．曹相國世家》：「以高祖六年賜爵列侯……食邑平陽萬六百三十戶，號曰平陽侯。」

陶淵明在〈讀山海經〉詩中，寫下了這樣的句子：「刑天舞干戚，猛志固常在。」在中國神話裡，刑天是一位失敗者，但是後人一直把他當作英雄看待，稱之為戰神。是呀，刑天是位不屈不撓的英雄。他與天帝爭奪神位，天帝兵多將廣，砍掉了他的腦袋，並埋在了常羊山下。但是，掉了腦袋的刑天沒有倒下，他把雙乳作為眼睛，把肚臍作為嘴，揮舞干戚繼續戰鬥。先祖的想象力是多麼豐富，竟塑造出這樣一位英勇無畏、寧死不屈的英雄——刑天！眼見匈奴鐵騎的凶殘，誰心中不呼喚刑天呢！呼喚刑天跳出來，揮舞干戚，衝殺在抗擊匈奴的前線，洗刷漢朝的屈辱。歷史在等待，在為漢朝的刑天——衛青、霍去病，悄無聲息地進行著出場的鋪墊。

鋪陳這個重要環節竟是由一個人奮力拓展的，這個人就是曹參。本章開篇引用了《史記．

曹相國世家》中的話，就是為請曹參登場亮相。

漢高祖六年，曹參被封為平陽侯。所以被封為平陽侯，首先是因為他隨同韓信打敗了盤踞平陽的魏豹。曹參是一位猛將，又極有謀略。韓信率曹參、灌嬰領兵到了臨晉渡口，看見對岸防備森嚴，就命令他們兩人分別帶兵伐木、買罌。灌嬰不解其意，就問曹參。曹參明白這是祕密，不好直言，就推說道，大將軍命我們置辦，自有用處，我們只要準備就是。

由此可以看出，曹參對於用兵的謀略機密十分通達，又能巧妙理事，分寸得當。

按照韓信的計畫，灌嬰在臨晉渡口擊鼓吶喊迷惑敵人，韓信和曹參乘坐他們自製的木罌漂渡到陽夏對岸，突然上岸，向西魏兵發動攻擊，為首的大將當然就是曹參。魏豹在此所陳之兵本來就很少，所以根本抵擋不住曹參。曹參一路突進，勢如破竹，很快將王襄擒拿住。西魏兵見主將被俘，不敢再戰，有的投降了，有的逃跑了，安邑城被曹參攻破占領。繼而，韓信和曹參大舉進攻，生擒魏豹，攻取了西魏都城平陽。接著，曹參和灌嬰分頭行動，將魏地五十二城一一收取歸漢。劉邦為了表彰曹參的功績，就將平陽賜給他作食邑。

曹參在歷史上名聲頗好。他戰功赫赫，卻不居功自傲，一旦需要出征，立即上馬攻殺。占據平陽後，他又追隨韓信攻占了鄔東，攻克了齊地。如果說，這些戰鬥的勝利都與韓信指揮有關，那麼進攻膠東就是曹參獨立作戰。史書記載，曹參兵進膠東，勇猛無比，攻下城池，又立下一功。當然，這些戰績與抗擊匈奴毫無瓜葛，但正是由於這些戰績，食邑平陽的曹參才能被封為平陽侯。有了平陽侯，自然會有平陽侯府邸。這座府邸，似乎就是給衛青、霍去病孕育、成長而建造的舞臺。

《漢書．蕭何曹參傳》中還寫到了曹參封侯後的作為。漢朝初定天下，大臣一致推舉曹參出任丞相，認為他「身被七十創，攻城略地，功最多，宜第一。」漢高祖劉邦卻更寵信蕭何，任用他為丞相。曹參毫無怨言，乾脆辭去左丞相，全心做劉邦的長子齊王的相國。西元前一九三年，蕭何去世，曹參順理成章當了丞相。朝野上下都認為曹參會有大動作，會廢除蕭何時的規矩禮法，實施新政。然而，曹參整日飲酒，幾乎不理政事。有人前來勸說，曹參則連連敬酒，直到灌醉對方為止。

漢惠帝埋怨曹參不理政事，曹參謝罪後問，請陛下自己仔細考慮一下，您和高帝相比誰強？惠帝答，我怎麼敢跟先帝相比呢！曹參又問，陛下看我和蕭何誰更賢能？惠帝答，您好像不如蕭何。曹參說，陛下說得對，高帝與蕭何平定了天下，法令已經明確，如今陛下垂衣拱手，我等謹守遵循不就很好嗎？惠帝笑而曰：善。曹參為相，正如司馬遷在《史記》中評價的那樣，「舉事無所變更，一遵蕭何約束」，使百姓安居樂業。這便有了成語「蕭規曹隨」。這個成語正是漢惠帝時期的大政方針。

曹參讓漢惠帝與漢高祖相比，漢惠帝當然不敢相比，不敢擅越雷池。因而，「蕭規曹隨」，也可以說是漢高祖之規，漢惠帝追隨不二。

漢高祖屈辱和親，漢惠帝時期也按圖索驥。即使冒頓單于侮辱到了呂后頭上，也只好忍氣吞聲。

和親再醫眼前瘡

《史記．匈奴列傳》：「至孝文帝初立，復修和親之事。」

漢惠帝跟著母親忍氣吞聲，漢文帝還是步上後塵，忍氣吞聲。和親成為漢朝保證人民得到休養生息的權宜之計。打仗不只是比戰鬥力，還比綜合國力。漢朝初年的綜合國力確實很弱，南征北戰、爭奪天下的漢高祖，卻不敢輕易發兵反擊匈奴，這也是一個重要原因。《漢書．食貨志》記載：

> 漢興，接秦之敝，諸侯並起，民失作業，而大饑饉。凡米石五千，人相食，死者過半。高祖乃令民得賣子，就食蜀漢。天下既定，民亡蓋臧，自天子不能具醇駟，而將相或乘牛車。

這可真是窮得可怕！請注意兩點：「人相食，死者過半」，打仗要有人上陣，沒有兵源，如何組成軍隊？「自天子不能具醇駟，而將相或乘牛車」，天子乘車挑選不出四匹毛色統一的駿馬，將相乘坐牛車，可見馬匹何等缺少。要兵沒有兵，要馬沒有馬，如何與兵強馬壯的匈奴決戰！何況兵馬未動，糧草先行，後勤保障極為重要，但是漢朝缺少糧食，早已因缺糧而「死者過半」，即使「插起招兵旗，就有吃糧人」，但拿什麼供給軍隊吃？兵無糧自散呀！如此看來，在國力低微的漢朝初期，和親是沒有辦法中的辦法，是忍辱負重的辦法。

一提對匈和親，總會令人想起討好一詞。然而，討好的效果如何？《史記．匈奴列傳》

載：「至孝文帝初立，復修和親之事。其三年五月，匈奴右賢王入居河南地，侵盜上郡葆塞蠻夷，殺略人民。」看看，不足三年，匈奴就翻臉不認人，右賢王率領大軍侵入河南地一帶。若不抗擊，就要逼近長安城了，漢文帝不得不派出丞相灌嬰迎敵。匈奴看看無利可圖，匆匆撤退回去。後來匈奴居然玩起了遊擊戰，打得贏就打，打不贏就走。

右賢王玩得不錯，可還有比他善玩的高手。高手是冒頓單于。可能是對先前奉送的和親公主厭倦了，單于又致信漢文帝。《史記．匈奴列傳》記載信文如下：

「天所立匈奴大單于敬問皇帝無恙。前時皇帝言和親事，稱書意，合歡。漢邊吏侵侮右賢王，右賢王不請，聽後義盧侯難氏等計，與漢吏相距，絕二主之約，離兄弟之親。皇帝讓書再至，發使以書報，不來，漢使不至，漢以其故不和，鄰國不附。今以小吏之敗約故，罰右賢王，使之西求月氏擊之。以天之福，吏卒良，馬彊力，以夷滅月氏，盡斬殺降下之。定樓蘭、烏孫、呼揭及其旁二十六國，皆以為匈奴。諸引弓之民，并為一家。北州已定，願寢兵休士卒養馬，除前事，復故約，以安邊民，以應始古，使少者得成其長，老者安其處，世世平樂。未得皇帝之志也，故使郎中系雩淺奉書請，獻橐他一匹，騎馬二匹，駕二駟。皇帝即不欲匈奴近塞，則且詔吏民遠舍。使者至，即遣之。」以六月中來至薪望之地。書至，漢議擊與和親孰便。公卿皆曰：「單于新破月氏，乘勝，不可擊。且得匈奴地，澤鹵，非可居也。和親甚便。」

冒頓單于的狡詐，這封信便是一個佐證。起筆即把自己稱為「天所立匈奴大單于」，接著說出他對和親的態度，「稱書意，合歡」。那為何還要大兵壓境，侵擾漢地？原因有兩點：一是「漢邊吏侵侮右賢王」，二是「右賢王不請」。右賢王不請示就發難固然有錯，可是你漢朝邊吏若是不欺辱右賢王，哪會有這兵戈之爭？說到底，是漢朝的過錯。即便如此，我還是要懲罰右賢王，讓他帶兵出征月氏等國。戰況如何？冒頓單于接著說明戰況——未必不是威脅漢朝——托上天之福，「吏卒良，馬強力，以夷滅月氏」，殺盡那些不願投降的人，把「樓蘭、烏孫、呼揭及其旁二十六國……並為一家」，都成為匈奴之民了。只差寫上一句，現在就看看你漢朝是和是戰。威脅完了，再示好一下——為了表示和好我送些東西給你，你漢朝天子可不要敬酒不吃吃罰酒呀！

漢文帝對匈奴是惹不起，打不起，只能和親。前元六年（西元前一七四年），漢文帝贈給匈奴單于以繡為表、以綺為裡的繡夾綺衣、繡夾長襦、錦夾袍各一件，金製梳篦一把，金飾腰中大帶一條，黃金頭帶一條，繡十匹，錦三十匹，紅繒、綠繒各四十匹。精美的禮品剛送去不久，冒頓單于死了，他的兒子稽粥當了單于，叫作老上單于。漢文帝也不敢怠慢，挑選個諸侯王的女兒送給老上單于當閼氏。

和親，漢文帝與老上單于和親，老上單于死了，又與新繼位的軍臣單于和親。然而，結果總是剛剛和親沒多長時間，匈奴就又背棄盟約，派出騎兵蜂擁南下。《漢書．匈奴傳》記載：「軍臣單于立歲餘，匈奴復絕和親，大入上郡、雲中各三萬騎，所殺略甚眾。」

看來和親只能醫治眼前瘡，無法保太平；可是，道理歸道理，漢景帝繼位後還在和親。《玉臺新詠》記載有遠嫁烏孫的細君公主的〈悲愁歌〉，借助此詩來探究這些為國犧牲者的心情吧：

吾家嫁我兮天一方，遠托異國兮烏孫王。
穹廬為室兮旃為牆，以肉為食兮酪為漿。
居常土思兮心內傷，願為黃鵠兮歸故鄉。

痛苦，錐心刺骨的痛苦！

張騫首次出使西域

《漢書．張騫李廣利傳》：「騫以郎應募，使月氏，與堂邑氏奴甘父俱出隴西。」

歷史更迭，當漢武帝劉徹坐上龍椅時，漢朝開國已經近七十年了。近七十年來的苦心經營，漢朝已由開國時的窮困潦倒變得日漸富裕。《史記．平準書》記載：

漢興七十餘年之閒，國家無事，非遇水旱之災，民則人給家足，都鄙廩庾皆滿，而府庫餘貨財。京師之錢累巨萬，貫朽而不可校。太倉之粟陳陳相因，充溢露積於外，至腐敗不可食。眾庶街巷有馬，阡陌之閒成群，而乘字牝者

第二章　刑天今何在

儐而不得聚會。守閭閻者食粱肉，為吏者長子孫，居官者以為姓號。

此時的漢朝經過七十年的休養生息，國富民也富。國家富裕，錢多、糧多。錢多，「府庫餘貨財。京師之錢累巨萬，貫朽而不可校」；糧多，「太倉之粟陳陳相因，充溢露積於外，至腐敗不可食」。民間富裕，「民則人給家足」、「眾庶街巷有馬，阡陌之間成群，而乘字牝者儐而不得聚會」，前所未有的富足，甚至騎母馬的人都不能去參加正式的聚會。看看此時，想想開國之初，「人相食，死者過半」「自天子不能具醇駟，而將相或乘牛車」，真是今非昔比、變化巨大。

也有不變的世事，邊地摩擦持續不斷，實際是匈奴欺凌漢朝，不斷侵擾。

少年劉徹坐在了龍椅上，也坐在了這個火山口上。而且，這座火山還是個活的，不時迸發的岩漿會傷害漢朝邊民。劉徹會像他的先祖那樣忍氣吞聲嗎？不會！從《史記．太史公自序》對他的評價「外攘夷狄，內修法度」，就可以看出這是一個奮發有為的帝王。暫且不論「內修法度」，僅說「外攘夷狄」，該從何入手？

這就必須請出一個大家非常熟悉的人物——張騫。張騫，以出使西域而名揚千秋。他的名字與「絲綢之路」緊緊連在一起，綻放著璀璨的光芒。張騫為何出使西域？跋涉千里是進行物貿交流嗎？不是，他西行踐行的是漢武帝為平息邊患的經韜緯略。

漢朝初年，現今的甘肅西部一帶，居住著一個名為月氏的部族。老上單于派兵攻擊，殺死首領和無數平民，一直把他們驅逐出祁連山下水草肥沃的住地。月氏分化為大、小兩部分，大月氏向西逃遁，流落到現今新疆伊犁一帶。小月氏留了下來，苟且偷生。老上單于殺死月氏王，還把人家的頭顱做酒具，斟酒豪飲。毫無疑問，月氏對匈奴的仇恨比漢朝更深，或說，有過之而無不及。這過往的世事早已沉睡，漢武帝未必能從典籍的夾縫裡將其鉤出來。極為偶然的是，一次邊地又遭劫掠，漢軍迅速出兵，俘虜了幾個來不及逃走的匈奴劫掠者。俘虜的口供，提及了這沉睡的往事。月氏與匈奴的深仇大恨，觸及了政治家的敏感神經，漢武帝很快勾畫出了抗擊匈奴的大計。若是月氏從西部出兵，漢軍從東部攻擊，匈奴腹背受敵，豈有不敗之理！

計謀很好，需要有人實施，需要有人穿越荒涼的沙漠、無垠的草原，出使月氏，說服他們和漢朝聯手打擊匈奴。這是一項艱鉅的任務：路途遙遠，還要經過匈奴盤踞的地帶，吉凶難測，九死一生啊！漢武帝在朝堂上與眾臣商議，誰可出使？攸關性命，久久不見有人張嘴。漢武帝再次發問，有一個人站了出來，他就是將名留青史的張騫。《漢書．張騫李廣利傳》記載：「騫為人彊力，寬大信人。」彊力，是指堅強而有毅力。這樣的人通常都嚴於律己，也高標準要求他人。張騫不同，他嚴於律己，卻寬以待人，這就是「寬大信人」。如此看來，張騫志向高遠、胸懷寬廣，真堪大用。

建元二年（西元前一三九年），張騫領命西行，嚮導是一位匈奴人，名叫甘父，是堂邑氏的奴隸，《史記》、《漢書》均以堂邑父稱之。與堂邑父偕行，顯然因為他是匈奴人，熟悉路徑。當然，奉命西行的不止他們兩個，他們帶著百餘人的使團，精神抖擻地踏上了西行之路。在漢朝疆域，自然暢行無阻，還有人熱情接待皇家使團。出了隴西，大漠孤煙，滿目荒涼曠野。沒過多久張騫一行便進入匈奴人的勢力範圍。當時，駐牧於河西走廊的是匈奴渾邪、休屠二王。張騫使團的每個人都提心吊膽，害怕被發現，更怕被抓住。

偏偏這世道，害怕什麼，什麼就不期而至。進入河西走廊不久，張騫和他的使團就被匈奴騎兵包圍了，匈奴人抓住了他們。聽說他們是漢朝使團，更是嚴加看守，絕不放走。擺不脫，走不掉，只能聽之任之。軍臣單于親自訊問他們意欲何為。張騫回答，出使大月氏。不用再問，軍臣單于立即明白了他們的意圖。他說：「月氏在吾北，漢何以得往使？吾欲使越，漢肯聽我乎？」

話未挑明，意思卻很明確：月氏在我們的北面，你們怎麼能隨便經過我們的地盤。假如我們要前往越南，路經你們那裡，大漢會放任不管嗎？說完，扣押了張騫一行。還算不錯，張騫舉止大方、言語磊落，軍臣單于對他頗有好感，沒有加害於他。

性命暫時無憂，卻無法完成漢朝天子託付的使命，張騫滯留大漠深處，每當夜晚悵望繁星閃爍的天空。

賜死韓嫣的原因

《史記．佞幸列傳》：上即位，欲事伐匈奴，而嫣先習胡兵，以故益尊貴，官至上大夫。」

司馬遷將韓嫣寫進的是《佞幸列傳》。佞幸一詞是個貶義詞。《史記》的記載當劉徹還是膠東王時，陪他一起唸書，非常親近。劉徹當上太子後，更加親近韓嫣——或許韓嫣認為劉徹是潛力股，早早便投其所好。韓嫣善於騎馬、射箭，對太子劉徹百依百順，哪能不招人喜歡。劉徹喜歡韓嫣，必然無話不說。從當時的記載看，韓嫣常常和劉徹同睡同起。最接近劉徹的是韓嫣，最了解劉徹心思的也是韓嫣。

「上即位，欲事伐匈奴，而嫣先習胡兵，以故益尊貴」。《史記．佞幸列傳》的記載告訴世人，劉徹即位當上皇帝，志在討伐匈奴，韓嫣就練習匈奴的兵器。因為這個原因，他屢屢受提拔，官至上大夫。想來韓嫣不是在劉徹當上皇帝後才知道他的心思，而是早就知道；也不是劉徹當上皇帝後才更加賞識韓嫣，而是早就賞識，只是那時手中還沒有賞識人的「權力」。劉徹登基，大權在握，賞識他就可以提拔他，韓嫣很快「官至上大夫」。

官至上大夫不久，韓嫣就終結了他的生命。從事件看，韓嫣有點太狂妄。一次，江都王劉非進京，漢武帝令他一起去上林苑打獵。皇帝車駕後行，韓嫣乘坐副車前行開路。韓嫣的副車跟隨著上百個騎兵，一路飛奔，氣勢不凡。江都王遠遠望見，以為是皇帝前來，便讓隨從迴避，自己伏地叩拜。韓嫣驅車急馳而過，不知是真的沒看見還是故意不理不睬。受此羞辱，江都王十分氣憤，事後向太后哭訴。太后大怒，後來找了個藉口派使者賜死韓嫣。

剖析韓嫣被賜死的原因，有恃無恐、目中無人當然是主因；但他的「習胡兵」以順應漢武帝抗擊匈奴意志的舉動，想來早就讓恪守和親方針的太后心懷不滿了。

就當時的情形看，主戰派的勢力，遠遠小於和親派。建元六年（西元前一三五年），漢武帝曾將「戰或和」的大事交由大臣討論。數為邊吏、熟悉匈奴的王恢認為，與匈奴和親，過不了幾年匈奴就會背約侵擾，不如舉兵討伐，以絕後患。御史大夫韓安國第一個站出來反對。韓安國處事持重，主張清靜無為，當然反對攻擊匈奴。他認為，匈奴遷徙無常，難以牽制抵禦；得其地不足為廣，有其眾不足為強；千里征戰，人疲馬乏，難以取勝。韓安國話聲一落，一幫老臣立即隨聲附和。朝堂之上，主張和親之聲不絕於耳。

此時，漢武帝如何決斷？張騫一去無消息，朝中多是主張和親之聲，即便是漢武帝也孤掌難鳴。

漢武帝沒有逆勢而上，最終決定擱置再議。這並沒有冷卻他反擊匈奴的心。他正在悄悄移動棋子，長期與匈奴作戰的兩員大將，先後回到宮廷。李廣調任未央衛尉，程不識調任長樂衛尉。表面看是主和的舉措，實質上就是便於面授機宜。沒過多久，漢武帝任命衛尉李廣駐守雲中，任命衛尉程不識駐守雁門。將有經驗的大將再度派往前沿陣地，其用意不言而喻。

漢武帝能夠咬定青山不放鬆嗎？

和與戰的分界線

《漢書．竇田灌韓傳》：「匈奴初和親，親信邊，可誘以利致之，伏兵襲擊，必破之道也。」

《漢書》記載的這句話，出自王恢之口，不過他只是轉達聶壹的意思。聶壹是一位富豪，經常往來於漢、匈兩地做生意。他認為，匈奴剛剛與漢和親結好，親近信任邊境吏民，可用財利引誘他們前來。漢軍預設伏兵襲擊，肯定能打敗匈奴。王恢聽到聶壹的計謀如獲至寶，漢武帝聽到王恢的奏請同樣如獲至寶。漢武帝立即召集公卿商議此事，大臣到齊，他沒有像以往那樣先聽眾臣發言，而是先聲奪人，表明心志。《漢書．竇田灌韓傳》記載了他的原話：

「朕飾子女以配單于，幣帛文錦，賂之甚厚。單于待命加嫚，侵盜無已，邊竟數驚，朕甚閔之。今欲舉兵攻之，何如？」

說是「何如」，其實是決心已定。漢武帝敢如此果斷，是因為主和的太后、他的祖母去世了，這等於卸掉了勒在他頭上的緊箍咒。他的話音剛落，王恢即發言贊同。照理來說皇帝已經定下基調，遵照即可，孰料韓安國又馬上站起反對。兩人各抒己見，激烈辯論，你來我往，互不相讓。

《漢書．竇田灌韓傳》對此有所記載：

大行恢對曰：「陛下雖未言，臣固願效之。臣聞全代之時，北有彊胡之敵，內連中國之兵，然尚得養老長幼，種樹以時，倉廩常實，匈奴不輕侵也。今以陛下之威，海內為一，天下同任，又遣子弟乘邊守塞，轉粟輓輸，以為之備，然匈奴侵盜不已者，無他，以不恐之故耳。臣竊以為擊之便。」

御史大夫安國曰：「不然。臣聞高皇帝嘗圍於平城，匈奴至者投鞍高如城者數所。平城之飢，七日不食，天下歌之，及解圍反位，而無忿怒之心。夫聖人以天下為度者也，不以己私怒傷天下之功，故乃遣劉敬奉金千斤，以結和親，至今為五世利。孝文皇帝又嘗壹擁天下之精兵聚之廣武常谿，然終無尺寸之功，而天下黔首無不憂者。孝文寤於兵之不可宿，故復合和親之約。此二聖之跡，足以為效矣。臣竊以為勿擊便。」

恢曰：「不然。臣聞五帝不相襲禮，三王不相復樂，非故相反也，各因世宜也。且高帝身被堅執銳，蒙霧露，沐霜雪，行幾十年，所以不報平城之怨者，非力不能，所以休天下之心也。今邊竟數驚，士卒傷死，中國槥車相望，此仁人之所隱也。臣故曰擊之便。」

安國曰：「不然。臣聞利不十者不易業，功不百者不變常，是以古之人君謀事必就祖，發政占古語，重作事也。且自三代之盛，夷狄不與正朔服色，非威不能制，彊弗能服也，以為遠方絕地不牧之民，不足煩中國也。且匈奴，輕疾悍亟之兵也，至如猋風，去如收電，畜牧為業，弧弓射獵，逐獸隨草，居處無常，難得而制。今使邊郡久廢耕織，以支胡之常事，其勢不相權也。臣故曰勿擊便。」

恢曰：「不然。臣聞鳳鳥乘於風，聖人因於時。昔秦繆公都雍，地方三百里，知時宜之變，攻取西戎，辟地千里，并國十四，隴西、北地是也。及後蒙恬為秦侵胡，辟數千里，以河為竟，累石為城，樹榆為塞，匈奴不敢飲馬於河，置𤇯燧然後敢牧馬。夫匈奴獨可以威服，不可以仁畜也。今以中國之盛，萬倍之資，遣百分之一以攻匈奴，譬猶以彊弩射且潰之癰也，必不留行矣。若是，則北發月氏可得而臣也。臣故曰擊之便。」

安國曰：「不然。臣聞用兵者以飽待饑，正治以待其亂，定舍以待其勞。故接兵覆眾，伐國墮城，常坐而役敵國，此聖人之兵也。且臣聞之，衝風之衰，不能起毛羽；彊弩之末，力不能入魯縞。夫盛之有衰，猶朝之必莫也。今將卷甲輕舉，深入長敺，難以為功；從行則迫脅，衡行則中絕，疾則糧乏，徐則後利，不至千里，人馬乏食。兵法曰：『遺人獲也。』意者有它繆巧可以禽之，則臣不知也；不然，則未見深入之利也。臣故曰勿擊便。」

恢曰：「不然。夫草木遭霜者不可以風過，清水明鏡不可以形逃，通方之士，不可以文亂。今臣言擊之者，固非發而深入也，將順因單于之欲，誘而致之邊，吾選梟騎或絕其後，單于可禽，百全必取。」

兩位大臣出言犀利，各陳利害，漢武帝洗耳恭聽，不做決斷。但是，當王恢說到使用誘敵入境、合圍殲滅的計謀時，他以一個「善」字果斷下了決策。

一場抗擊匈奴的大戰就要開始了！

化為泡影的馬邑之圍

《史記・匈奴列傳》：「漢伏兵三十餘萬馬邑旁，御史大夫韓安國為護軍，護四將軍以伏單于。」

堅定無畏、英勇果斷，漢武帝為反擊匈奴所展現出的超人膽識和決斷能力確實令人對他刮目相看。

張騫一去無消息，無法與月氏同時出兵夾擊匈奴，那就擺個圈套，請君入甕，一舉殲滅，以絕後患。機不可失，失不再來。漢武帝馬上做出大戰部署。這次行動就是「集中優勢兵力打殲滅戰」。發兵三十萬，命令五員大將統領。衛尉李廣為驍騎將軍、太僕公孫賀為輕車將軍、太中大夫李息為材官將軍，埋伏於馬邑城附近的山谷；大行王恢為將屯將軍，帶兵一支，等匈奴南下後，兵出代郡，從背後襲擊匈奴，攔截輜重。御史大夫韓安國為護軍將軍，以接應四位將軍。這樣的陣容，誠可謂兵多將強，勝券穩操。

大軍開赴前線，聶壹依計行事，前往匈奴境內，引誘軍臣單于發兵。據《漢書・竇田灌韓傳》載，他悄悄告訴軍臣單于：「吾能斬馬邑令丞，以城降，財物可盡得。」

當聶壹告訴軍臣單于要獻上馬邑城時，單于當然不會輕信，問他：「你是個商人，如何能將馬邑獻給我？」聶壹回答：「我收買了馬邑令丞身邊的一些人，約他們殺掉令丞和主要的官員，就可以得到馬邑。只要你發兵前去，馬邑唾手可得。大功告成，你分給我們一些財物即可。」

天下竟有這樣的好事？只要你利慾薰心，就不怕高風險。軍臣單于果然被聶壹畫的大餅打動了，當即議定，他發大兵，聶壹帶幾個他的心腹前去行動。之所以要聶壹帶幾個自己的心腹，自然是要他們隨時了解情況，防止上當受騙。軍臣單于要防止上當受騙，偏偏就上了當、受了騙。那幾個心腹人生地不熟，聶壹和韓安國一合計，從監獄裡提出幾個死囚犯，割下頭，懸掛在城門上。心腹一看，以為果真殺死了馬邑令丞，當即回去報告。軍臣單于大喜過望，馬上親率大軍前來收穫。

十萬大軍從容出動，騎著駿馬的軍臣單于肯定也很從容。往常侵入漢地，飛速劫掠，飛速撤退，唯恐正面遭遇漢軍而導致傷亡；今日，馬邑城群龍無首，取那些金銀珠寶如探囊取物，沒有必要那樣急迫、那樣火速。

或許就是太過從容，有了看風景的時間，才引起了軍臣單于的警覺。

抬頭遠望，四野空曠無邊際，風吹草低見牛羊。見牛羊，正常。不正常的是只見牛羊，不見牧人。側臉一瞧，前方有個亭子，軍臣單于一揮手，早有士兵衝過去，抓到一個守邊的小頭目。一皮鞭抽下去，小頭目咬牙不講；兩皮鞭抽下去，小頭目抱頭不講；尖利的屠刀，架在了他的脖子上，小頭目癱軟在地，竹筒倒豆子，天大的軍事祕密都倒給了軍臣單于。

軍臣單于大驚失色，急令大軍先鋒變後隊，火速撤退。三路埋伏的漢軍，焦急等待著匈奴大軍，急切盼望慣於燒殺劫掠的暴徒鑽進圈套，把他們一網打盡。雖然沒有摩拳擦掌，可個個急於報仇雪恨。可是，等呀，等呀，不見匈奴大軍的影子。韓安國派兵前去偵察，才知道匈奴撤退了。事不宜遲，韓安國立即下令追趕，緊追慢追，追到邊界，卻早已不見了匈奴的影子。韓安國不敢再追，只能勒馬嘆息，徒手空回。

兵出代郡、遠道迂迴的王恢，按時到位，埋伏在了匈奴的背後。可是，當他看到匈奴浩浩蕩蕩的十萬大軍，人多勢眾，雖然是撤退，仍舊氣勢洶洶，自己僅帶領三萬人馬，若是發起攻擊，豈不是以卵擊石？沉思、猶豫，猶豫、沉思。一沉思，一猶豫，緊著逃命的匈奴大軍早跑沒了蹤影。

馬邑之圍，各路將士意氣風發出兵。馬邑之圍，各路將士垂頭喪氣返回。漢武帝運籌帷幄的大計化為泡影，怒氣衝衝追究責任。監軍韓安國本來就不主張出兵，無責可問；李廣、公孫賀、李息受人調遣，無責可追。追來追去，責任落在了王恢頭上，一是輕信聶壹，急功近利、勞師遠征；二是匈奴撤退時，畏懼不戰，放跑敵人。兩罪合一，軍法當斬。

王恢掉了腦袋。掉了腦袋也於事無補，興師動眾的馬邑之圍不僅徒勞無益，更勞民傷財。這些姑且不論，最要命的是，漢朝打碎了與匈奴和親的面具，要「再續前緣」恐怕難上加難。

倘若是站在漢武帝的位置去想，倘若漢武帝熟悉中國神話，定會呼喊：戰神刑天今何在？戰神刑天今何在？就在漢武帝身邊，只是需要一雙慧眼，去辨才，去識才，最終用才。

一代戰神衛青，順應時代潮流，已是呼之欲出。

第二章　刑天今何在

第三章　扎根破岩中

露水夫妻的兒子

《史記．衛將軍驃騎列傳》：「大將軍衛青者，平陽人也。其父鄭季，為吏，給事平陽侯家，與侯妾衛媼通，生青。」

馬邑之圍發生在元光二年（西元前一三三年）六月，此時衛青已經入宮，而且由初時的「給事建章」，升任建章監、侍中。侍中是漢武帝的貼身侍從，由此可看出，此時衛青已和漢武帝如影隨形。

不過，衛青這一路走來卻歷經坎坷艱辛，用鄭板橋〈竹石〉詩句「千磨萬擊還堅勁」形容，一點也不過分。「卻顧所來徑」，要先把目光聚焦在平陽侯曹參身上。

平陽侯曹參的功績在前文已經做過敘述，那是正面進行的素描，若是描摹側面更有趣味。俗話說，無心插柳柳成蔭。曹參就是那個無心插柳柳成蔭的人，不過，他不是給自家插柳成蔭，而是為漢朝插柳成蔭。這「成蔭」的還不是一個，而是兩個。

第一個是漢文帝。當初楚漢相爭，曹參與韓信從陽夏東渡黃河，揮戈廝殺，打敗了曾經投靠漢王，後來又另立門戶的西魏王魏豹。司馬遷在《史記．外戚世家》中生動地講述了這件往事，從他筆下的故事可以看出，魏豹之所以反叛漢王劉邦，是因為後宮的薄姬算了一卦，「當生天子」。就是這個「當生天子」的卦辭激奮了魏豹——要是不自立為王、稱雄一方，薄姬即使懷了龍種，生出嬌兒，哪能成為天子？於是，他背叛了劉邦。可惜的是，薄姬還沒有身懷六甲，魏豹就已淪為俘虜。薄姬因為有幾分姿色，被漢王納入後宮。後宮嬪妃太多，漢王真不知該寵幸哪朵鮮花為好，進入後宮的薄姬猶如進入冷宮。所幸，一起被納入後宮的管夫人、趙子兒與薄姬是好朋友，曾經一起約定「先貴無相忘」。這對好朋友先後得到了漢王的寵幸，想起舊日約定，便當笑話般說給漢王聽。漢王覺得薄姬可憐因而寵幸了她，可就是這一次寵幸，薄姬收穫了劉恆。漢王當上皇帝後，薄姬的兒子劉恆，先是被封為代王，後因遠離權力之爭的旋渦，竟然鷸蚌相爭，漁翁得利，被皇帝的桂冠砸中，成為漢文帝。這正應了薄姬「當生天子」的卦辭。

此是曹參第一次無心插柳。第二次無心插柳還是緣於他攻陷平陽。他因戰功顯赫而受封，封號就是平陽侯。平陽侯食邑平陽，平陽有他的府第，京都長安有他的府邸。府第也好，府邸也好，都要有人服侍，平陽侯府就成為當地人進入京都的一條通道。這座平陽侯府邸成為衛青、霍去病降生的暖床。只是，等到衛青呱呱墜地的時候，物是人非，平陽侯府邸還在，平陽侯還有，卻不是曹參，而是他的曾孫曹壽。他去了，他那繼承侯位的兒子曹窋也去了，曾孫曹壽世襲了他的侯位。

《史記．衛將軍驃騎列傳》載：「大將軍衛青者，平陽人也。其父鄭季，為吏，給事平陽侯家，與侯妾衛媼通，生青。」

衛青的母親是平陽侯的一名婢女，叫什麼沒有載入史書，可見婢女有多麼輕賤。照理說，她的兒女個個顯貴，她的名字該是在坊間廣為流傳，可是坊間流傳不等於寫史書的司馬遷知道，或者司馬遷也不願為一個輕賤的婢女費心查訪，故而史書只留下「衛媼」二字。媼者，老婦人也。衛媼和丈夫生下一男三女。一家六口日子雖然清貧，倒也過得其樂融融。如果永遠其樂融融，恐怕這世上就不會有衛青這個人了。

天有不測風雲，人有旦夕禍福。不知何因，衛氏四兄妹的父親暴病身亡，眨眼間可憐的婢女成為寡婦。中年喪夫，失去依靠，四個兒女嗷嗷待哺，可想而知，衛家的日子更是捉襟見肘。設想一下那時的境況，衛婢女應該愁鎖雙眉，很難開心。時日不長，衛婢女的雙眉不再緊皺，逐漸舒展。那是一個從平陽來的小吏鄭季，進入了她的眼簾。準確地說，不是他進入她的目光，而是她進入他的目光。一個再風流的女人，也不會在丈夫剛剛亡故時就另覓新歡。此時應該是小吏鄭季看中了她，向她獻殷勤。想到此，更覺司馬遷用「衛媼」二字來定位她的一生不妥，她年輕時肯定不是老態龍鍾，而是嬌豔嫵媚，不乏西施姿色。只有如此，鄭季看見她才會一見鍾情。

不必過多猜度兩個有情人如何享受愛情，司馬遷已簡潔明快地宣布：「其父鄭季，為吏，給事平陽侯家，與侯妾衛媼通，生青。」衛青就這樣降生在平陽侯長安的府邸了。敘述至此，出現了漏洞，為何鄭季的兒子不姓鄭而姓衛？其中有一段心酸故事。時隔不久，鄭季在平陽侯府邸當差期滿，應該返回故里了。遙想當時，衛婢女一定會含情脈脈地懇求他：留下來，別離開，就在長安共度時光。這個時候，鄭季為難了。為難的鄭季，在衛婢女一次次懇求下，不得不倒出心裡的苦水。原來，他在家鄉早已娶妻生子，在長安歡悅之餘，也會牽腸掛肚，想起千里之外的家人。不少人對這段世事的評價是，鄭季薄情寡義。言外之意，衛婢女深明事理，擦乾眼淚送走這露水丈夫。

如此推算，衛青從小就生活在缺少父愛的家庭，和哥哥、姐姐一起承受著歲月的磨礪。

放羊的日子

《史記．衛將軍驃騎列傳》：「少時歸其父，其父使牧羊。先母之子皆奴畜之，不以為兄弟數。」

《史記》與《漢書》都記載少年衛青曾被送回了他的父親鄭季那裡。為什麼送他回去？顯然，他的母親是為了改變衛青清苦的生存狀況——試想一個寡母，養育五個兒女何等不易。再者，能夠從平陽進入平陽侯府當差的必不是普通人，通常是有學識、有教養的——正緣於此，鄭季才能令她心動。將兒子送到父親身邊，讀書識字，自然是改變奴僕身分的最佳途徑。

傳說衛青回到鄭家，沒能讀書識字，只接過了一支羊鞭。這事要怪鄭季，帶衛青回家前，鄭季沒有讓妻子做好心理準備。妻子不能容忍他與衛婢女私通，更不能容忍他們私通的「成果」：「你竟然異想天開，要私生子和我的孩子朝夕相處，豈有此理！」大吵大鬧，引起一場家庭風波。風波很快平息，是鄭季妥協了。讀過書的他，一定明白春秋時期魯國閔子騫的故事。繼母虐待閔子騫，父親氣得要寫休書。閔子騫勸導父親：母在一子寒，母去三子單。想想這事，鄭季有再大的火氣，也只能作罷。

當然，這位繼母在甩給衛青羊鞭時，一定不會想到這個私生子要比她那一群孩子都有出息得多。她那一群孩子一定也沒有想到，這個卑賤的小兄弟日後要譽冠天下。若是有這樣的卓見，鄭季之妻定會對他另眼相待、倍加關愛；那幾個兄弟也絕不會對他百般歧視、拳腳相加。事情的有趣之處就在於，人無法預知後事，而後事又只能是前事的結果。

不過，這種錯誤恰恰成為歷練衛青成才的關鍵條件。孟子曰：「天將降大任於斯人也，必先苦其心志，勞其筋骨，餓其體膚，空乏其身，行拂亂其所為，所以動心忍性，曾益其所不能。」無法擺脫的苦難，磨礪著這個年幼的生命。據推算，衛青回到家鄉平陽時也就只有七八歲。

清晨，太陽還沒有從東方升起，衛青就被喚起來了。他揉著眼睛走出屋，趕快跑去打開羊圈，一群羊擁到面前，順著他手中長鞭的指點，走出村寨，走向山野。他這一串熟悉而連貫的動作還時常伴隨著「音韻」，這就是「母親」的訓斥責罵。這位「母親」隨便罵不是因為衛青做錯了什麼，而是因為他的父親釀成了生他的大錯。繼母用盡情罵他消解自己心頭的怨憤，衛青默不作聲，代替父親承受著。衛青埋頭趕羊上路，踐行在「無故加之而不怒」的境界。不是衛青生來就是神童，就有過人的肚量，而是，任何小小的反駁都會換來更為猛烈的訓斥，甚至毆打。吃過幾次苦後，衛青聰明了，懂得了沉默就是保護自己的最佳鎧甲。

田野裡空蕩蕩的，還沒有羊群出來，孤獨的衛青就領著羊群上路了。蒼天似乎不願讓他這般寂寞，常常把一團一團的雲絮飄出來，那姿態，也像羊群一般，或奔躍，或歡跳。衛青常常呆呆地看著天空，那千變萬化的雲團給了他不少慰藉。草，綠油油鋪開，但是羊現在不能去吃——只要葉尖上還有露珠，羊吃了就會拉肚子。衛青為此挨過罵，也挨過打。羊兒拉稀的時候，繼母的眼睛是紅的，手指頭戳得他額頭發痛。兄弟們更是出手不凡，把他摞倒在地，用腳踩踏。他們說他有意加害羊群，糟蹋寶貴的資產。衛青無法說清他的無辜，還是放羊的夥伴告訴他，羊拉肚子是因為吃了「露水草」。這些話，衛青聽了心頭豁然開朗，他感謝夥伴對他的指教；這些話，繼母聽了卻勃然大怒，責罵他不願早起，尋找藉口。

衛青只能早起，趕著羊慢慢走著，或者也可以說，衛青跟著羊慢慢走著。因為，那一群羊簡直如同一支訓練有素的隊伍。衛青和羊群的這般默契，不是他拿起羊鞭時就有的。起初，這群羊似乎有意欺負他這卑賤而倔強的孩子，有的快、有的慢，有的左、有的右，有的登高、有的爬低，弄得他手腳忙亂，渾身是汗，也還趕得不順。還是那些夥伴告訴了他趕羊的祕密：羊群不能亂趕，要看好領頭羊，只要領頭羊乖，羊群才會乖。道理他明白了，可是，領頭羊卻難以輕易馴服，牠全不把他當回事。他發過怒，打過牠，不過最終征服領頭羊的不是拳腳，而是他賜予的好處使牠溫順了。他選茂盛的草灘給牠，選清亮的泉水給牠，那鞭子下蹦跳亂撞的野獸，眼裡閃動出了和善的光。領頭羊馴服了，帶著羊群乖乖行進。每日清晨，牠昂首前行，行至那個陽光暖照的坡彎，停住步，讓羊群圍成一圈，靜待草葉上的露水化為晨霧，輕輕飄逝。這時候，衛青會擠在羊群中再來一段難得的回籠覺，而領頭羊忠實地守在坡彎的口上，哪一頭羊敢越雷池一步，牠都會雙角頂去，迫使那個不守規範的羊退回原地。

衛青趕著羊前進，儼然一位指揮自如的將軍。若干年後，放羊娃真成了將軍，而且成了赫赫有名的大將軍，不知和那時的放羊有沒有關係？

放羊娃的「領頭羊」

《史記．衛將軍驃騎列傳》：「青為車騎將軍擊匈奴……至蘢城，斬首虜數百。騎將軍敖亡七千騎；衛尉李廣為虜所得，得脫歸……賀亦無功。」

衛青首次出征匈奴，四路大軍唯衛青一路立功。衛青從此脫穎而出。衛青不僅由此脫穎而出，而且之後的數次出征無一敗績，堪稱常勝將軍。

話說衛青和一起放羊的小孩子們結成了同盟。那個時代，小孩子讀書的少，拾柴的多，能放羊的都是家庭比較富裕的；若不富裕，根本買不起羊。自從夥伴們告給衛青如何馴服領頭羊，衛青馴服了領頭羊輕鬆放羊後，他就和這些放羊孩子成為親密無間的朋友了。時常，

第三章　扎根破岩中

他們留下一個人看守羊群，其餘的要嘛上樹摘果子，要嘛下河去摸魚。摘到果子分著吃，摸到魚就生堆火烤著吃。枯燥的日子，被他們玩出了滋味。

那是個秋日，紅豔豔的山楂掛滿樹，衛青在上頭摘，其他人在下面撿。突然，衛青停住手大叫不好，他看見一隻狼正向羊群躥去。他下樹，領著朋友們奔跑，趕到還是慢了，狼叼著一隻羊早跑遠了。看守羊群的春生嚇呆了，抹著眼淚說不出話來，狼叼走的偏偏就是他自家的羊。丟一隻羊家裡要承受很大的損失，春生害怕躲不過一頓毒打。那一日，衛青安排春生最後回家，其他人把羊各自趕回家後又連忙聚在一起送春生回家。果然，春生爸看到羊少了，馬上怒氣衝衝，揚手要打春生。多虧朋友們人多，你拉他拽，春生爸才沒打成功。衛青說明是狼叼走的羊，春生爸漸漸消了火氣，大家才各回各家。

從那天起，放羊的夥伴們不敢再像先前那樣清閒，不敢再去摸魚、摘果子，死死看守著羊群。或許，狼撿到一次便宜，還想欺負孩童再撿個便宜。果然沒有幾天，狼又凶狠地出現在放羊娃面前。幸虧人多勢眾，一陣吼喊，亂石飛擲，才趕跑牠。

狼若是不斷來騷擾，如何是好？大家憂心忡忡。狼沒有再來。狼沒有再來，是因為衛青領著夥伴們掏了狼窩。他們放羊的草場在姑射山前，那裡地勢起伏不平，無法耕種，野草叢生，是天然的牧場。放牧的羊群多了，帶刺的枝條上少不了掛上羊毛，風吹羊毛飛，人稱這裡羊毛灘。衛青很不甘心受狼的欺辱，他讓夥伴們看著羊，自己扛一把放羊鏟。一趟又一趟，他總算找到了狼窩。那是一個石洞，每天都能看到狼進進出出。每次狼進洞嘴裡總叼著吃的，或是兔，或是獾，由此他斷定窩裡有小狼。於是，趁一個晴日，他將看羊的人數留夠，讓其餘的人和他一起去突擊狼窩。

他們匍匐在狼窩不遠處，眼看著一隻狼走出窩來，待牠跑遠了他們才一擁而上。到了洞口，有人想往窩裡鑽，衛青攔住——窩裡若是再有大狼，肯定會吃大虧呀！衛青出了個主意，不進山洞，點火用煙熏。他告訴夥伴，大狼出來也不要驚慌，煙熏得牠睜不開眼睛，一陣猛喊就會嚇跑牠。果真如此。點起火來，滾滾濃煙被他們搧進洞裡，最先跑出來的就是一隻大狼。大狼被大家喊鬧著趕走了，隨後，兩隻小狼搖搖晃晃出來了。不用說，小狼成了俘虜。

他們抱著小狼凱旋了，剛剛返回羊群站定，大狼便尾隨追來了。這大狼沒有朝羊群衝擊，而是站在高高的山坡上連聲叫喚。那聲音並不尖利，並不凶狠，聽聽就像是無可奈何的悲吟。大狼叫，小狼應，狼叫聲迴盪在羊毛灘。不多時，另一隻大狼也跑來了。兩隻狼並排站著，叫聲更加淒涼響亮。看到這情景，衛青示意夥伴把小狼放走。小狼一落地，搖搖晃晃朝大狼跑去。兩隻大狼從山坡上飛撲下來，和小狼歡聚在一起。親暱片刻，相隨登上山坡，四隻狼沒有跑走，而是朝著他們和羊群低下了頭，之後，緩緩離去。

從此，狼沒有再來。因為突擊狼窩的成功，衛青成為放羊娃裡的「領頭羊」。

返回長安當騎奴

《史記．衛將軍驃騎列傳》：「青壯，為侯家騎，從平陽主。」

遙想當初放羊的日子，衛青是何等艱辛。放羊的不只是他一人，可是別的放羊娃回到家裡，享受的是家庭的溫馨，

他走進院門面對的卻是橫眉冷對的繼母和兄弟。夜裡，不能在正屋安寢，常常睡在羊圈。父親對他還算溫和，偏又常年在平陽的侯府忙碌難以回家。他只有在趕著羊群走出家門時，心情才能像藍天那樣開闊。一個身心孤獨的孩子，難免憂鬱。

有一天，衛青不見了，村裡、家裡、羊毛灘都找不到他。晚霞升起的時候，衛青的羊群回來了，是朋友們幫他趕進家門的。衛青跑了，留給朋友們的話是：「請告訴家人，我去長安了。」

即使那時他還缺少大有作為的志向，卻也明白待在家鄉就只能終生放羊。放羊絕不是長久之計，他要另覓出路，要去京都尋找母親。

因而，我們在《史記．衛將軍驃騎列傳》中看到了這樣一行字：「青壯，為侯家騎，從平陽主。」

衛青回到母親身邊，肯定涕淚橫流，淚水肯定也打溼了母親的臉。抹掉淚水，母親要為孩子謀出路，只能帶著他去見平陽公主，請她把可憐的放羊娃收留在府中。此時的衛青絕不

是七八歲離開時矮小柔弱的樣子，時過六七年，可能已長得高大魁梧，雖是少年，已露出青春的風采。平陽公主是不是一眼就喜歡上了這個苦命的孩子，不得而知，知道的是平陽公主留下了他。

放羊孩子成為牽馬的騎奴。騎奴，地位未必比放羊娃高多少，只是每到夜晚一家人聚集一起，衛青追尋到了多年來少有的溫馨。我曾對衛青當時的境況暢想：衛青沒有辜負平陽公主的厚望，馬匹調教得一定很溫順，馬鞍擱置得一定很端正，馬鞭指揮得一定很得當。當時的平陽公主一定在追尋她想得到的榮耀和驕傲，不然，衛青不會在府中接觸到更多的名流權貴。他從出入的賓客中、來往的禮儀中、優雅的談吐中，開始領悟人世的許多道理。每一次領悟，眼前便閃耀出光芒，這些微光久而久之累積為豐厚的見識。

衛青在平陽公主家中守本分，講義氣，結交了不少朋友。閒暇時，他常常請人教他認字、讀書，不到兩年時間，已能粗通文字了。這非常重要，至少結交了公孫敖，若不是如此，後來在他性命危急的關頭，誰來冒著掉腦袋的風險救他不死？「請人教他認字、讀書」更為重要，這是他昇華人生氣質的重要行動，不然，「守本分」可能淪為窩囊氣，「講義氣」可能只是草莽氣。正是認字、讀書，讓他守本分而不謹小慎微，講義氣而不魯莽行事。

進入長安，進入平陽侯府邸，衛青的生命在昇華。

不可忽略的細節

《史記．衛將軍驃騎列傳》：「青嘗從入至甘泉居室，有一鉗徒相青曰：『貴人也，官至封侯。』」

《史記》和《漢書》都有相同記載，衛青去甘泉宮時，遇到了一位鉗徒。鉗徒看見他相貌不凡，即說他是貴人，以後會被封侯。鉗徒，是指受鉗刑的犯人。古代將鐵圈束住脖頸的刑罰叫作鉗刑。衛青苦笑著說：「人奴之生，得毋笞罵即足矣，安得封侯事乎！」意思是，天生的奴僕命，不挨打討罵就不錯了，哪會有封侯這樣的大好事。

對於這事，我所看到的有關衛青的文章都給予認可，只是時間點有所不同。有的把這件事定在衛青於平陽家鄉放羊的時候，有的沒有明確的時間，含糊其詞。鑑別資料，思考再三，我把衛青前往甘泉宮，放在他在平陽侯府邸中當騎奴的時候。如此判斷的關鍵在於甘泉居室的地理位置。

甘泉宮，秦始皇時始建，一名林光宮。漢代甘泉宮在雲陽（今陝西省淳化縣西北）。漢武帝建元年間增修，周圍十九里。這樣看來，甘泉宮距平陽府將近四百公里，衛青放羊時斷然無法前往，何況中間還有一條滔滔奔流的大河阻隔。甘泉宮距長安八十多公里，相對要方便得多，何況當時衛青已成為平陽公主的騎奴。若是伴隨平陽公主去拜見漢武帝，兩人騎馬前行，一日便可到。若是這個推斷沒有問題的話，那時的衛青即使出入侯門、廣交朋友，也沒有擺脫奴僕下人的自卑，更沒有胸懷大志、面向未來。我對許多評價成功人士的文章不敢苟同，因為那些文章多以為英傑一出生就與眾不同、志存高遠。其實不然，人生是在一步步追逐和提升中找到終極目標的，衛青就是最有說服力的典範。

衛青的自卑和他的家庭處境有關，從他進入平陽侯長安府邸當騎奴來看，他的哥哥、姐姐，未必不在府邸謀生。我沒有找到他的哥哥衛長君和大姐衛君孺在府邸謀生的依據，但是，二姐衛少兒、三姐衛子夫都在裡面。由此可知，說他們是奴僕家庭並不過分。這或許就是衛青自卑的根源。

衛子夫脫穎入宮

《史記．外戚世家》：「武帝初即位，數歲無子。平陽主求諸良家子女十餘人，飾置家。」

引文中的「平陽主」，即平陽公主。前面她已出頭露面，卻還不是主要人物。從現在開始，她不僅要成為主要人物，往後還要頻頻露面，少了她，漢朝歷史絕不會是現在從史書中看到的樣子。

平陽公主本來是封為陽信公主的，後來她嫁給了平陽侯，便改稱平陽公主了。如前所述，此時的平陽侯已不是前面所寫的曹參，而是曹參的曾孫曹壽。因為曾祖曹參是漢高祖的

第三章　扎根破岩中

開國功臣，曹壽才貴為平陽侯，才有幸娶到金枝玉葉的陽信公主。

翻閱中國歷史，公主干預朝政的很少，說來成為平陽公主的陽信公主，也沒有到朝堂之上參政議政，只是在後場略略施展心計。偏偏就是這不顯山不露水的小伎倆，卻令歷史走進了她鋪好的道路。平陽公主地位高，心氣也高，她下嫁給曹壽，卻絲毫沒有減少高人一籌的欲望，朝思暮想維護她尊貴的地位。她的弟弟是皇帝，可是貴為公主的並非她一人，她還有兩個妹妹：南宮公主和隆慮公主（《史記》寫作林慮公主）。如果她擺姐姐的架子，很可能被弟弟唾棄，為兩個妹妹所不屑。這位平陽公主確實很有心計，她全神貫注於當上皇帝的弟弟劉徹，似乎是在窺視什麼。劉徹即位數年都還沒有兒子，貴為天子，若是沒人傳宗接代，這可是天大的問題呀！普通人家尚不能中斷香火，何況九五之尊的帝王家呢？

察覺到這個天大的問題，平陽公主便試圖解決這個問題。她立即在府邸組織了一支美女隊，精心挑選了十多位嬌豔如花的女子，教她們禮儀，教她們書畫，教她們歌舞。日日訓練，最後美女們琴棋書畫，各種技藝無不精通。平陽公主暗自歡欣，就等皇帝小弟前來選美。有人說這是一支「捕帝隊」。是呀，平陽公主就是用這種方式捕獲皇帝的感情，以確保自己的尊貴地位。而對於這些身處底層的美女來說，無疑，這是一個改換門庭的極好機會。遺憾的是，身為歌女的衛子夫居然沒入平陽公主的法眼，沒能躋身美女「捕帝隊」。

建元二年（西元前一三九年）初春「上巳節」，是平陽公主如願以償的日子。「上巳節」是祭奠鬼神、祈求除禍降福的節日。這天，據說古人都會去水邊出遊，讓流水洗去穢氣。農曆三月，長安的渭水還寒意透涼，有幾個人敢下河洗禮不得而知。至少，漢武帝是沒有這個雅興的。

漢武帝御駕親臨渭水邊，主持「上巳節」，似乎醉翁之意不在酒——這可能就是平陽公主預設的伏筆。回宮途中，漢武帝順路來到平陽公主府邸。千載難逢的機會來臨了，平陽公主豈能輕易放過？她大獻殷勤，準備了豐盛的酒宴。這邊上菜斟酒，那邊樂聲響起，平陽公主亮出了她那美女隊的王牌。訓練有素的美女圍繞著漢武帝彈唱跳舞、敬酒夾菜，想來該把漢武帝弄得神魂顛倒了。偏偏漢武帝後宮美女如雲、佳麗成群，對這些柔情似水、秋波頻遞的美女毫不動心。平陽公主開始著急，暗遞眼色，為美女們加油：快把渾身解數使出來。然而，再使眼色，再加油，也無濟於事，輕風吹不皺漢武帝心底的那一池春水。平陽公主殫精竭慮的機關算盡，眼看就要化為徒勞，豈能甘心。突然，她靈機一動，把「編外隊員」衛子夫喚了出來。

下面的情節在《漢書．外戚傳》中是如此記載的：

「帝祓霸上，還過平陽主。主見所侍美人，帝不說。既飲，謳者進，帝獨說子夫。帝起更衣，子夫侍尚衣軒中，得幸。」

衛子夫一亮相就吸引了漢武帝的目光。一直吃飯的漢武帝不吃了，手中酒杯舉在口邊，遲遲送不進嘴唇。在他的眼裡，這位歌女千嬌百媚、神采超群。不覺間，漢武帝心迷神往、如癡如醉。一雙眼睛透露漢武帝的心思。剛剛美女隊輕歌曼舞，他的目光只是一掃，又一

第三章　扎根破岩中

掃，此刻，眼光不是掃，而是盯，盯著衛子夫不放，把她纏成個解不開的情結。

漢武帝醉了！不是醉酒，酒不醉人人自醉，酒不醉人人醉人，衛子夫醉了漢武帝。衛子夫為何會使漢武帝迷醉？貌美？是也。歌美？是也。舞美？是也！

漢武帝醉了，而平陽公主卻是清醒的。她笑嘻嘻上前，指著衛子夫說：「陛下，你看那個歌女如何？」

漢武帝如夢初醒，笑著連連點頭。平陽公主又說：「她色藝雙全，舉止有度，還熟諳宮廷禮儀。」此時，漢武帝早有幾分迷離恍惚，藉口天熱更衣，起身向尚衣軒走去。平陽公主對此心領神會，使了個眼色，衛子夫就緊隨而去。這一去，她的命運立即有了轉機。從尚衣軒出來，漢武帝雖有倦意，卻興致更濃。衛子夫則雲鬢散亂、雙頰飛紅。平陽公主見此情形，暗自得意，一片苦心總算沒有付之東流。果然，漢武帝傳詔，平陽公主選美有功，賞賜黃金千斤。衛子夫的身價足夠千金了。華燈初上，酒闌人醉，漢武帝起駕回宮。衛子夫妝洗打扮一番，拜別公主，奔向新的前程。平陽公主喜不自禁，扶起她，叮囑說：「此去善自珍重，一旦榮寵尊貴，且莫忘了我呀！」

衛子夫畢恭畢敬地說：「奴婢哪裡敢忘記公主的大恩大德！」

平陽公主送皇帝登車，也送自己的心計進宮，去為平陽公主，也為衛子夫自己鋪就尊貴顯榮。

在那個燈紅酒綠的春夜，平陽公主、衛子夫似乎都有些迷醉，就連漢武帝劉徹也興致盎然、忘乎所以了。接下來的事情正應了一句古訓：「好事多磨」。磨合的過程就是曲折，就是坎坷。如果平陽公主和衛子夫沒有料到的話，那麼漢武帝是應該有所預料的，只因為醉意主導了世事，世事便變得迷迷離離。不過，當時情景留在《史記．衛將軍驃騎列傳》的記載只是：「建元二年春，青姊子夫得入宮幸上。」

第三章　扎根破岩中

第四章　千磨又萬擊

命運折磨人

《漢書．外戚傳》：「入宮歲餘，不復幸。」

這一章的開頭，焦距還是無法直接對準衛青，仍然要聚焦衛子夫。因為沒有衛子夫的引領，衛青無法入宮，更無法施展才能。

「入宮歲餘，不復幸」，是對衛子夫入宮後遭遇的簡要敘述。那遭遇在世人眼裡，猶如高空墜石，落差太大了。這是後話，只說上巳節這一天對於衛子夫來說，可真是瞬息間暑寒變易——滿含熱望的嬌娘，突然間如墜寒徹身心的冰窟。

漢武帝攜衛子夫返回皇宮，準備同新得到的嬌娘繼續尚衣軒的歡悅。衛子夫也一定飄飄然了，正憧憬著如花似錦的美好未來。孰料，事與願違，一進宮門卻撞到一位凶煞的惡神。皇后陳阿嬌帶著一班宮女、太監，氣呼呼等在門口。皇后阿嬌的嫉妒在後宮聞名，每個美人都懼怕她三分，不敢輕易和皇帝接近。阿嬌嫁給了皇帝，似乎不知道皇帝有皇后，有嬪妃，還有眾多的才人、美女。她不但要享受皇后的尊貴，還要享受凡俗女人對丈夫的絕對占有。

第四章　千磨又萬擊

這日，漢武帝一早出宮，天黑好久了還不回來，陳皇后不免心煩意亂。似乎是某種預感，令她坐立難安，於是帶了宮人前來迎候。哪知害怕什麼偏來什麼，皇帝歸來竟帶著一個豔麗過人的美女。陳皇后怒火沖天，當場發作。她豎起柳眉，圓睜杏眼，早忘了應該向漢武帝行禮，只氣呼呼地質問：「這是何處來的賤貨？」這當頭棒喝，確實把飄忽在祥雲當中的衛子夫打愣住了。她當時沒有跪倒，一定是把希望寄託在和她尋歡作樂的皇帝身上，指望至高無上的天子庇護她這弱小的身軀。

豈知，事情不像她指望的那樣，漢武帝竟說：「她是平陽公主家的女奴。」漢武帝一是想用女奴二字為自己開脫，二是想熄滅陳皇后對衛子夫的嫉妒之火。豈料聽到女奴二字，陳皇后更加惱火，得寸進尺地嚷道：「好啊！宮裡美女成千上萬，還玩不夠，把個下賤的女奴也當成寶貝。」漢武帝近前來，拉住陳皇后，好言搪塞：「朕帶她進宮不是做姬妾，還是做女奴。」

陳皇后出言俐落，當即下了禁令：「既然做女奴，那就在離陛下遠遠的地方好好做奴才吧！」言畢，陳皇后拉著漢武帝匆匆離去，衛子夫被晾在了一邊。

世事難料，瞬息萬變。

劉徹退讓的因由

《史記．外戚世家》：「長公主日譽王夫人男之美，景帝亦賢之。」

堂堂皇帝為何不說話，任由陳阿嬌皇后擺布？原來劉徹能登上帝位，全賴陳阿嬌母親對他的再造之恩。

這件事要從漢景帝寫起。在劉徹被立為太子之前，漢景帝已經立了太子劉榮。漢景帝的姐姐館陶公主劉嫖，下嫁給堂邑侯陳嬰之孫陳午，生有一女，即是阿嬌。劉榮立為太子，館陶公主便想讓愛女做劉榮的妃子，將來太子承嗣皇帝大位，自然寶貝女兒就是皇后，就能母儀天下，這可是兩全其美的好事。她便親自前去向劉榮的生母栗姬求婚。萬沒料到，這番好意卻碰了栗姬的釘子。其實，館陶公主碰釘子是必然的，也屬於自作自受。皇帝那時最寵愛栗姬，栗姬不無得意，一心要獨享恩榮。館陶公主為討好皇帝，不時引薦美女佳麗。漢景帝貪歡新人，自然會冷落栗姬。栗姬無法對漢景帝發火，只能怨恨館陶公主。試想館陶公主能在她那裡討個好臉色嗎？當然不能。被拒絕的館陶公主悻悻而歸。栗姬事後若要反思，定會萬分悔恨這一時的氣惱。

是時，漢景帝廢掉了薄皇后，作為太子的母親，栗姬本來與皇后也就是一步之遙了。可就因為這一洩憤，她失去了冊封皇后的機會，兒子丟掉了太子的位置。小不忍則亂大謀呀！

碰了栗姬的釘子，館陶公主並不死心。水路不通走旱路，她立即為愛女另覓郎君。她將皇帝的另外十三個兒子一一比對，最看得上的是劉彘。彘，豬也，這位劉小豬不是別人，就是後來的漢武帝劉徹。她怎麼看，這小豬都比別的皇子出色。於是，她便前往劉彘的母親王夫人那裡提親。王夫人心眼沒有栗姬那麼小，也知道館陶公主常耍小手腕，給皇帝奉送新歡，但她卻絲毫沒有計較。一聽到這件事，滿臉歡欣，爽快答應。一門親事，就在兩個孩童年幼無知時談定。本來兩個孩童就常在宮中一起玩耍，定親以後大人們來往得更為頻繁，這便有了「金屋藏嬌」的故事。

有一次，館陶公主把侄兒劉徹抱在膝上，邊哄邊問：「侄兒，要不要娶老婆呀？」改名為劉徹的小豬說：「要。」劉嫖指著走過來的宮女說：「娶她吧？」小劉徹竟搖搖頭說：「不要！」然後，劉嫖指著自己的女兒說：「娶阿嬌好不好？」小劉徹經常和阿嬌一起玩耍，當然高興，馬上說：「好！要是阿嬌當我老婆，我就幫她蓋一座黃金屋給她住。」這就是成語「金屋藏嬌」的由來。

陳阿嬌後來真的嫁給了劉徹，名正言順當上了皇后，而且漢武帝還小心翼翼，唯恐得罪陳阿嬌。

漢武帝害怕得罪陳皇后，既有他們兩小無猜的情分，更重要的是，姑母館陶公主對他當太子，繼承皇位，出過大力。館陶公主將女兒與王夫人的小豬聯姻，目的仍是要讓女兒母儀天下。要實現這一夢想，那就必須打壓栗姬，動搖太子，何況，遭受栗姬的冷遇，這口惡氣也非出不可。

《史記．外戚世家》寫道：

長公主怒，而日讒栗姬短於景帝曰：「栗姬與諸貴夫人幸姬會，常使侍者祝唾其背，挾邪媚道。」

長公主，即館陶公主。如果只是館陶公主一人抹黑栗姬，並不要緊；問題是栗姬心眼小，嫉妒漢景帝寵幸其他嬪妃、美女，所以那些嬪妃、美女有機會就誹謗她。三人成虎，栗姬處境不容樂觀。恰在此時，漢景帝生病了，栗姬床前伺候。生病的人容易情緒波動，漢景帝很可能把得病與死亡交纏在一起，他囑咐栗姬：「朕百年之後，你要善待諸位皇子。」栗姬很討厭那些背後抹黑她的嬪妃——憑什麼要善待她們的兒子，當即回絕了。關於回絕的具體情況，司馬遷寫下的是「言不遜」，具體說什麼，沒有寫明。照理說，漢景帝囑咐栗姬這話，是對栗姬仍然寄予厚望，她仍有當皇后的可能。然而，她這一發怒就徹底斷送了她的前程，也斷送了兒子的前程。何止是斷送她母子的前程，連她母子的性命都斷送了。耳聽為虛，眼見為實，漢景帝看看栗姬的作風，相信了館陶公主和諸位嬪妃對她的非議。

工於心計的王夫人看看時機成熟，趁漢景帝煩心，暗中唆使大行上疏漢景帝：「『子以母貴，母以子貴』，今太子母無號，宜立為皇后。」

漢景帝正在對栗姬失望，看見奏疏大怒，大臣不明不白丟掉了性命。漢景帝還怒氣未消，前元七年（西元前一五〇年）正月，下詔廢掉太子劉榮，貶為臨江王。

幾經周折，漢景帝詔立王夫人為皇后，立劉徹為太子。時在前元七年四月。

栗姬的皇后夢不僅破碎了，還連累了兒子，她鬱鬱寡歡，含恨死去。兩年後，劉榮看翻身無望，遂自殺身亡。

成為太子，劉徹才有登上皇位的可能，試想，漢武帝怎敢冷遇皇后，慢待姑母館陶公主？

衛子夫復得寵愛

《史記．外戚世家》：「武帝擇宮人不中用者，斥出歸之。衛子夫得見，涕泣請出。上憐之，復幸……」

在那個色彩斑斕的夜晚，陳皇后拉著劉徹匆匆而去，衛子夫被晾在了一邊。心灰意冷的衛子夫被帶進後宮，安置在一間偏僻的宮室。她沒有任何頭銜，連宮中位分最低的少使也不是，不能穿宮裝，一個人冷清寂寞地打發著漫長而枯燥的日子。只怪那個春夜，幸運來得太突然了！難道突然而至的幸運必定突然消逝？最初的幾日，衛子夫不可能不盼望漢武帝回心轉意，悄悄來看她，那她就會柳暗花明。只要能柳暗花明，山重水複又算得了什麼。可是，日出日落，日落日出，白晝黑夜不斷交替，就是等不來她渴望的皇帝。

春花謝了，秋實熟了，冬天的北風掃掉了大地的繁榮，還是不見皇帝的身影。衛子夫的希望變為失望，連連失望的她漸漸醒了，她清醒地思考著自己的前途。她不再夢想花好月圓，打算出宮去，回到平陽公主府邸，回到母親兄弟姐姐身邊，繼續先前的日子。那樣的日子雖然清苦，卻不會遭受冷落，還有家人的溫馨。若是能找個良家夫婿，那麼這一生就算有了好果。衛子夫常常垂淚，淚水中有失望，也有期待。衛子夫流了多少淚，只有她知道。而有一滴淚卻讓天下人知道了，因為那滴淚先澆溼了漢武帝的心。

那一日，漢武帝坐在龍椅上，旁邊的侍臣手裡捧著一本宮女的名冊。這是建元三年，劉徹在辦一件極為少見的事，要釋放一批宮女。史書常說，後宮美女如雲。漢武帝時，後宮的編制擴大到了十一級，從最高的皇后，到最低的少使，人數多達一萬。其繁亂程度，可想而知。或許劉徹是為了整治後宮的繁亂，才有了這不同凡響的舉動。這也許對於被放逐的宮女是難得的幸運，然而，真正幸運的竟是遭受冷落的衛子夫。

一個宮女進來，下跪，三呼萬歲。劉徹撐起眼皮，一揮手，宮女退下，放走了。

又一個宮女進來，下跪，三呼萬歲。劉徹撐起眼皮，再揮手，宮女退下，又放走了。

最後進來的才是衛子夫。衛子夫連最低的少使也不是，只能排在最後進來。也有史書記載，放逐的名冊上沒有衛子夫的名字，衛子夫是自己找來請求出宮的。不論是哪種情況，衛子夫定是含著眼淚進來的。因為她有委屈，有失望，而這委屈、這失望，皆是那個給她幸運的皇帝所帶來的。她卻沒有機會向皇帝訴說這些感覺。今天該是她和委屈、失望告別的日子，她要辭別這裡，辭別給了她幸運和委屈的皇帝。即使面對漢武帝，她也無法盡情訴說自己的悲苦。或許，那一滴眼淚包含著她所有的語言。

第四章　千磨又萬擊

漢武帝是從衛子夫那滴淚水中讀出了她的心意？還是她那輕移的蓮步、粉白的面容、暗含的怨嗔，又一次打動了他，勾起了他對那個春夜的回憶？反正，他的手沒有揮動，他離開龍椅，將跪地呼喊「吾皇萬歲萬萬歲」的衛子夫親手扶起，溫和地說：「留下吧，以後朕不會薄待妳！」衛子夫抬起淚眼，看著皇帝說：「謝陛下。」莫非一雙淚眼恰似梨花一枝春帶雨，更嫵媚，更使人憐愛，令漢武帝動了真心？誰也不會料到，放逐宮女的行動，帶給衛子夫復寵的機遇，失望的衛子夫絕處逢生了。難道命運就是一個放蕩不羈的遊魂，最喜歡這麼大起大落地戲弄世人？

漢武帝沒有食言。傍晚，小黃門奉命宣召衛子夫，果真是漢武帝召見。這夜，在一座僻靜的宮院，漢武帝和衛子夫重續舊夢，恩愛纏綿。衛子夫到底有何魅力？到底使出了何種手段？沒有人知道，眾人知道的是，此後漢武帝頻繁寵幸衛子夫，如膠似漆；而陳皇后那裡，藉口朝中事多，再也不去了。

衛子夫得寵了，她的淚水沒有白流。現在流淚的應該是陳皇后了，但陳皇后不是流淚的人。她在優渥的環境裡長大，從小沒有受過委屈，哪裡吞得下這口氣？陳皇后怒氣沖沖地去找劉徹。他卻不是過去說要給她黃金屋的劉小豬了。那一次領著衛子夫回宮，漢武帝自知理虧，馬上退縮，不敢再沾染衛子夫。這一次，他有了準備，不慌不忙地應答：「皇后多年不曾生育，朕百年之後，帝祚由誰繼承？朕另幸衛氏，只是求育麟兒。」

漢武帝這番話擲地有聲，擊中了皇后陳阿嬌的軟肋。是呀，她和劉徹共枕多年，居然肚腹平平，從未凸起。她慌，母親劉嫖也慌，千方百計尋找仙藥，光在醫生身上就花了九千萬錢。若依當時的生活水準計算，五口之家的生活，一個月一千錢就算很不錯了，一年不過一萬兩千錢。這九千萬錢就可以過上七千五百年了。為了有個子女，這對母女可真是費盡了心機。費盡心機有效果倒也罷了，偏偏沒有效果，漢武帝漸漸厭倦了。

陳皇后應該明白自身的弱點，體諒皇帝的心情。然而，她卻把自己當作普通女人，要把皇帝控制為她獨有的男人。她錯誤估計了處境，她以為劉徹還是以前的那個劉徹。於是，她又以皇后的氣勢擺出一副盛氣凌人的姿態，冷笑一聲，回敬漢武帝：「衛氏乃一市井歌女，豈有如此福分！」沒有想到漢武帝聽了，輕聲一笑，告訴她：「衛子夫已有了身孕！」說罷，漢武帝撇下曾經說要為她蓋座黃金屋居住的阿嬌揚長而去。陳皇后如同當初衛子夫被冷落在宮門口一樣，被冷落在漢武帝身後。

生死一瞬間

《史記．外戚世家》：「遂有身，尊寵日隆。召其兄衛長君、弟青為侍中。」

上面引用的這段話的主語是衛子夫。衛子夫得到漢武帝的再次寵幸，很快有了身孕。毫無疑問，衛子夫受到的寵愛日益增加，這便有了讓兄長和弟弟進宮的條件。至於兄弟進宮是她開口請求，還是漢武帝主動安排，無法考證。但有一點可以確定，衛子夫兄長衛長君和弟

第四章　千磨又萬擊

弟衛青就是在這時進入宮廷的。其實，初入宮廷的衛青兄弟，與侍中還有一段距離。侍中，是加官的名稱，即在本官之外再加的官號。加官侍中，享受特殊服飾，頭戴武弁大冠，冠上加金鐺、附蟬紋、貂尾裝飾，十分威武。據說，這起始於趙武靈王，是由胡服頭冠改製而成。衛青兄弟初進宮廷，享受侍中待遇還為時過早。

話說那日，陳皇后遭受冷遇，從頭到腳冷冰冰的。皇帝冷落她也罷了，衛子夫這歌女竟然懷孕了，怎麼不令她百般惱怒？如此下去，她豈不是要孤獨度日。我該怎麼辦？陳皇后沒有任何想法。

沒有想法的陳皇后只能找母親給她方向。小太監請來了母親，母親聽了女兒的哭訴，也覺得問題嚴重。左思右想，要對付皇帝無論怎樣都是個棘手難題。唯一可行的辦法，就是去找皇帝的母親王娡，當年的王夫人，如今的皇太后。還好，王娡當了皇太后，仍然不忘舊情，將公主先前的恩惠經常掛在嘴上，這讓阿嬌母女稍微寬心。但是，她到底能否左右皇帝，誰能有肯定的答案呢？

是日，皇帝進宮請安，太后責問：「皇后並無過失，為何疏遠？」接著，太后可能痛說母子往事，訓教皇帝不要忘記姑母當年的輔立大恩。

皇帝稱是，卻又解釋說：「為育麟兒，只得另幸別氏，但皇后生性嫉妒，屢屢阻攔。此事有關國祚延續，皇后阻攔沒有道理。」

這麼一說，太后也不好再說什麼，只囑咐漢武帝不要貪戀美色，冷淡皇后。皇帝稱是，應諾退出。應諾是應諾，卻仍然我行我素，衛子夫成了他的掌上明珠，恩愛愈深，尊重愈隆。宮人們都察覺到，衛子夫的地位在宮中就要勝過陳皇后了。

陳皇后當然不甘失落，與母親苦思，想方設法陷害衛子夫。但是，每次剛剛開始，就被漢武帝護住。心中惱怒，卻還得掩飾。

惱怒的母女終於有了個點子：惹不起衛子夫，還惹不起你那個小弟？！進入宮廷，命運剛剛有了些轉機的衛青，馬上要大禍臨頭。

這一天，突然來了一隊兵卒，不容分說，就把衛青捆得死死的。繼而押解他去見大長公主，也就是陳阿嬌皇后的母親、昔日的館陶公主。也許是大長公主沒有交代清楚——抓住衛青殺就殺了，還押解來做什麼；也許大長公主還要施展一下威風，數落一下他的罪過，總之，衛青暫時還沒有死。沒有死，死卻近在眉睫。死了也罷，死去萬事空，再沒有痛苦；唯有這眼看要死，而又沒死，卻要等死的時間最為難熬。衛青每分每秒都膽戰心驚，他不是沒聽過宮廷鬥爭的凶險殘酷，可未必會想到是這般殘酷，頃刻間就降臨自己頭上。世事又一次錘鍊著苦命的衛青。似乎不把他錘鍊到成材，就還要歷練，還要淬火，非把他百煉成鋼不可。

世事就是這麼有趣，馬上殺，也就沒事了，稍一懈慢，想要衛青死就不那麼容易了。

衛青遭受「歷練」的時候，一隊人馬飛速奔來，為首的是衛青的好朋友公孫敖。公孫敖是在平陽公主府上結識衛青的。那時，衛青雖然還是個騎奴，但比起放羊要好多了。況且，當騎奴不免要馴馬，有時候可以騎著馬趁機四處逛逛，逛到府外去，四處走動騰起黃塵，走向闊野也是常有的事。這時候，公孫敖出現了，兩人談天說地，意氣相投，結為金蘭之交。公孫敖善交朋友，身邊也常有一幫兄弟。是日，衛青遭到綁架，一位朋友聽到了風聲，把這消息密報了公孫敖。公孫敖聞言，心急火燎，帶著兄弟們立即趕來。看見被縛的衛青，不由分說，衝上前去，撞開兵卒，救下朋友，解開繩索，飛奔而逃。

瞬間，死在眉睫。瞬間，死裡逃生。

生死劇變，生死易位，不是戰場，勝似戰場，沒有烽火狼煙的戰場，也在鍛造衛青。

霍去病出生

《漢書．霍光金日磾傳》：「父中孺，河東平陽人也，以縣吏給事平陽侯家，與侍者衛少兒私通而生去病。」

平陽侯府邸幾乎成了平陽英傑孕育、誕生的溫室。衛子夫入宮不能說是漢朝劃時代的新起點，但至少帶給了衛家翻天覆地的變化。漢朝宮廷將打破劉徹繼位後的沉寂，將在碰撞中閃爍出新的火花。若是想想當初，衛家每一個人都會為衛子夫高興，並希望她能給全家帶來好運。或許就在衛家陶醉於衛子夫入宮之時，衛青的二姐衛少兒比任何人還要興奮。她不僅興奮著妹妹入宮，還興奮著自己突如其來的愛情。作為比妹妹衛子夫要大的姐姐，她已不是情竇初開的年齡，花容月貌卻無處寄託。在門第高大的平陽侯邸中，熙來攘往的賓客無數，英俊男兒來來往往，注意她的卻很少。每逢夜闌人靜，想起白晝見到的那些魁梧瀟灑的男子，難道能不春心蕩漾？她明白，自己低賤的侍女身分是她慕鴻鵠而高翔的羈絆。為此，她應該不止一次暗暗垂淚。垂淚也無濟於事，人前還需強作精神現歡顏，強作歡顏消解不了內心深處那泛開的白霜。

哪料到這寂寥的時光一閃而過。是日，一位身材偉岸、舉止文雅的男子，用溫情的目光注視她。按照無數女子初戀的情狀推測，衛少兒應感到從來未有的熱浪衝擊著全身，如同被捲進風暴中，使盡力氣也無法擺脫那溫情的目光，前所未有的溫暖俘獲了衛少兒的芳心。這個男兒就是「以縣吏給事平陽侯家」的霍中孺，多數史書寫作霍仲孺。戀人的表情與眼睛，總會洩漏藏在心裡的祕密。

母親衛媼發現衛少兒已和霍仲孺走得很近。時光催人長大，時光也催人老。衛家兄弟姐妹長大了，含辛茹苦操持家務的母親明顯變老了，這時稱她衛媼才符合實情。因為和鄭季有過那段感情糾葛，她不會不提醒女兒：小心霍仲孺返回家鄉平陽把妳甩掉。相信衛少兒定會把這個疑問一字不差拋給霍仲孺。霍仲孺的回答肯定是：「我在平陽沒有妻室，只要妳不變心，白頭到老在一起。」此話擲地有聲，或許衛少兒仰頭一望這結實的軀幹，依靠他猶如依偎著一座大山。

接下來的事情就簡單了，恰如《漢書．霍光金日磾傳》所寫：霍仲孺「與侍者衛少兒私通

第四章　千磨又萬擊

而生去病」。每讀至此，我對「私通」這兩個字頗有微詞。當初衛青出生，司馬遷僅用「與侯妾衛媼通，生青」來說明，為何此處班固要用「私通」？況且，鄭季與衛媼「通」，那是因為鄭季在家鄉有原配妻子，而霍仲孺乃一孤身男子，與衛少兒兩情相悅，卻怎麼能說是「私通」？左思右想，恐怕是兩人的結合沒有「父母之命，媒妁之言」，觸犯了封建的禮教。無論如何，一顆即將閃耀在歷史上的星就這樣來到世上。

霍去病第一聲啼哭是不是分外響亮不得而知，只能在史料裡找見，他響亮的哭聲為他討得了一個異於常人的名字：霍去病。

要講清這名字的由來，先得從那日衛青得救說起。公孫敖救出衛青，衛青先是欣喜，轉念又憂愁。既然有人加害自己，肯定事出有因，他們沒能達成目的，自己恐怕仍處在生死邊緣，搞不好還會把好友公孫敖的性命也賠進去。事情緊急，他連忙來見姐姐衛子夫。衛子夫聽聞先是吃驚，暗暗思忖，想來敢使這手段的恐怕非皇后、大長公主母女莫屬，如果不稟報皇上，此事必然無法平息。

漢武帝一聽，立即猜到了這是陳皇后嫉妒所致，無非是想殺死衛青，打擊衛子夫，進而向他示威。如果不理不睬，那真會宮無寧日。找陳阿嬌算帳，一來行動沒成功，二來還得費周折調查。乾脆來個綿裡藏針，妳加害，我重用，讓你有苦難言。漢武帝大概是冷笑兩聲才降旨的：「召見衛青，破格提升他為建章監，加官侍中。」這官升得不小，建章監是管理建章營的官，衛青由宮中小職員一步登天，成為宮中的首領。更為要緊的是，司馬遷筆下所記的那個侍中，是皇帝的貼身侍從，堪稱心腹。如此信任重用衛青，縱使陳阿嬌也無計可施，如果再要加害衛青，那可就是犯上作亂了！俗話說，因禍得福。的確如此。衛青一場虛驚，大難不死，加官晉爵，也不虛此驚。當然，如果細心閱讀，還可以從《史記》看到，獲此厚愛的不是衛青一人，還有他那同母異父的兄長衛長君。漢武帝提拔衛青是為了保護他，也是用來警示爭風吃醋的陳皇后，這也不失為一個對付非常之事的非常辦法。然而，世事往往會歪打正著，漢武帝絕不會想到他庇護的是戰神刑天，是將要保衛萬里江山的英勇戰將。這件事的處理結果告訴世人，衛子夫不僅自己博得了漢武帝的厚愛，在宮廷站穩了腳跟，甚至可以庇護家人。霍去病也出現在宮中了。不過，那時他還沒有名字，母親衛少兒抱著他來看望阿姨。

這日宮中寂靜，漢武帝感冒發燒，服過藥正在酣睡。衛子夫囑咐姐姐說話小聲些，不要打擾漢武帝靜養。姐妹倆說話輕聲細語，還告訴孩子也不要出聲。或許是這氣氛太寂靜、太壓抑，孩子不適應，突然大聲哭起來。姐妹倆大驚失色，害怕驚醒漢武帝，衛少兒抱著孩子趕緊哄逗。可是，漢武帝已經醒來。沒想到受此驚嚇，漢武帝渾身出汗，身上輕鬆了許多。皇帝張嘴即問：「那是何人的孩子？」

衛少兒戰戰兢兢上前跪拜，請罪。漢武帝不但沒有生氣發怒，還請她平身就座。問她：「孩子叫什麼名字？」衛少兒回答：「還沒有名字。」漢武帝笑著說：「寡人近日身體違和，孩子大哭幾聲，驚出一身冷汗，病體痊癒。朕與孩子賜名『去病』如何？」

這是求之不得的大好事，衛少兒趕緊再拜：「謝主隆恩！」顯然，這是個傳說故事，信也可，不信也可；只是細想，「去病」這名字確實少見，後人多有幻想也在情理之中。霍去病得名只是個小插曲，重要的是，自從衛青升任建章營監並加官侍中後，與年輕氣盛的漢武帝出入相隨，受其影響，目光漸趨遠大，胸懷日趨博大。他和漢武帝志趣更加相投，每逢談論國事，無不意氣風發，試圖率兵馳騁、建功立業。歲月在為漢武帝累積反擊匈奴的資本，不覺然，已是藏龍臥虎。

第五章　初奔疆場時

衛青率兵征匈奴

《史記．衛將軍驃騎列傳》：「青為車騎將軍，擊匈奴，出上谷……」

元光六年，衛青奔赴疆場，這是他對匈作戰的第一戰。這也是馬邑之圍後漢朝大規模反擊匈奴的開端。

馬邑之圍打草驚蛇，不僅沒有打掉匈奴的囂張氣焰，還撩逗得匈奴變本加厲。儘管漢朝頻頻向匈奴示好，但匈奴軍臣單于對引誘他深入漢地、試圖合圍這事一直耿耿於懷，不斷發兵報復，肆意燒殺劫掠。白羊王、樓煩王多次攻擊漁陽、右北平和上谷一帶。凡到之處，擄走邊民，放火焚燒。元光六年，衛青開赴疆場，就是要打擊匈奴犯邊的囂張氣焰。衛青不是孤軍作戰，一同開赴前線的還有三位將軍，公孫賀出雲中，公孫敖出代郡，李廣出雁門。漢軍即使稱不上是威武之師，但看上去也是有模有樣。

閱讀《史記》和《漢書》會有這樣的感覺，剛剛還在朝堂的衛青，轉眼就出現在旌旗獵獵的軍旅中，總覺得有些突然。用史料填滿歷史的縫隙就會發現，此事不僅不突然，還是一種

第五章　初奔疆場時

必然。建元三年，衛青遭遇綁架，被解救後升任建章監、侍中，成天待在宮中，待在漢武帝身邊。他的作用如何？不必刻意描述，只要看看他的職務就可以明白。僅僅過了一年，他就升任太中大夫。太中大夫這官職，初設於秦朝，負責議論政事。這屬於閒官，沒有具體事宜可管。但在我看來，衛青擔任太中大夫可不清閒，要隨時為國事獻計獻策。漢武帝繼位後，一直在三公九卿制度的牢籠中，自己的方略難以施展。他起用衛青，就是為了擺脫「緊身衣」。自然，不是起用衛青一人，還有常侍郎中東方朔、中大夫莊助和朱買臣、博士董仲舒和公孫弘等。一個朝氣蓬勃的智囊團漸趨完善。

民間傳說中的〈漢武帝獵熊〉，就能看出在這個新智囊團裡，衛青最受器重。他屬於文武兼備的複合型人才。有一日漢武帝微服出宮，在平陽公主府邸借了馬，領著衛青等人前去打獵。橫亙的秦嶺山脈中有段被稱作清涼山，山上峰巒疊嶂、溝壑縱橫，東有高冠峪，西有紫閣嶺，林木森森，遮天蔽日。森林中百鳥啼鳴，走獸眾多，還活躍著猿猴、野狼和黑熊。漢武帝打獵，不打飛禽，不打猿猴，專打猛獸，這次捕獵他就是為黑熊而來的。如此看來，他打獵也是在檢驗體力，鍛鍊心志。若要再擴大一個動機，未必不是訓練他的隊伍。

這日，還算時運不錯，漢武帝想和黑熊搏鬥，一試身手，偏偏就有一隻黑熊大搖大擺而來。也許黑熊大搖大擺是久居清涼山的一貫作風——蠻力無比大，山中無敵手，天天有弱小的禽獸做美餐，大搖大擺是山大王的長期作風，以致碰到了漢武帝一行，黑熊山大王的姿態一如既往。漢武帝一聲大吼，手持利刃衝上去，黑熊這才發現還有人敢冒犯牠王者的尊嚴。牠怒氣騰騰狂撲而來，卻被漢武帝躲閃過去。黑熊撲跌在地，還沒回身爬起，漢武帝已飛快上前，一腳踩住牠。牠拚命掙扎，漢武帝發力猛踩，這時衛青等勇士一擁而上，七手八腳把黑熊綑綁住。可以猜想，清涼山間響起了勝利的歡笑聲。

接下來的故事變了味道，不是威武的打獵場景，而是對貪官的諷刺，不必再詳細講述，只概要做個介紹。歸途，天色已晚，他們看見兩個形跡可疑的人抬著一個大櫃子行走，正要問話，那兩人嚇得丟下大櫃子逃走了。打開大櫃子，裡面裝滿了衣物，倒開，正好把黑熊裝了進去。抬著大櫃子前行，居然遇到官府的人員盤查，不留下大櫃子不放他們走。微服捕獵的漢武帝，甚愛親自獵到的黑熊，不肯放下。轉念一想，同意留下，揚長而去。後來的事情可想而知，以為搜刮到財寶的衙役，歡天喜地地打開大櫃子，未料黑熊齜牙咧嘴朝他們怪叫，嚇得他們一個個抱頭鼠竄。

考察《漢武故事》，沒有看見漢武帝帶著衛青微服出獵，倒是看到了他帶著霍去病微服私訪。或許，帶著衛青微服外出在前，帶著霍去病在後。從年齡推算，衛青幫漢武帝捕獵黑熊時，霍去病還在蹣跚學步。

從這個民間故事可看出，衛青雖然因姐姐衛子夫得寵而入宮，入宮後卻是憑藉自己的才幹得到了漢武帝的賞識。試想，同時顯貴的還有他的兄長衛長君，可是，不久衛青就晉升為太中大夫，而衛長君卻原地踏步，衛青已經憑著自己的才幹成為漢武帝的得力幫手。

馬邑之圍後，邊塞局勢風雲變幻，危機重重，漢武帝和衛青自然會常常以這個事關重大的話題交談。應該不僅僅是交談，是漢武帝已將打擊匈奴的人選鎖定在衛青身上，帶他獵熊就是為考驗他的膽略和勇氣。看見他力大過人、英勇無畏，便要他練兵、帶兵。太中大夫不再清談建言，他在練兵場上大顯身手，擒拿格鬥、飛騎射箭，一支威武雄師在他的手上漸漸成形。

「青為車騎將軍，擊匈奴，出上谷」，不是應急之舉，而是有備而來。有備而來的衛青，能不能一戰成名？我們拭目以待。

公孫賀無功而返

《史記・匈奴列傳》：「公孫賀出雲中，無所得。」

真讓人為衛青捏一把汗，因為那同時出征的其他三路大軍的戰績，實在不堪入目。先看一下無功而返的公孫賀。

公孫賀年資比衛青老，在馬邑之圍的領兵大將中，我們已經看到過他的身影。那場漢武帝精心謀劃、寄予厚望，卻化為過眼雲煙的大戰，讓我們知道參戰的各位將領有一個共同的特點：穩重自保。公孫賀參與其中，自然也不乏這種作風。此次抗擊匈奴，他仍然率兵出征，可見漢武帝即使想重用衛青，也不敢孤注一擲。

馬邑之圍中無功而返的公孫賀，能再次領兵征戰，是因他曾經從軍有功。他的祖先是胡人，祖父渾邪是漢景帝時期的名將，而且文武兼備，著有十餘部圖書，曾被封為平曲侯。雖然後來因為犯法被剝奪了侯位，可是家道不錯，公孫賀屬於將門之後。據說，少年時期他曾當過騎士，而且就是在那時衝鋒殺敵，立下了軍功。馬邑之圍後，漢朝和匈奴一度緩和的關係被打破，邊塞摩擦不斷，烽煙再起，這時公孫賀受命擔任輕車將軍，前去駐守。由此能夠看出，漢武帝對他依舊很信賴。因此，再度發兵抗擊匈奴，漢武帝才會讓他帶兵上陣。

公孫賀領兵前行，直出雲中，很快進入匈奴領地，派出士兵偵探，前方不見匈奴人馬，左右兩方也不見匈奴人馬。再往前行，依然如此，只好暫時駐紮，以待捕捉到匈奴軍情再做打算。可就在這時，傳來了公孫敖大軍慘敗的消息，這肯定令他始料不及，禁不住猶豫：是繼續前行，還是領兵返回？

公孫賀正猶豫不定，又一不利消息傳來，大名鼎鼎的李廣將軍也全軍潰敗——這肯定令他膽戰心驚。李廣是何許人也，是聲威遠揚的將軍。李廣，力大無比，軍中盛傳著他射虎的故事。據說有一次，李廣帶著幾個隨從出遊打獵，漸行漸遠，進入深谷幽壑。谷壑間樹高林密，陰森恐怖。隨從都有些膽怯，行進的速度在減緩，李廣大笑他們膽小如鼠，依然大步流星，甚至乾脆率先前行。突然，他停下腳步，且回首示意大家不要說話。隨從往前看去，只見前面大樹下的草叢間臥著一隻老虎。他們正要後退，卻見李廣挽弓搭箭，猛然射出，正中老虎。可是，受傷的猛虎居然紋絲未動。難道一箭恰中要害，當即斃命？斃命也不至於紋絲不動呀！奇怪。隨從捉刀拿棒，小心翼翼包圍，不由得齊聲大笑。哈哈，哪是老虎呀，是一塊形似老虎的大石頭。不過，大家馬上又收斂了笑容，更加奇怪地看著那支箭，原來箭鏃深深射進石頭，用力拔也拔不出來。李廣到底有多大力氣，可想而知。從此，李廣聲名遠播，成為赫赫有名的神射手。

李廣射虎的傳奇故事，不只公孫賀知道，當時的將士無人不知，即使今天也仍在傳頌。唐朝詩人盧綸曾經為此寫下〈塞下曲〉：

林暗草驚風，將軍夜引弓。平明尋白羽，沒在石稜中。

詩中採用了另一種故事版本：李廣射虎在夜晚，看清箭頭射進石頭裡是在次日早晨。無論何種說法，李廣射虎名不虛傳。李廣不僅力大無比，而且膽量過人。漢景帝時，匈奴進攻上郡一帶，李廣被派往前線禦敵，同時趕往前線的還有一位宦官，《史記》說他是「中貴人」。一天，這位「中貴人」帶領幾十名騎兵，向北巡視，碰到了三個匈奴小兵。「中貴人」自以為身邊人多，根本沒有將三個小兵放在眼中，呼喊隨從策馬殺去。匈奴小兵毫不畏懼，搭弓射箭，就有隨從掉下馬去。一箭一個，隨從紛紛倒下，「中貴人」連叫不好，勒馬返回，也被射傷。可憐他那幾十個隨從，逃回大營時已所剩無幾。

幾十名騎兵被三個匈奴小兵打得落花流水，實在是丟臉。李廣聽罷帶著箭傷的「中貴人」的陳情，馬上斷定這三個匈奴小兵不是等閒之輩。《史記》記載，廣曰：「是必射雕者也。」射鵰者，應該是特殊兵種。試想，鵰乃善飛的鷙鳥，挽弓搭箭就能命中牠的人，豈能是等閒之輩？倘要是以現代戰爭作比，此類人就像是狙擊手。李廣立即翻身上馬，帶著百名騎兵沿路追擊。快馬加鞭，飛速前行，追過幾十里路程，遠遠望見了那三個從容不迫行走著的小兵。李廣命令身邊的騎兵分兩路從左右兩邊包抄，自己則策馬挽弓，射出兩箭。箭到處兩個小兵已倒地身亡，另一個則被飛身衝過去的騎兵活捉了。一問俘虜，此三人果然都是射鵰者。

將射鵰者捆綁在馬上，李廣率兵正要返回，突然見前方塵飛灰揚，匈奴幾千騎兵迎面奔來。李廣只有百餘名士兵，如何敵得過幾千匈奴騎兵？危在旦夕！眨眼工夫就可能成為匈奴人刀劍下的亡魂。士兵個個惶恐不安，只見李廣掃視敵軍一眼，沉著地告訴部下：敵眾我寡，不能死拚，更不能膽怯逃跑。死拚與逃跑，都是死路一條。要從容應對，迷惑敵人。他命令士兵下馬、卸鞍，在草地上放馬吃草。士兵不解：若是匈奴人馬殺來，那就只有束手就擒了。李廣言道：「我們這樣從容不迫，匈奴不知虛實，是不敢輕舉妄動的。」

從後來的情況看，李廣的分析非常正確。別看匈奴人多勢眾、氣焰囂張，他們卻始終遠遠觀望著李廣部眾，不敢前行一步。開闊的草原，此時氣氛緊張，雙方將士屏息斂氣，虎視眈眈看著對方。

此時，匈奴一位騎著白馬的頭目可能怕士卒妄動，趕到陣前監督。李廣立刻翻身上馬，帶著幾個士兵飛奔過去，放箭射死了那個頭目，然後，不慌不忙返回原地，依然下馬、卸鞍，橫七豎八躺倒休息。

這一出擊，更令匈奴摸不清漢軍的底細，以為漢軍設好埋伏，故意激怒他們，引他們上鉤。對壘，靜待，匈奴始終不敢貿然前進一步。在疑惑觀望中，日落了，黑暗籠罩了大地。午夜時分，無所適從的匈奴人居然趁著夜色撤退了。次日凌晨，李廣瞭望遠方，不見一個匈奴人，這才從容不迫返回大營。

李廣如此勇猛，如此膽大，還敗在了匈奴手下，足見匈奴大軍的厲害。

公孫敖大敗而歸

《史記．匈奴列傳》：「公孫敖出代郡，為胡所敗七千餘人。」

公孫敖能領兵出征，可能是因為漢武帝對他也寄予了厚望。衛青遭到大長公主綁架，生死關頭不顧個人安危飛騎營救的是公孫敖。衛青大難不死，漢武帝提拔他，只是打壓大長公主、警示陳皇后的策略。後來衛青再升遷，成為太中大夫，那肯定是漢武帝對他非常信任。所謂「愛屋及烏」。公孫敖是拯救衛青的大恩人，漢武帝對他自然也另眼相看。從史料看，公孫敖比衛青年齡大，但既然討得了漢武帝的厚愛，那說不定漢武帝出獵時，他和衛青都在伴隨之列；那說不定備戰訓練，他和衛青都忙碌在練武場上。

這次出征，公孫敖預備要大顯身手，擊敗匈奴，獲得軍功。

公孫敖與公孫賀正好相反。公孫賀找不到匈奴軍隊，無敵可殺，徒勞無功。公孫敖卻恰恰相反，兵出代郡，行未多遠，就見前方煙塵翻滾。按定兵馬觀望，判定是匈奴大軍。敵兵行軍若飛，還沒等自己列陣編隊完畢，敵軍已殺了過來。不容遲疑，公孫敖立刻下令迎敵。畢竟倉促上陣，一時有些慌亂。士兵還算訓練有素，不畏強敵，奮力拚殺。一時間刀戈相碰，金光閃耀，叮咣作響，受傷倒地的士兵發出的慘叫聲不絕於耳。廝殺，奮不顧身；廝殺，前赴後繼。閉目想像一下當時那慘烈場景，只能用浴血奮戰來形容。昏天暗地，流血漂鹵。奮力廝殺的公孫敖看見士兵一個個倒下，一排排倒下，眼看取勝無望——再搏殺，拚光血本也無法扭轉局面，只好鳴金收兵，帶著殘兵敗將逃離戰場。

此戰，七千將士戰死疆場。此戰，幾乎等於全軍覆沒。意在建功立業的公孫敖只能偃旗息鼓、垂頭喪氣返回。

李廣孤身逃回

《史記．匈奴列傳》：「李廣出雁門，為胡所敗，而匈奴生得廣，廣後得亡歸。」

《史記》短短一行字，記載了一場慘烈戰鬥和一次離奇逃遁。這慘烈戰鬥的主帥與離奇逃遁的主角都是李廣。

李廣率兵出雁門，進草原，一路萬馬奔騰，風馳電掣。可謂意氣風發，旨在破敵。就在李廣飛速行進的時候，匈奴軍臣單于已經得到漢朝分兵四路殺奔而來的情報。把帶領各路大軍的四位將領放在一起比較，軍臣單于覺得此番戰役最強的對手是李廣。李廣名聲赫赫，大軍未到，匈奴人已高度警惕。如果此時李廣也能警覺，那結果可能還會好一點。知己知彼，百戰不殆。忽視敵情，急於立功，可能是李廣此戰失利的主要原因。

李廣也派人去刺探匈奴軍情，得到的情報是，匈奴大軍不過萬餘人。經常和匈奴作戰的李廣，雖然沒有打過大勝仗，可是匈奴想打敗他也不容易。時日一久，萬餘侵敵他根本不放在眼裡。是日，急速行軍，人困馬疲。天色已晚，李廣下令將士們就地宿營，明日五更造飯，繼續進兵。次日一早，將士們精神飽滿向西開進，試圖一鼓作氣，打擊匈奴的囂張氣焰。太陽剛剛升起，李廣披掛上馬，抬頭一望，猛然察覺到鳥雀在噪鳴，從北面、西面和南面啼叫著飛過頭頂。如果不是受驚嚇，鳥雀何至於驚慌失措地亂叫亂飛？大事不好！若是匈奴軍隊從一面而來，那說明是正常行軍；這三面鳥雀噪鬧，分明是匈奴早有安排，合圍包抄殺來。李廣勒住馬，告訴手下將領：「胡兵發覺我軍，三面圍來，不要驚慌，準備迎敵。」

話音剛落，就見三股濃塵騰空而起，匈奴大軍氣勢洶洶逼近。霎時，喊殺聲震天，兩支大軍絞纏在一處。李廣帶著將士搏殺，卻難以抵擋匈奴猛烈的攻勢。眼看著身邊一個個士兵倒地身亡，他明白敵眾我寡，一時難以扭轉戰局，便趕緊下令：邊戰邊往東撤退。不撤退屍橫遍野，慘不忍睹；一撤退軍心動搖，更難抵擋匈奴凶猛的廝殺。李廣殺開一條血路，策馬東行，後面的騎兵緊隨其後。行不多遠，但見兩座山包間有條通道。李廣甚覺不妙——怕是匈奴早就部署好的圍殺之計。可是，後面追兵氣勢高漲，不進不行，哪怕是死亡圈套，也只能冒死一鑽。他高聲喊道：「我軍被圍，唯有此路可過。前面必有埋伏，殺過去才有活路！」說罷，揚鞭策馬，奔進山包間的路徑。行不多遠，果然號角齊鳴，殺聲四起，兩面山頭的伏兵蜂擁而下。李廣揮戈左右衝殺，和士兵一起突圍。一陣廝殺，身邊的漢兵越來越少，自己已陷入孤立無援的境地。此時，匈奴軍中有人高喊：「漢將李廣無路可走，單于有令，不准殺死，生俘者重賞。」

喊聲未落，匈奴人馬團團圍定體力早已透支的李廣。李廣前行不能，後退無路，被撞下馬來生擒了去。

生擒了李廣，匈奴士卒高興至極。按照慣常的方式，他們將一個大網拴在並行的兩匹馬中間，把李廣放在網上，策馬緩緩前行。李廣不言不語，躺在網中一下也不動，看那樣子已經陷入昏迷。戰馬緩慢向北行走，匈奴士卒得意洋洋地談笑著。李廣心裡實在不是滋味，全軍覆沒，自己還淪為俘虜，真是羞愧難當。這已夠羞愧了，難道再去單于面前受辱？不能，即使死也不能。他眯縫著眼睛朝上一看，只見身邊有個胡兵騎著一匹高大的駿馬，頓時有了主意。再往前行了一陣兒，李廣體力逐漸恢復，趁著得意的匈奴士兵狂笑亂叫之際，他雙腳一蹬，掙扎躍起，翻身跳上那匹他看中的駿馬。同時，他伸臂夾住胡兵的脖頸，那人慘叫一聲跌下馬去，當即斃命。就在那人跌到地上的時候，李廣順勢將他的弓箭搶奪在手；接著，雙腿夾馬，調轉馬頭，一拍馬臀，立即向南飛奔。

待到得意狂笑的匈奴士兵反應過來，李廣早已驅馬跑出百步之外。匈奴士兵回馬追趕，李廣飛箭一射，就有人栽落在地。別的士兵嚇得躲躲閃閃，李廣趁機越跑越遠。李廣搶奪到的那馬，可真是匹剽悍的駿馬，跑起來非尋常馬可比，不多時，李廣已跑沒了蹤影。匈奴士兵追趕不上，只能垂頭喪氣地返回。

戰鬥失利以致被俘的李廣，居然還能創造生還的奇蹟。

衛青重創匈奴

《史記．匈奴列傳》：「將軍衛青出上谷，至蘢城，得胡首虜七百人。」

四路大軍出擊匈奴，兩路大軍慘敗，一路寸功未建，衛青這路如何？

所幸，衛青獲得勝利。研究漢朝歷史和軍事史的部分專家認為，衛青得勝算是僥倖。僥倖匈奴大軍把進攻重點放在李廣和公孫敖身上，衛青沒有遭遇到匈奴主力，自然也就沒有惡仗可打。這分析不無道理。然而，衛青取得勝利也不純粹就是因為僥倖。分析史料可得出結論，衛青不是魯莽出戰，而是合理用兵。

衛青兵出上谷，進入陌生草原，沒有催馬快進，而是紮營部署。他告訴身邊將士，向前進入胡地，人地生疏，我軍在明處，敵軍在暗處；我不知敵情，敵人卻知我。如此只能被動挨打。要變被動為主動，打敗匈奴，必須探知敵情。於是，衛青先後派出多名探子四處偵察匈奴的行蹤。

再往前行，發現山間有煙霧裊裊升起。衛青馬上下令，停止前進，前去偵察。探子很快回報，是一小群匈奴士兵生火烤肉。衛青馬上下令活捉匈奴兵。不多時，士兵們就把那群匈奴人全帶了過來。衛青對匈奴人說：「匈奴與漢朝本是鄰邦，世代和親，理應和睦相處。誰知單于無道，屢屢侵犯我們邊境，每年都有上萬邊民被擄走為奴。大漢天子萬般無奈，才派我軍征戰。你們不是罪魁禍首，即使參戰也是出於無奈，我們不會傷害你們。如果歸順漢朝，還能領賞。」

俘虜兵當中就有被擄去的漢人，在匈奴貴族那裡深受其害，吃盡苦頭，當即表示，要回歸漢朝，立功贖罪。衛青繼而問及匈奴軍情，得知了軍臣單于率領精兵六七萬，分頭攻擊李廣和公孫敖大軍的消息。再問，龍城駐軍多少？匈奴士兵都說不會太多（司馬遷筆下的「蘢城」，後人多寫作「龍城」）。

俘虜提供的情況，與探馬帶回來的情報基本一致。衛青當下就確定了打擊匈奴的方案。他說，《孫子兵法》言，「出其所不趨，趨其所不意。行千里而不勞者，行於無人之地也」，「攻而必取者，攻其所不守也」，「進而不可禦者，衝其虛也」。現在，匈奴主力在東邊，兵精將強，不能與敵硬拚。匈奴大軍前去出擊，後方龍城勢必守軍不足。我軍不如乘其不備，避實擊虛，直搗龍城，打他個措手不及。單于得知要是回兵，還可以減輕東面漢軍的壓力。

衛青部署畢，將士們無不贊成，都認為猶如「圍魏救趙」，是個妙計。衛青特別強調，偃旗息鼓、輕裝速進。路遇小群敵人，不必戀戰，不要妨礙攻擊龍城的大局。

有了匈奴俘虜帶路，行進不怕迷失方向，大軍飛快推進，不幾日就已逼近龍城。衛青下令遠遠紮營，讓漢軍探馬換成匈奴服裝，與俘虜相隨混進龍城再次打探情況。回報的情況和前面的情報沒有出入，衛青當即決定五更時分，趁城裡人熟睡未醒發動攻擊。

戰鬥部署得當，往往能以最小損失奪取最大勝利。次日一早，天色仍暗，漢軍已經吃過早飯，精神飽滿地等待戰鬥開始。有本書上寫，衛青鞭哨一響，千軍萬馬呼嘯著直搗龍城，這倒有點像是古代指揮騎兵作戰的樣子。聞聲，潛伏在龍城的漢兵，打開城門，放進大軍。守城的匈奴部隊不過幾千人，早被漢軍海嘯般的氣勢嚇倒。匈奴久有吃虧就跑的習慣，拿起武器抵擋的是少數，多數人只顧逃命。漢軍越戰越勇，打得匈奴士兵落於下風。僅僅一個時辰，漢軍便大獲全勝。衛青走進龍城，讓將士繳交戰利品。除了兩千匹戰馬是匈奴的，其餘物品多是漢朝之物——不是漢朝和親時所贈，就是劫掠來的。

戰鬥結束，漢軍將士無不歡欣，他們提出，住在龍城休整幾日再班師回朝。衛青當即指出，這次取得勝利靠的是出其不意、攻其不備。若是遭遇匈奴主力，我們未必是他們的對手。因此，必須快速撤兵，即使匈奴大軍聞訊趕回，也只能讓他們撲個空。將士們遵命，攜帶著戰利品，騎著匈奴的戰馬火速返回。

進兵神速，撤兵神速，匈奴軍臣單于得知龍城老窩被摧毀時，衛青率領大軍早已進入關內。軍臣單于回到龍城，看著滿目斷垣殘壁，不知道該哭還是該笑。本來這場大戰，匈奴兩路大軍打得漢軍慘敗，他和手下無不得意；哪料，自家的龍城竟然受到前所未有的破壞，真是讓人火冒三丈而又無處發洩。

工於心計的漢武帝

《漢書．外戚傳》：「主寡居，私近董偃。」

送走出征的四路大軍，漢武帝不知有何感想。兩千年後，回望那段歷史，我都想為他長呼一口氣。不易，實在不易，能運籌到這種程度，他的確花費了不少心思，稱之為工於心計，並不過分。

漢武帝的心計不止花在維護衛子夫的地位上，而且也花在組織這四路大軍上。聰明人一定早就看出，這四路大軍可以說是老中青三結合的團隊，李廣是老將，公孫賀正當壯年，他們已是漢朝軍事棋盤上的重要將領，不用多費心思。需要多費心思的是衛青和公孫敖。漢武帝喜歡上了剛柔有度的衛青，也喜歡上了勇於擔當風險的公孫敖，想要他們承擔起抗擊匈奴的大任。可是，這兩人都在風口浪尖上。儘管漢武帝提拔了衛青，悄悄打壓了皇后陳阿嬌的氣焰，也打壓了在她身後撐腰的大長公主，一時間衛青不會再有什麼危險；不過，來日方長，誰知道這對母女會不會再生出個壞點子來。從後來發生的事情看，漢武帝對皇后和大長公主採用的對策是恩威並重。這應該是非常得力的一招。試想，大長公主是姑媽，是岳母，是在他登基過程中的有功之人，冷淡和打壓不符合道義，還是施恩為上。

施什麼恩？物質上的關愛，對於出身高貴門第的人即使給得再多，也不會有什麼感覺。怎麼能讓姑媽感覺到？漢武帝很快找到了最佳辦法。這辦法是不是最佳，不是從事前預測，而是從事後結果判斷。這最佳辦法就是拆團——打破皇后母女倆的聯盟。漢武帝清楚，嬌生慣養長大的陳阿嬌，除了會撒嬌鬧脾氣，沒有別的能耐，說服了姑媽，也就瓦解了對手。那該從何處入手？

漢武帝從姑媽兼岳母的需求入手。大長公主需要什麼？不可明言。正值壯碩年華，丈夫陳午卻一命嗚呼，大長公主真是痛苦，痛苦還無法說與人聽。其實說出來也無法解除痛苦，解除痛苦要靠行動。大長公主一行動，社會上就傳出緋聞——大長公主私通小白臉董偃。別人聽來這是負面消息，漢武帝聽來卻是他負負得正的最好時機。緋聞傳出，董偃也聽到了，若是皇帝問罪，那就性命難保。經高人指點，他讓大長公主把竇太主園獻給皇家，漢武帝非常高興，將之更名為長門宮。

一天，漢武帝突然來到大長公主家裡。大長公主即便是姑媽和岳母，此時也不敢擺架子，慌忙更換下廚做飯的衣服拜見皇帝。施禮落座後，漢武帝見老人家這身打扮，便明白了她的意思，不再委婉，直奔主題。他笑著對大長公主說：「請主人翁出來謁見我。」

大長公主滿臉羞紅，叩頭請罪。漢武帝寬宏大量地說：「公主不必多禮，快請主人翁出來。」

羞愧而無奈，大長公主連忙跪地謝罪：「我有負聖恩，舉止失當，請皇上寬恕。」言畢，只好硬著頭皮把董偃叫出來見駕，兩個人雙雙下跪請罪。

這正是漢武帝需要的效果，事情至此，見好而收，他不僅不怪罪，還好言好語安慰他們好好過日子。此時，大長公主肯定感激涕零，連忙設宴款待。漢武帝也不推辭，宴席上還要她和董偃分坐左右兩邊，共同舉箸把盞，親熱歡樂。正如《漢書．東方朔傳》所載：

後數日，上臨山林，主自執宰敝膝，道入登階就坐。坐未定，上曰：「願謁主人翁。」主乃下殿，去簪珥，徒跣頓首謝曰：「妾無狀，負陛下，身當伏誅。陛下不致之法，頓首死罪。」有詔謝。主簪履起，之東箱自引董君。董君綠幘傅韝，隨主前，伏殿下。主乃贊：「館陶公主胞人臣偃昧死再拜謁。」因叩頭謝，上為之起。有詔賜衣冠上。偃起，走就衣冠。主自奉食進觴。當是時，董君見尊不名，稱為「主人翁」，飲大驩樂。

漢武帝宴罷離去，大長公主是何想法，無法猜測。其實也不需要猜測，能夠看到的是，從此她不再插手女兒阿嬌的事情。

陳阿嬌獨居冷宮

《漢書．外戚傳》：「女子楚服等坐為皇后巫蠱祠祭祝詛，大逆無道……」

漢武帝這一招果真見效，大長公主母女的聯盟頃刻瓦解。剩下陳皇后孤掌難鳴，但難鳴也要鳴，她就是這種心胸。如何鳴？她的確沒有招數。《漢書》記載她「擅寵嬌貴」。嬌貴的人，最大的本事就是一不順心，就火冒三丈，肆意發洩。陳皇后確實具備這樣的本事，缺少了母親的「智慧」援助，她只能施展自己不入流的手段。她施展的是什麼手段？《漢書．外戚傳》這樣記載，「女子楚服等坐為皇后巫蠱祠祭祝詛」。

女巫如何「坐為皇后巫蠱祠祭祝詛」？有人曾經還原。女巫處於密室，使用上等桃木刻劃四具木偶，分別標上名字——皇帝劉徹、賤人衛子夫以及衛青和衛長君。刻畢，將木偶放置於神龕當中；放畢，用薑黃研磨朱砂，塗畫神符；塗畢，擺放神位，敬獻酒菜；擺畢，焚香叩首，點燃畫符。畫符升天，隨即仰天祈禱，念念有詞。哪是念什麼詞，分明是口吐咒語，要老天睜眼，讓那四個人遭天譴，喪無常。最後，女巫披髮仗劍，呼號作法。

一天又一天，要持續七七四十九天。這「巫蠱祠祭祝詛」有沒有效果？史料沒有記載。但是衛青那位同母異父的兄長衛長君死了。死因是什麼？不明。但衛長君的死亡時間，大致就在這個時段。衛青遭到綁架，衛長君和弟弟同樣加官侍中，成為漢武帝的貼身隨從。即便有人想謀害他，恐怕也很難得手。那和巫蠱有沒有關係……有時也可能是巧合。

衛長君身亡沒有引起漢武帝的注意，此事也就如秋風落葉，一掃而過。引起漢武帝注意的是，這日他在宮中走動，突然刮來一陣狂風。剛剛還天清氣爽，為何眨眼間狂風驟起，刮得漢武帝頭髮蓬亂？漢武帝心底起疑，命人大搜宮院。這一搜，巫蠱敗露，作法的楚服等女巫全被抓獲。漢武帝馬上把女巫和狂風聯繫在一起，堂堂宮廷竟有人作法生亂，蠱惑人心，這還了得？當即下令，將作法的女巫全部斬首。殺了她們還不解恨，後宮和中宮凡是知情不報的太監、宮女，一律問斬，又有三百多人成為刀下亡魂。陳皇后大禍臨頭了，所幸，還沒危及性命。一道詔書降下，收去了她的皇后冊書和璽綬，將她趕出中宮，幽閉長門。可憐的阿嬌再沒有了金屋藏身，只能冷宮落寞。

落寞自難安寢，陳阿嬌站在幽宮的屋簷下，遙望遠處的未央宮，百般傷心！然而，她絕不甘願就這麼被冷落下去，時刻希望皇帝丈夫回心轉意。還能用什麼手段打動皇帝呢？左思右想，皇帝丈夫還愛讀書，曾經讚賞司馬相如才情超凡，請他寫一篇賦呈給皇帝閱讀，或許會挽回先前的情義。她取出百斤黃金，命內侍出宮去找司馬相如。司馬相如文才出眾，得到這麼多的「稿費」，大喜過望，立即揮毫潑墨，寫出一篇〈長門賦〉。

夫何一佳人兮，步逍遙以自虞。魂逾佚而不反兮，形枯槁而獨居。言我朝往而暮來兮，飲食樂而忘人。心慊移而不省故兮，交得意而相親。

伊予志之慢愚兮，懷貞愨之懽心。願賜問而自進兮，得尚君之玉音。奉虛言而望誠兮，期城南之離宮。修薄具而自設兮，君曾不肯乎幸臨。

「魂逾佚而不反兮，形枯槁而獨居」，芳魂飄散不再聚，遭受遺棄的我多麼孤獨、多麼傷感；「願賜問而自進兮，得尚君之玉音」，希望皇帝丈夫給我機會讓我哭訴，願他頒下回音。阿嬌獨坐冷宮何等悲涼，走廊寂寞而冷清，風聲凜凜晨寒相侵。登上蘭臺遙望郎君，精神恍惚如在夢中……

忽寢寐而夢想兮，魄若君之在旁。惕寤覺而無見兮，魂迋迋若有亡。眾雞鳴而愁予兮，起視月之精光。觀眾星之行列兮，畢昴出於東方。望中庭之藹藹兮，若季秋之降霜。夜曼曼其若歲兮，懷鬱郁其不可再更。澹偃蹇而待曙兮，荒亭亭而復明。妾人竊自悲兮，究年歲而不敢忘。

讀罷，那遙遠的泣訴猶在耳邊：我忽然從夢中醒來，隱約又躺在郎君的身旁，驀然驚醒一切卻是虛幻，魂魄不知在何處飄蕩。雄雞高叫卻還是午夜，掙扎起來獨自看著清冷的月光。……夜深沉，深如年。鬱鬱心懷，無限傷感。再也無法入睡，等待黎明，乍明又黑暗。黑夜如此漫長，獨自傷感，年年歲歲，永難相忘。

一篇流傳千秋的美文，就這樣被陳阿嬌催生了。文章能夠名垂後世，卻難以打動那個曾經要對她「金屋藏嬌」的皇帝丈夫。司馬相如將〈長門賦〉交給陳阿嬌，陳阿嬌轉呈給漢武帝，卻如泥牛入海無消息。

漢武帝也有兒女情長，卻沒有陷入兒女情長不可自拔，他沒有沉醉於司馬相如的雕蟲小技，他在謀劃制服匈奴的經國之大業。

衛青受封關內侯

《資治通鑑．漢紀十》：「漢下赦、廣吏，當斬，贖為庶人；唯青賜爵關內侯。」

四路大軍出征，能不能打敗匈奴，漢武帝心裡沒把握，但他卻無時無刻不盼望勝利的喜訊。然而結果卻不像他盼望的那樣。

這一日，漢武帝正在宮中焦急等候，忽有太監稟報，驍騎將軍李廣回朝求見。漢武帝當即傳他進宮，李廣一進宮門跪地叩拜，未抬頭已經淚流滿面。漢武帝馬上覺得大事不好，卻沒有料到李廣會全軍覆沒，他是被俘虜後又逃跑回來的。怎麼竟是這樣？！李廣詳細稟報戰爭經過，漢武帝心情沉重，李廣是三朝老將，雖不能說是身經百戰，但是與匈奴的大小戰鬥也在半百之上，富有作戰經驗呀！他要是戰敗，那其他各路大軍還能取勝嗎？為了這場大戰，他可是殫精竭慮，一心要打怕匈奴，確保邊地平安的。不是說，蒼天不負有心人嘛，怎麼會讓他的苦心孤詣變作枉費心機！

他想生氣，但看看李廣痛哭流涕的樣子，便把滿肚子怒火硬壓下去，擺擺手要他回家休息待命。李廣剛走，太監即稟報公孫敖求見。此時的漢武帝急於召見，又怕召見，最怕看見像老將李廣那樣來個報喪的帖子。怕什麼來什麼，公孫敖雖然沒有像李廣那樣被匈奴活捉，卻同樣全軍覆沒。打輸了，拚光了血本，往後匈奴不知要猖狂到何種地步。衛青和公孫賀若要是再全軍覆沒，後果真是不堪設想。漢武帝焦躁不安，心情煩亂。

不能否認，此時的漢武帝可能會把求勝的希望寄託在衛青和公孫賀身上，他等待著這兩路人馬能帶回喜訊，使他一掃愁悶。然而，公孫賀沒能讓漢武帝愁容舒展——大軍出塞，未能殺死一個敵人，如同馬邑之圍空耗糧草物資。稍微寬心的是，將士們如數回到長安——留得青山在，不怕沒柴燒，也算是保留了再次出征的力量。

當漢武帝再不敢有取勝的妄想時，衛青卻把捷報帶入宮來。衛青向漢武帝稟報：「賴陛下洪福，微臣率領大軍搗毀了匈奴龍城……」

「什麼？」漢武帝似乎不相信自己的耳朵，連忙發問。衛青再次稟報：「賴陛下洪福，微臣率領大軍搗毀了匈奴龍城。」

漢武帝還是不敢相信，再問：「搗毀了匈奴龍城？」不怪漢武帝驚訝，龍城是匈奴的老巢，史書多說是匈奴的腹地、聖地，恰如《漢書．匈奴傳》記載：「五月，大會龍城，祭其先、天地、鬼神。」這聖地遠離漢境，距衛青出兵的上谷有千里之遙，何以能打到匈奴的巢穴？衛青堅定地點頭稱是，並詳細稟報斬首匈奴士兵七百餘人，繳獲兩千匹胡馬，還有無數貴重物資的經過。漢武帝聽得大笑出聲，那笑聲傳遞著揚眉吐氣的喜悅。他不僅得意於衛青的取勝，而且得意於他終於在匈奴的臉面上打了一記響亮的耳光。

顯然，以上這個講法多少有演義的成分。戰鬥結束，或勝或敗，總要飛馬報回朝廷，哪會等到將軍歸來才知勝負戰況。不過，它卻可以幫助我們理解當時漢武帝的心情。漢武帝從衛青身上，看到了反擊匈奴的希望。希望是未來的事情，當下必須對此次出征賞罰分明。於是，《資治通鑑》寫下了賞罰情況：「漢下敖、廣吏，當斬，贖為庶人；唯青賜爵關內侯。」公孫敖和李廣應當處斬，允許他們花重金贖罪，貶為平民。唯有衛青受到賞封，「賜爵關內侯」。

司馬光可能嫌這種記載太平淡，不亮眼，在《資治通鑑》中接著評論：

> 青雖出於奴虜，然善騎射，材力絕人；遇士大夫以禮，與士卒有恩，眾樂為用，有將帥材，故每出輒有功。天下由此服上之知人。

衛青初次出征就得到如此高的評價，是不是可以說「前無古人」？

第六章　狂飆起風雷

少年霍去病

《史記．衛將軍驃騎列傳》：「驃騎將軍為人少言不泄，有氣敢任。」

司馬遷評價霍去病，說他話語不多，勇於擔當重任。或許是霍去病戰功卓著的緣故，在多數人眼中他屬於天才。無論何人，一旦被尊奉為天才，多數史書都會無一例外地寫道：「天資聰慧，少而好學。」我不否認這種認知，卻更看重後天對人的歷練。

與舅舅衛青相比，霍去病的童年是幸運的。至少，他沒有遭受放羊的磨難，從小就生活在平陽公主的長安府邸。不過，他年幼的心裡也不平靜。這一年，他的父母發生了變故。說是變故，其實只是他的母親衛少兒另有新歡，改嫁陳掌。陳掌家庭富貴，衛少兒再攀新枝自然是人往高處走。可是這一走，霍去病的人生就有了波折。跟著父親，難得母愛；跟著母親，又難得父愛。在母愛和父愛之間，他難得有兩全的享受。

霍去病的童年沒有物質拮据的困頓，卻有精神折磨的隱痛。對於霍去病父母的分手，主要責任在母親衛少兒身上。社會地位的轉變，會導致一個人情感的變異。當初，衛少兒迷戀

第六章　狂飆起風雷

霍仲孺時，地位低下，感情飢渴，遇有一雙朝她閃光的眼睛，她便燦爛。後來，進宮的妹妹受到漢武帝寵愛，哥哥衛長君、弟弟衛青都當上侍中，成為漢武帝身邊的紅人。衛家不再是奴婢家庭，衛少兒雖然還是衛少兒，甚至由於霍去病的出生，顏面不如先前那樣嬌嫩，可是，總有人秋波頻遞，這就迷亂了衛少兒的心緒。不知不覺間，她移情於陳掌了。陳掌是何人？漢朝開國功臣、曲逆侯陳平的曾孫。門第高貴，有享不盡的富貴榮華。將陳掌與霍仲孺相比，自然平陽來的小吏會黯然失色。感情生出嫌隙，便難以彌合了。無法彌合也罷，司馬遷筆下竟留下這樣的記載：「少兒故與陳掌通，上召貴掌。」不知為何，漢武帝居然不分青紅皂白，亂點鴛鴦譜。衛少兒另擇高枝，霍仲孺有苦難言，小小霍去病絞纏在尷尬當中。

衛青從上谷出兵，搗毀龍城，取得了漢朝與匈奴作戰多年來前所未有的大捷。漢武帝賞封衛青為關內侯，衛家發生了翻天覆地的變化。過去，漢武帝因為寵愛衛子夫而喜歡衛青；如今，漢武帝因為喜歡衛青而更加寵愛衛子夫。別看衛子夫只是個夫人，可在宮中的地位蒸蒸日上。就在關內侯府邸落成之日，衛子夫回了一趟娘家。昔日入宮時，一家人為奴，寄人籬下；如今衣錦還鄉，門戶高貴，遠非常人家能比。只是衛青一貫低調，無論達官貴人如何討好奉承，總是謙和有禮，絕不大頭症。即使皇帝御賜的牌匾，他也沒有高掛在門額炫耀，而是珍藏在密室。

衛子夫進門落座，看見一個孩子，這就是漢武帝賜予名字的去病。她要叫他，卻猶豫著沒有叫出口，扭頭悄悄問衛青：「去病現在姓什麼？」這輕聲發問，孩子聽見了，不等舅舅回答，他搶著說：「我姓霍。」

衛子夫關切地說：「你改姓吧！改為養父陳掌的姓，就有了身分，阿姨就能將你收入宮中，當個羽林郎，將來在朝中做官。」

霍去病搖頭不同意。衛子夫一斟酌，說：「那你姓衛吧！你也是衛家的孩子，有舅舅幫忙，一樣能奔個好前程。」哪想到霍去病憋紅了臉說：「我不改姓，男子漢大丈夫，行不改名，坐不改姓。去病長大要像舅舅那樣建功立業，光大霍家。」這話說得衛青大笑起來，笑聲未落，就聽霍去病又背誦起來：

「鴻鵠高飛，一舉千里。羽翮已就，橫絕四海。」

能背誦漢高祖的〈鴻鵠歌〉不算稀奇，可是出自少年之嘴且用得如此貼切，就不能不令人刮目相看了。小小年紀，志向遠大，衛子夫還能說什麼，即使不改姓也要為這個外甥謀出路，謀前程。

張騫逃離匈奴

《史記．大宛列傳》：「居匈奴中，益寬，騫因與其屬亡鄉月氏……」

衛青的大捷放在四路出擊匈奴的整個戰役中看，只是一縷曙光，掩蓋不了漫天的烏雲。到底該如何徹底挫敗匈奴？此時的漢武帝應該想起一個人來了：張騫。

第六章　狂飆起風雷

張騫一去十多年，不見人還，不聞訊息，到底是死是活？若是活著，若是還能帶回與大月氏聯合作戰的喜訊，那打敗匈奴就指日可待呀！

然而，從事態的發展看，張騫仍然惦記著漢武帝，惦記著他託付自己的國家大事。就在這年，張騫逃出了匈奴人的地盤。

綜合史料看，被扣留在匈奴的張騫，多年來表現出一副無所謂的樣子。據說，軍臣單于命人給了張騫一頂帳篷，他撐起來就算安了家。大大咧咧，沒心沒肺，讓他吃就吃，讓他喝就喝，讓他睡就睡。不讓他穿漢服，那就穿匈奴衣服；不讓他吃麵食，那就吃羊肉。若是允許，他會揮著皮鞭，將羊群趕往水草豐茂的地方，低頭看群羊吃草，抬頭看白雲飄過。只是，這樣的機會很少，因為匈奴人怕他逃跑，只讓他在很小的範圍內活動。

一年過去了，漢朝已是建元三年。這天，軍臣單于叫來張騫問道：「怎麼樣，在這兒過得如何？」

「不賴。」張騫用剛學會的匈奴話回答。單于現出一副釋然的表情，接著說：「聽說先生已適應了匈奴的習慣和風俗。」張騫說：「連臉都跟大家一樣了。」

單于凝視著他的臉，然後朗聲大笑道：「簡直就是我的子民。好了，娶個匈奴女人當老婆吧。」

「多謝單于。」已經完全變成匈奴人的張騫，用匈奴式的禮儀表達了自己的喜悅。

我懷疑書中對話的真實性，卻不懷疑書中對張騫形象的復原。賜予老婆，就結婚，絕不推辭，逆來順受；而且，像是「樂不思漢」，踏踏實實過日子——根本就是一個匈奴子民。一年後，張騫還有了自己的孩子。娶妻生子，安居樂業，想來張騫不再有什麼回歸漢朝的奢望了，但就這樣匈奴也不放鬆警惕，監視，一天也不放鬆地監視。月月監視。年年監視。十年，張騫還是那個安分守己、平庸無為的樣子。沒人下令放鬆警惕，監視者卻不再虎視眈眈。算起來是元光六年，也就是四路大軍攻擊匈奴的那年。

軍臣單于打敗李廣、公孫敖，得意洋洋地返回，好心情卻被兩個倒楣事一掃而光：龍城遭搗毀，張騫逃跑了。且不說龍城被搗，僅就張騫逃跑也令他大吃一驚：怎麼「樂不思漢」的張騫，竟然無時無刻不在思念漢朝！

張騫跑了，逃跑的還有和他一起來的那個匈奴隨從堂邑父。追，立即派人去追！已經禁於此地十年了，張騫想家自然在情理之中，大隊人馬捲起黃塵直朝東方狂奔。他們哪會想到，張騫根本沒有回家，他仍然牢記著西行的使命，向西，向西，向西。西行之路是死亡之路，舉目荒涼，曠無人煙，暴風時起，天翻地覆，光天化日之下，處處鬼哭狼嚎。乾糧吃完了，只能由堂邑父射殺禽獸填塞轆轆飢腸。困苦可想而知，艱險可想而知。

困苦和艱險，卻無法阻止張騫堅定的腳步。

大月氏不願再打仗

《史記．大宛列傳》：「西走數十日至大宛。」

白晝烈日炙烤，夜晚冷霜徹骨。住在匈奴，天氣也一日多變，卻有頂帳篷遮日擋寒。跋涉大漠，只有人間罕見的艱辛。據說，還有野狼，成群結隊，若不是張騫和堂邑父都是射箭高手，很可能他們已成為野狼口中的美食。

終於看到了城郭，來到了大宛。進入城中，張騫亮出漢武帝的符節，以漢朝使臣的名義拜見國王。大宛國王見到漢朝使臣，好奇地問道：「漢朝多大？」

張騫回答：「貴國如小溪，漢朝如大海——民過萬萬，江河無數，山川無數。」

國王又問：「漢朝有何物產？」張騫回答：「衣有錦帛絹繡，食有山珍海味，住有樓閣殿宇，行有駟馬高車，樂有竹絲琴瑟。」這番話說得大宛國王目瞪口呆。自然，這活靈活現的場景也是想像的，沒有典籍能這樣詳細的記載。不過，張騫有著過人的才能，這番話還不能完全地表現出他的聰慧和睿智。然而，或許是張騫的美妙描述令國王著迷，國王設宴款待，美酒伺候，確實讓張騫一行過了幾天好日子。聽說張騫還要去大月氏，大宛國王又給他們預備了充足的食物，還指派了翻譯和嚮導。我猜度此刻張騫的心情，應該是馬到成功那般的感覺；既然能夠用三寸不爛之舌說動大宛國王，那說服月氏王應該也不在話下。

到達大月氏後，張騫對說服月氏王更有信心了。月氏王得知到來的是東方大漢使臣，立即舉行儀式，隆重歡迎——大擺酒宴，盛情款待。主賓歡聚一堂，氣氛極其熱烈。看到這樣和諧的氛圍，張騫不禁展開想像，若合力出兵，打敗匈奴應該是指日可待了。

然而，事實並不像張騫設想的那般順遂。當夜宴罷，天色已晚，各自休息，沒有談及實質性的事宜。次日，月氏王在宮廷召見漢使議事，張騫挑明漢武帝合圍匈奴的意圖。月氏王低頭沉思，久久不語。張騫趕緊進言：「匈奴老上單于殺戮成性。月氏國祖祖輩輩生活在自家的樂土上，卻被這夥厲鬼瘋狂侵入，殘酷燒殺。趕走月氏，霸占國土，使國人漂泊異地，無法回歸故鄉。大漢皇帝悲天憫人，聞知此事，痛恨匈奴慘無人道，憐憫月氏無家可歸，願意與貴國結為盟友，聯合出兵，除掉公害，為月氏恢復國土。請問大王意下如何？」

這些話句句都直戳要害，張騫就等月氏王痛快表態。哪知，張騫說完，月氏王仍是不語。看他猶豫，張騫趕緊再加一把火：「更可恨的是，那匈奴殘忍殺害月氏大王，還用老月氏王的頭骨做飲器。如此欺辱先王，是可忍孰不可忍！」

這一下更是刺疼了月氏王的心肝，淚水已在眼眶裡打轉。張騫靜待他抹掉眼淚，憤然站起，大吼一句：「此仇不報，何以為人！」

可惜，等呀，等呀，只等到一句：「冤冤相報何時了。」張騫不肯放棄：「難道此仇就這樣作罷？」月氏王嘆息一聲：「子民剛剛過上平靜的日子，何必再流血犧牲。」張騫再問：「難道此恨就這樣作罷？」月氏王還是嘆息：「平安為福，不能再驅子民赴難了。」……一時說不過月氏王，張騫不急於求成，一面鼓動口舌，一面耐心等待。一天兩天，不見月氏王回心轉意。一月兩月，不見月氏王回心轉意。

整整一年，月氏王好酒好飯招待張騫和堂邑父，但就是不答應出兵合圍打擊匈奴。張騫失望了。他不能再等待下去，他要回漢朝向漢武帝覆命，離開長安十多年了，他該回國了。張騫無功而返，繞道而返。繞道而返，是想避開匈奴，

豈料還是落入了匈奴的羅網。

衛子夫當上了皇后

《漢書・外戚傳》：「子夫生三女，元朔元年生男據，遂立為皇后。」

元朔元年，註定是值得後人回味的精彩年份。這一年，已是漢武帝廢掉陳阿嬌皇后的第三個年頭了。元光五年（西元前一三〇）的秋天，應該是陳阿嬌刻骨銘心的日子。唐朝詩人劉禹錫「自古逢秋悲寂寥」，不一定能寫照別人的情緒，卻可以用來此處詮釋陳阿嬌的心情。母儀天下的皇后，眨眼間跌落，還原為陳阿嬌。還不是原先那個自由自在的陳阿嬌，而是被拘禁在長門的陳阿嬌。想想當初天真純情的劉小豬要將她金屋藏嬌，看看如今九五之尊的皇帝把她打入冷宮，讓她伴隨秋風淒涼度日，她流多少淚水都屬於人之常情。正如八百年後李白在〈妾薄命〉詩中所云：

漢帝重阿嬌，貯之黃金屋。

咳唾落九天，隨風生珠玉。
寵極愛還歇，妒深情卻疏。
長門一步地，不肯暫回車。
雨落不上天，水覆難再收。
君情與妾意，各自東西流。
昔日芙蓉花，今成斷根草。
以色事他人，能得幾時好。

其實，陳阿嬌的悲劇不在於「以色事他人」，而在於沒有意識到她即使母儀天下，也不能苛求皇帝專寵她陳阿嬌。漢武帝見到司馬相如的〈長門賦〉，難道真是心如止水，難道真是鐵石心腸？我看不是如此，至少他在猶豫，他在彷徨，若不然為何要讓皇后的位置空缺三個年頭。

從各種史料看，漢武帝給人的形象都是果敢善斷，但我卻覺得他也有優柔寡斷的一面。當然，這裡使用優柔寡斷一詞未必準確，我想說的是，他每每在重大事件的決策上，並不急於拍板，而是小心翼翼，唯恐有個閃失。這也可以說明，為什麼陳阿嬌被廢後，皇后之位虛空三年，直到衛子夫生下愛子，才將其立為皇后。

對於漢武帝來說，元朔元年確實很不平凡，到這年，他已經稱帝十二年之久，寵愛衛子

第六章　狂飆起風雷

夫也已十年之久。在這十年間，衛子夫為漢武帝誕下了三位公主。他希望從衛子夫隆起的肚皮內孕育出個兒子來，那是他傳續帝祚的希望啊！

就在這一年，二十九歲的漢武帝總算如願以償，兒子降生了，衛子夫讓他的夢想變為現實，他自然十分高興。有多麼高興？高興出三大行動。第一大行動是寫文章頌揚，他沒有親自操筆，而是讓枚皋和東方朔揮毫書寫，分別撰出〈皇太子生賦〉與〈立皇子禖祝〉；第二大行動是建廟祭拜，當然不是為兒子劉據建廟，而是建造婚育之神高禖神祠，隆重祭拜，感謝神靈賜予他皇子；第三大行動是空缺三年的皇后位置終於花落衛家。時任中大夫的主父偃上書漢武帝，請立衛子夫為皇后，漢武帝准奏。衛子夫因生下皇子，而榮登皇后之位。《漢書．武帝紀》記載：

> 春三月甲子，立皇后衛氏。詔曰：「朕聞天地不變，不成施化；陰陽不變，物不暢茂。《易》曰『通其變，使民不倦』。《詩》云『九變復貫，知言之選』。朕嘉唐虞而樂殷周，據舊以鑑新。其赦天下，與民更始。諸逋貸及辭訟在孝景後三年以前，皆勿聽治。」

翻譯大致意思是：春三月十三日，立皇后衛氏。漢武帝下詔說：「朕聽說天地不變，施化不成；陰陽不變，物不暢茂。《易》說：『因勢變通，人民的精神才會振作。』《詩》說：『通天地之變而不失道，擇善而從。』朕欣賞唐堯、虞舜，而樂觀殷、周，願汲取歷史的經驗教訓，引為借鑑。現在大赦天下，與民更始。有犯了法畏罪潛逃的，以及久欠官物而被起訴的，事情出在孝景帝三年以前的，都免予追究。」

對了，從這段記載還可以讀出第四大行動，這就是大赦天下。據說自此以後，立皇后大赦天下成為漢朝的一項制度。

如此詳細介紹漢武帝廢立皇后的過程，有何用意？用意在於能夠使讀者多一個窺視漢武帝如何進行重大事件決策的視角。衛青得到漢武帝的賞識，漢武帝願意起用他，但是在任用他時，並不冒失，不是讓他一步登天，而是逐漸將重擔放在他的肩膀上。第二次出征匈奴時，漢武帝改四路大軍為兩路大軍，衛青領兵數量由一萬上升到三萬。衛青的擔子更重了。

兩路大軍出征作戰，衛青會交出怎樣的成績？

雁門關外再傳捷報

《漢書．衛青霍去病傳》：「青復將三萬騎出雁門，李息出代郡。青斬首虜數千。」

《漢書》記載的「青復將三萬騎出雁門」的事，發生在元朔元年，與四路大軍出擊匈奴間隔不到一年。這次出兵是為捍衛漢朝尊嚴。

慣於燒殺劫掠的匈奴，每次南侵都滿載而歸，狂歡痛飲，大碗喝酒，大塊吃肉，但他們留給漢人的卻是妻離子散、家破人亡。衛青打進龍城，橫掃龍庭，匈奴人不思反省自己的罪過，卻只一味地想要報復。部下不反思不可怕，最怕的是首領不反思，軍臣單于就是這樣一

第六章　狂飆起風雷

個不肯反思的首領。他下令瘋狂報復。剽悍的騎兵，穿越沙漠，穿越草原，直奔漢朝邊塞。既是多事之秋本應枕戈待旦，隨時打擊來侵之敵，偏偏駐守漁陽的材官將軍韓安國，抓到一個匈奴小兵，聽他說匈奴大軍已全部返回，便撤去大批守軍。豈知，那個小兵，未必不是匈奴麻痺韓安國計謀上的一環。韓安國輕易採信了小兵之語，就此埋下了禍根。

偷襲，遼西遭到偷襲；偷襲，漁陽遭到偷襲。遼西在硝煙中，在血泊裡；漁陽在硝煙中，在血泊裡遼西，兩千餘邊民被擄走為奴！漁陽，也有千餘邊民被擄！無數邊民在鐵蹄下呻吟，無數邊民在匈奴的劫掠中悲憤地呼號！

呼號大漢挺起脊梁，奮戈禦敵，築起無形的銅牆鐵壁。邊塞告急的一份份快報背後是邊民的痛苦呻吟，它催發出熱血男兒的奮起吶喊！出兵，反擊匈奴！漢武帝下達了征戰的命令！衛青和李息就是在這樣緊迫的局勢下領兵奔赴疆場的。軍情緊迫，出征緊迫，但是漢朝卻不是倉促出征。自從上次戰罷，漢武帝就在謀劃新的對敵方略。毫無疑問，衛青的獲勝使他看到了反擊匈奴的曙光。如何將曙光變作朝日，他反復斟酌著。最後，他把希望寄託在衛青身上，在出征的行列裡，老將只有李息，不再有李廣這位侍奉過幾個皇帝的三朝元老。李息之老，只是相對於衛青而言，若以年歲而論，他正在壯碩之年。由此可見，漢武帝任用軍事將領的重心開始轉移了。不過，漢武帝沒有孤注一擲，沒有將李息置於衛青帳下，他可以獨立作戰、調遣部眾。大膽任用衛青，讓他肩挑重擔，馳騁搏擊；繼續任用李息，以防一招失手全盤皆輸。由此，漢武帝的精心運籌可見一斑。

回師長安後，衛青沒有陶醉在勝利之中，更沒有因為首戰告捷受到封賞而衝昏頭腦。他明白這只是擔當大任的開始，未來任重道遠，前程不是光明一片，而是腥風血雨。從回師時他就在考慮如何再度征戰。冷靜的思考，讓他明白，打到龍城，固然是他決策得當，卻亦不能否認，公孫敖、李廣的拚死廝殺，拖住了匈奴大軍，這才使他可以從容進軍，攻其不備，最終取得勝利。

那麼，若是遭遇匈奴主力，如何硬碰硬取勝？隨著戰爭的深入，這已成為不可避免的問題。我以為，這個問題的提出和解決方案的制定，是基於衛青從思想上意識到，要想贏得戰爭就要牢牢地把控戰爭的主動權。衛青肯定會去拜訪參戰的幾位將軍，甚至，他也會聽取地位比他低的部眾的說法。公孫敖自不必說，這位救命恩人之前與他各自率兵出征，衛青當然盼望他一戰成名。然而，事與願違，他不但未能建功立業，還險些因為戰敗丟掉性命。對他，衛青即使不說拜訪，也得要登門安慰。當然安慰的「主題」也必是匈奴：匈奴剽悍，剽悍到何等程度；匈奴詭詐，詭詐到何等地步，這都應該是繞不過的話題。

拜訪老將李廣應是使衛青最受教益的。李廣慘敗是輕敵所致——不知不覺鑽進了敵人的天羅地網，等到察覺，已經成為砧板上的魚肉。李廣的逃脫是匈奴輕敵所致。俘虜落入羅網，像是待宰的羔羊，就等著架起篝火，烤熟下酒。何曾想過，煮熟的鴨子也會飛走。麻痺輕敵，是兵家的大忌。這道理並不深奧，為何一個與匈奴廝殺多年的老將，還會犯這樣低級的錯誤？匈奴打敗李廣，就是趁他這隻老虎休憩時來了個攻其不備。打仗應盡量發揮自己的長處，打敵人的短處，這誰也清楚。可是，敵人也在揚長避短。這就常常造成兩軍硬碰硬，

第六章　狂飆起風雷

雙方傷亡慘重。那如何打？總結衛青的戰鬥方略，他總是等待老虎打盹，等待敵人犯錯誤。敵人不犯錯誤怎麼辦？那就引誘敵人犯錯誤。

這次大軍出征，衛青稟報漢武帝，起用了公孫敖。出塞後，衛青帶主力部隊前行，讓公孫敖尾隨跟進，迷惑敵人，引他們上鉤。匈奴聞知漢朝出兵，早就嚴陣以待，試圖報一箭之仇。軍臣單于派出強將精兵，飛快前來堵截漢軍。若是兩軍對壘，勝負實在難料。衛青帶著大軍飛速前進，擺出直搗龍城的架勢。匈奴人果然上當了，前來堵截的匈奴大軍非但不堵截了，還放走了衛青。放走衛青是軍臣單于下的命令——上次吃了大虧，他這次要亡羊補牢。他在龍城留有充足的兵力，他準備放他們入城，再來個一舉殲滅。就這樣，匈奴大軍雖然與漢軍幾乎碰面，卻做出未曾發現的樣子，來了個擦肩而過。所以要擦肩而過，就是要衛青知道，匈奴大軍已經出動，龍城空虛，此番前去還能撿個便宜。

衛青似乎要鑽進軍臣單于設定的圈套了，駿馬飛奔，一日千里。疾速進軍的好處是，以迅雷不及掩耳之勢，打敵方個措手不及。疾速進軍的缺陷在於，作戰部隊行動過快，糧草輜重往往難能同步跟進。這就有違「兵馬未動，糧草先行」的常規。若是糧草被劫，潰敗必然在所難免。

與衛青大軍擦肩而過的匈奴士卒，偏偏碰到了押運糧草的漢軍。同先遣部隊相比，後勤補給部隊的戰鬥力非常薄弱。放過衛青大軍，讓軍臣單于的守城部隊吃「肉包子」，前來誘敵上鉤的部隊總不能飢腸轆轆、寸功不立吧？何況，若是打掉漢軍的糧草，即使衛青大軍不進城當「肉包子」，兵無糧自散，他們在城下也撐不了幾天。匈奴將領美滋滋地想：突然截取糧草是上策中的上策。

匈奴大軍向漢朝的輜重部隊發動了攻擊。果然，先前的判斷很准，輜重部隊很不禁打，沒有多時便頂不住了，士兵們丟盔棄甲，倉皇逃跑。匈奴士卒歡呼著，將糧草全部收為己有。他們沒有追擊漢軍，趕著糧車得意洋洋地返回。前行沒多遠，卻發現跑走的漢軍竟然返回來了。匈奴大軍停下腳步，準備再戰。刀還未及出鞘，早有火箭射來。箭中糧車，轟然著火——車上哪裡是什麼糧食，是硫黃！頓時，火焰衝天、濃煙滾滾，熏得匈奴士卒難以睜開眼睛。此時，忽聽殺聲四起，喊聲震天。被大火燒昏了頭的匈奴士卒還沒有看清漢軍，就連連倒下——中箭了，利箭射穿了一個個士兵的胸膛。一支輜重小隊，竟有這般天崩地裂的聲勢？

原來，衛青大軍並未進擊龍城，與匈奴大軍擦肩而過後，只緩緩行走一程，即停下腳步休息。估算時機一到，立即回撤，來個合圍，打了匈奴大軍措手不及。

天羅地網，匈奴布下了天羅地網，還怕衛青不上鉤，又派出大軍當誘餌。豈料，誘餌不偏不倚，恰恰鑽進了衛青布下的天羅地網。匈奴部眾只有招架之功沒有還手之力，中箭、挨刀、被斬，再也撐不下去了，狼狽地抱頭鼠竄。

衛青大獲全勝，恰如《史記．衛將軍驃騎列傳》所載：「青為車騎將軍，出雁門，三萬騎擊匈奴，斬首虜數千人。」

再戰，還是和親

《史記．匈奴列傳》：「衛青復出雲中以西至隴西……。」

衛青兩次出兵，兩次獲勝，對於漢朝來說，一掃萎靡之態，有了勝利的希望；對於漢武帝來說，堅定自己抗擊匈奴並大獲全勝的信念；對於匈奴單于來說，卻絲毫沒有打掉他囂張的氣焰，他更像是被惹惱了的凶惡猛獸。《漢書武帝紀》記載：「匈奴入上谷、漁陽，殺略吏民千餘人。」可以看出，當漢朝為「青為車騎將軍，出雁門，三萬騎擊匈奴，斬首虜數千人」而歡欣鼓舞時，匈奴未必不為他們「入上谷、漁陽，殺略吏民千餘人」而得意，而慶賀。

此時是繼續打，還是退回去和談、和親？又面臨著新的抉擇。從《資治通鑑》的冊頁裡，我聽到了主和的聲音。發出聲音的人名叫主父偃，他回顧了秦朝以及漢高祖與匈奴交戰的後患，向漢武帝進言：

「夫匈奴難得而制，非一世也；行盜侵驅，所以為業也，天性固然。上及虞、夏、殷、周，固弗程督，禽獸畜之，不屬為人。夫上不觀虞、夏、殷、周之統，而下循近世之失，此臣之所大憂，百姓之所疾苦也。」

這段話的大致意思是，很難以交戰制服匈奴，這不是一代人可以做到的。侵犯城邑，劫擄人畜，這是匈奴據以謀生的方式，天性就是這樣。遠在虞、夏、殷、周時期，就不向他們徵收賦稅、實行監督了，只把他們視為禽獸，不當人看待。不向上借鑑虞、夏、殷、周的治理辨法，卻向下沿用近代的失誤，這是我最為憂慮的，也是百姓最大的疾苦。

很明顯，主父偃反戰主和。這段話有辱罵匈奴的語句，在今天看來未必妥當。不過，為了尊重歷史，還是照搬於此。嚴安也上書，從秦朝速亡的教訓陳明休戰的道理。同時上書的還有徐樂。漢武帝看罷當即召見三人，而且告訴他們：「相見恨晚也！」

不過，在對待收不收復河南地問題上，主父偃卻是主張收復的，他說：

「河南地肥饒，外阻河，蒙恬城之以逐匈奴，內省轉輸戍漕，廣中國，滅胡之本也。」

其大意為：黃河以南地區，土地肥沃、物產豐饒，對外有黃河天塹為屏障，蒙恬當年在此地修築長城以驅逐匈奴，對內節省了輾轉運輸、屯戍、漕運的人力物力，又擴大了中國的疆域，收復河南地，這才是平息匈奴禍患的關鍵。

漢武帝讓公卿大臣討論，他們大都不支持出兵再戰，漢武帝卻採納了主父偃收復河南地的意見。如此決策，基於漢武帝有對匈奴作戰的必勝信念。翻閱漢朝史料，我以為這必勝信念來自兩點：一，衛青的兩次獲勝，使漢武帝看到有人能夠擔當重任；二，是很容易忽略的重點，那就是漢朝具備了速戰速決的戰鬥力。提升戰鬥力的關鍵是：駿馬。

馬，是人類最早馴化的動物之一，更是最早被用於戰爭的動物之一。在冷兵器時代，馬就是速度，就是絕對的殺傷力。春秋戰國時期，出現在戰場上的馬，主要作用是牽引戰車。

當年駕車的都是有身分、有地位的貴族。趙武靈王實行的胡服騎射，首開中原人先河，將馬放到了最為重要的戰略地位。漢武帝透過連續的幾次戰鬥，總結成敗經驗和教訓，他得出，速度是匈奴最為鋒利的劍戟，要戰勝匈奴必須勝於匈奴的速度。匈奴的速度，來自戰馬。養育戰馬，成為漢朝軍民的頭等大事；訓練戰馬，成為漢朝軍隊的備戰主題。兵強馬壯，才能抬頭挺胸，與匈奴廝殺。

於是，車轔轔，馬蕭蕭，衛青大軍出雲中，飛速襲擊匈奴。

收復河南地

《史記．匈奴列傳》：「擊胡之樓煩、白羊王於河南，得胡首虜數千，牛羊百餘萬。於是漢遂取河南地。」

趁著衛青大軍浩蕩前進，還沒有進入前線，我們來一段插曲。衛青二次出擊重創勁敵，報了匈奴偷襲遼西、漁陽的一箭之仇，漢朝軍民拍手稱快，但這卻也無法排遣守將韓安國的鬱悶之情。馬邑之圍，他作為監軍，行動遲緩，貽誤軍機，漢武帝雖然沒有追究他的責任；然而，讓一場眼看到手的勝利化為泡影，他心裡也不好受。更為難受的是，這次遼西和漁陽遭受襲擊，完全是因為他放鬆警惕、撤走主力所致。想想年輕的後生衛青連續建功立業，自己實在汗顏。就在衛青這次出兵前不久，鬱鬱寡歡的韓安國飲恨病逝。韓安國病逝，北方誰來守衛？漢武帝起用的是老將李廣，他北上邊塞出任右北平太守。上次戰役，他全軍覆沒，之後花錢贖罪，被貶為平民，這次能夠復出自然是好事。

不過，剛復出，李廣就在他個人的歷史上烙下一個污點。

閒賦期間，李廣隱居在藍田縣，經常出去打獵。一天，他和潁陰侯灌嬰的孫子灌強出獵，越跑越遠，走入深山。回來時已是夜晚，路過霸陵亭受到盤查。隨從趕緊向霸陵尉說明，這是先前的李將軍。霸陵尉不放他們過去，還說：「現在的將軍也不准夜間通行，何況先前的將軍。」隨從再說好話，霸陵尉就是不放行，李廣沒有奈何，只好在霸陵亭下過了一宿，等到天亮才走。

這本是一件不足掛齒的小事情，過了，過了，過後就了。偏偏李廣懷恨在心，一直沒有放下。說他懷恨在心，不是憑空想像，而是從後來他的舉止推斷的。漢武帝重新起用他前往右北平擔任太守，李廣提出要帶著霸陵尉前往駐守。漢武帝以為他是選擇賢才保衛邊塞，同意了他的請求。哪知，霸陵尉一到軍中，李廣就下令把他處死，而後再奏報朝廷。霸陵尉即使有罪，也罪不至死。何況，當初霸陵尉嚴格執法，並未有過錯。

此等小事，匈奴士卒沒人知道，他們知道的只是李廣力大無比、智勇雙全；知道的只是李廣兵敗被俘，居然能在萬軍叢中搶奪駿馬，飛速逃走。現在，李廣帶兵前來駐守右北平，匈奴人自是不敢掉以輕心。軍臣單于便將左賢王帶領的主力部隊派往上谷、漁陽、右北平一線，以防李廣突然襲擊。這就給了衛青一個大顯身手的機會。

第六章　狂飆起風雷

衛青統轄兩個校尉，率領四萬鐵騎，迎著風沙，一路挺進，擺出馳援漁陽、右北平的架勢。匈奴王廷得到消息，集結重兵鎮守，嚴防衛青突然發起攻擊。遠在千里之外的匈奴白羊王、樓煩王更不會察覺到，他們才是衛青此戰打擊的目標。衛青大軍出雲中後，越過長城，突然折道西行，直搗匈奴後方。這一「側擊」戰術，馬上見效。黃河南岸通往匈奴北地的要塞隘口高闕被漢軍掌控，衛青大軍一舉切斷了白羊王、樓煩王與單于王廷的聯繫，二王立即陷入孤立無援的困境。

更為神奇的是，不等白羊王、樓煩王反應過來，衛青大軍火速挺進，沿黃河飛兵南下，疾奔上千里。一路上遇到幾支小匈奴部隊，打垮即收手，不再追擊。很快，主力到達隴西，全面形成了對白羊王、樓煩王的包圍。這種神奇的進兵方式，令匈奴二王始料不及，眼看大勢已去，拚掉性命也難以扭轉危局，只得匆忙帶兵西渡黃河，倉皇逃跑。敵軍一潰千里，漢軍勇猛衝殺。匈奴精銳騎兵被打得落花流水，只有少數人馬逃回匈奴腹地，去投奔休屠王和渾邪王。

這一戰，衛青獨率勁旅，孤軍深入，轉戰數千里，無堅不摧，大獲全勝。總共斬殺敵人兩千三百人，俘虜數千人，還獲得牛羊一百餘萬頭。

河南失地收復了！如果說衛青前兩次出征，只是選擇好時機，對匈奴進行局部性打擊，靈活機動性要大得多；那麼，這一次卻是目標明確，不能臨時改變方略，難度要大得多。然而，即使如此難打的戰役，衛青仍然能指揮得當、打擊精准，完全達到預期目的。

捷報傳到長安，漢武帝劉徹大喜過望，晉封衛青為長平侯，食邑三千八百戶。衛青則惦記英勇善戰的部將，在朝堂上給部將請功，蘇建、張次公也被封侯。誠如《漢書・衛青霍去病傳》所記：

天子曰：「匈奴逆天理，亂人倫，暴長虐老，以盜竊為務，行詐諸蠻夷，造謀藉兵，數為邊害，故興師遣將，以征厥罪。詩不云乎，『薄伐獫狁，至於太原』，『出車彭彭，城彼朔方』。今車騎將軍青度西河至高闕，獲首虜二千三百級，車輜畜產畢收為鹵，已封為列侯，遂西定河南地，按榆谿舊塞，絕梓領，梁北河，討蒲泥，破符離，斬輕銳之卒，捕伏聽者三千七十一級，執訊獲丑，驅馬牛羊百有餘萬，全甲兵而還，益封青三千戶。」

這場大戰的意義，不在於殺敵多少、俘虜多少，更不在於獲得牛羊多少頭，而在於收復了河南失地。漢武帝下令在此設立朔方郡，築城屯田，派兵據守，解除了匈奴對長安的威脅。這是漢朝歷史上非常耀眼的一仗。

張騫逃回了長安

《漢書・張騫李廣利傳》：「留歲餘，單于死，國內亂，騫與胡妻及堂邑父俱亡歸漢。」

第六章　狂飆起風雷

世界上許多看似毫無關係的事情，總會被時光串聯在一條線上，這就是歷史。誰會想到，衛青飛兵進擊，奪回匈奴侵占很久的河南地，竟然給了張騫一個逃回長安的機會。

此事還需從元朔元年講起。張騫從大月氏起程東歸，翻越蔥嶺，穿過莎車、鄯善，走到西羌與匈奴的邊沿地帶，加快速度，夜行晝息，為的是躲避匈奴，害怕再被抓到。豈料，是日凌晨，還沒來得及停步歇息，對面忽然來了一隊人馬，竟是搶奪西羌財物的匈奴人。就這樣，張騫再次落入匈奴之手。

這次他面對的是左谷蠡王伊稚斜。看看張騫和堂邑父的模樣，伊稚斜馬上就明白了，他們就是逃走的漢朝使臣，馬上下令，拉出去砍了！

一聲「砍了」沒有嚇壞張騫，反而激得他哈哈大笑。伊稚斜早就聽說這位漢使英俊威武，不曾想還有如此膽量。他正好奇，就聽張騫大聲說：「張騫死而無悔，可嘆大王斷送了一個討好的機會。」

什麼機會?伊稚斜不無納悶。又聽張騫說：「單于因我逃走，肯定生氣。你替他抓住我，為何不請功領賞?」伊稚斜覺得張騫的話很有道理，即刻命人給他鬆綁，又派人前去向軍臣單于報告，果然如張騫所言，他得到不少獎賞。軍臣單于命他嚴加看管，還將張騫的胡妻與兒子送來。張騫眼界開闊、言語風趣，令伊稚斜很是佩服，管是管得很緊，每天卻酒肉款待，時不時就與他談天說地。

有一天，與張騫談天說地的伊稚斜不見了。去了哪裡?去爭奪單于的位置。軍臣單于死了，匈奴內亂了，張騫逃跑的機會降臨了。研究歷史的不少專家認為，軍臣單于是被氣死的。連續幾年，匈奴不斷受到漢軍的打擊，龍城被搗毀，人馬被打敗，實在咽不下這口氣，派軍隊去殺，去搶，去報復。哪料想沒有嚇唬住漢朝——沒見對手求和，反而遭到更大的打擊，盤踞很久的河南地也被奪去。軍臣單于真的很生氣，生氣還出不了這口惡氣，憋出了病，一命嗚呼了。

軍臣單于的死，給了伊稚斜出人頭地的時機。有人說，是張騫唆使伊稚斜搶奪單于位置的。反正伊稚斜奪位是事實。本來軍臣單于已經確定了太子于單，垂涎單于位置的伊稚斜卻不按規則出牌，帶領部眾前去，打得太子于單措手不及。人馬被打散，宮廷被占領，要不是很快逃脫，于單也會死於刀戈之下。于單無處可去，居然投降了漢朝。漢朝欣然接納，熱情款待，還封他為涉安侯。可惜他心情鬱悶，幾個月後便緊步軍臣單于的後塵而去。

這是後話，當下最重要的是，張騫抓住了機遇，逃回了漢朝，逃回了長安。回歸時，帶著那位生死與共的堂邑父，還帶著匈奴妻子和兒子。

張騫的回歸，肯定是驚詫全國人的大事，若不然《漢書》為何記載「初，騫行時百餘人，去十三歲，唯二人得還」。

張騫的回歸，肯定是令漢武帝喜出望外的大事，若不然《漢書》為何記載「拜騫太中大夫，堂邑父為奉使君」。

歷盡艱辛、不改初衷的二位獲得了應有的待遇。乍看，張騫逃跑和衛青收復河南地沒有任何瓜葛，偏偏時光就有這般能量，硬生生把兩件毫不相干的事件扭結成因果關係。《漢書．張騫李廣利傳》記載：

騫身所至者，大宛、大月氏、大夏、康居，而傳聞其旁大國五六，具為天子言其地形，所有語皆在西域傳。

漢武帝不會忘記張騫此行所擔負的使命，但張騫去國十三載，卻再次印證了一句俗語：有心栽花花不開，無心插柳柳成蔭。大月氏未能同意與漢朝聯合打擊匈奴，張騫卻摸清了西域多國的地形、氣候、物產、風俗情況——這些都已載入史冊，集結在《史記．大宛列傳》和《漢書．西域傳》裡。

張騫熟悉西域風土人情一事不算重要的事情，但是，熟悉地形、地貌的他，將會成為之後征討匈奴的活地圖。

掀翻右賢王的老窩

《史記．匈奴列傳》：「其明年春，漢以衛青為大將軍，將六將軍，十餘萬人，出朔方、高闕擊胡。」

「伊稚斜單于既立，其夏，匈奴數萬騎入殺代郡太守恭友，略千餘人。其秋，匈奴又入鴈門，殺略千餘人。其明年，匈奴又復復入代郡、定襄、上郡，各三萬騎，殺略數千人。匈奴右賢王怨漢奪之河南地而筑朔方，數為寇，盜邊，及入河南，侵擾朔方，殺略吏民其眾。」

這是《史記·匈奴列傳》中的記載，看看匈奴有多瘋狂！抗擊匈奴本是要打掉匈奴的瘋狂，可是幾次出征，沒有打掉匈奴的瘋狂，瘋狂的匈奴更加瘋狂了。閱讀這段歷史時，我總是奇怪：匈奴屢屢入侵，犯邊地，殺吏民，代郡太守恭友都死在屠刀之下，為什麼漢朝無動於衷？

考察《資治通鑑》找到了答案：元朔三年（西元前一二六），「六月，庚午，皇太后崩」。皇太后駕崩，漢武帝痛徹心肺，心煩意亂，將國喪大事交給丞相公孫弘辦理。事情有條不紊地進行。這日，公孫弘卻惴惴不安來見漢武帝。他低聲說道幾句，漢武帝馬上勃然大怒。原來是匈奴侵犯邊境，劫掠財物，還殺死了代郡太守。勃然大怒的漢武帝召集大臣會商，要以牙還牙，以眼還眼，立即發兵，反擊匈奴。大臣汲黯諫言阻止，東方朔也諫言阻止，漢武帝仍然怒火未消。回到後宮，皇后衛子夫勸他：『發兵不祥，可以暫緩。但是，應該加緊練兵，早做準備，以確保一旦開戰能夠大獲全勝。』漢武帝這才平復情緒，下令備戰。

這個敘述，細節不一定可靠，但可靠的是，當年、次年漢朝確實沒有出兵。利用太后發喪的時機，匈奴的確撿到了便宜。撿到便宜，還想占便宜，匈奴又來劫掠。《資治通鑑》載，元朔五年，「匈奴右賢王數侵擾朔方」。此時不出兵是不行了，這個對戰敗丟失河南一帶負主要責任的右賢王不斷挑釁，必須要沉重地打擊他。於是便有了《史記·匈奴列傳》記載的：「漢以衛青為大將軍，將六將軍，十餘萬人，出朔方、高闕擊胡。」

這次「擊胡」端掉了右賢王的老窩，打得他如喪家之犬，倉皇逃竄。這也是衛青走上抗擊匈奴戰場後軍事才能的展現：兵分三路，六位將軍、十幾萬將士，都由他來統領，勝與敗全看他的運籌。戰後反觀，衛青運籌得當，戰鬥目的明確，戰略部署合理，戰術運用恰當，指揮能力爐火純青。

衛青將大軍分為三路。第一路精騎突進，直插右賢王王廷；第二路協力阻敵，打掉前來援助的敵軍；第三路迂迴出擊，鉗制匈奴，製造假象。三路大軍中第一路任務艱鉅，衛青擔負此重任；第二路由衛尉、遊擊將軍蘇建，左內史、強弩將軍李沮，太僕、騎將軍公孫賀，代相、輕車將軍李蔡率領；第三路由大行令李息與岸頭侯張次公率領。乍看兵力分散，卻都像是「車、馬、炮」，在一個大棋盤上協同作戰。

戰術運用更是值得稱頌，衛青把「出其不意，攻其不備」的兵法，發揮得酣暢淋漓。

話說匈奴那位屢次侵犯朔方的右賢王，已經聽到了衛青出兵的消息。可是，他認為自己的王廷距離衛青大軍的朔方郡和高闕極遠，大漠荒涼，路途遙遠，漢軍很難深入——身居匈奴腹地，不怕漢軍打來，就怕漢軍不來，來了難以補充糧草，等於自取滅亡。這真是：機關算盡太聰明，反誤了卿卿性命。右賢王既有如此盤算，便夜夜穩坐氈帳，邊欣賞歌舞，邊飲酒作樂，每夜酩酊大醉。探知了右賢王的狀況，衛青馬上決定：飛奔奇襲。他率領部隊，人銜枚，馬摘鈴，一口氣急奔六百里，趕在深夜包圍了右賢王。

戰鼓猛擂，喊聲震耳。右賢王從夢中驚醒，醉意未消，不知是漢兵還是神兵，只見火光衝天，殺聲動地。要想抵抗，哪裡還有辦法？部卒散亂，非逃即降，叫破喉嚨都沒辦法重新整軍了。右賢王四處張望，滿眼絕望，不得不拋下將校士卒，帶著一個愛妾和數百名親兵落荒北逃。衛青部眾越戰越勇，飛馬追擊，大勝匈奴。這一戰，俘虜匈奴裨王十多人，子民一萬五千餘人，還奪得牲畜千百萬頭。

捷報飛回京師，漢武帝欣喜若狂——要不然為何不等衛青還朝，就馬上派出使者，帶著印綬，趕到邊塞，拜衛青為大將軍！衛青走上了人生的頂峰，成為漢朝軍隊的最高統帥。

《史記．衛將軍驃騎列傳》對此記載非常詳細，摘抄出來，看看當時的情景：

天子曰：「大將軍青躬率戎士，師大捷，獲匈奴王十有餘人，益封青六千戶。」而封青子伉為宜春侯，青子不疑為陰安侯，青子登為發干侯。青固謝曰：「臣幸得待罪行閒，賴陛下神靈，軍大捷，皆諸校尉力戰之功也。陛下幸已益封臣青。臣青子在繈緥中，未有勤勞，上幸列地封為三侯，非臣待罪行閒所以勸士力戰之意也。伉等三人何敢受封！」天子曰：「我非忘諸校尉功也，今固且圖之。」乃詔御史曰……

扼要翻譯：待衛青回都，漢武帝論功行賞，加封衛青食邑六千戶。這一下子衛青真可以說是富甲天下了。而且，還賞封衛青的三個兒子為侯：長子衛伉為宜春侯，次子衛不疑為陰安侯，三子衛登為發干侯。當時，衛青這三個兒子還都幼小無知。

衛青堅決推辭：「我有幸帶兵出征，完全仰賴陛下的聖明。我軍大捷，全賴各位校尉奮勇作戰。陛下已經降恩增封衛青的食邑，不必再封我的兒子為侯。他們年歲幼小，怎麼敢領受封賞呢？皇帝要封賞，應封賞全力奮戰的校尉。」

漢武帝說：「校尉也當封賞。」於是，召來御史下令，封公孫敖為合騎侯、韓說為龍額侯、李蔡為樂安侯，公孫賀、李朔、公孫戎奴、趙不虞等人也都封了侯。衛青雖然沒有辭去三個兒子的封侯，但是，有功戰將都獲得賞封，朝野上下一片讚揚之聲。讚揚衛青出眾的軍事才能，讚揚衛青為眾將請功！

第七章　飛將追胡虜

兵源有賴募兵制

《史記．匈奴列傳》：「其明年春，漢復遣大將軍衛青將六將軍，兵十餘萬騎，乃再出定襄數百里擊匈奴……」

上文我們提到的「其明年春，漢以衛青為大將軍，將六將軍，十餘萬人」，「其明年春」指的是元朔五年；本章開篇這個「其明年春」指的是元朔六年。從這兩句話中，我們可以看出漢軍有一個明顯改變，「十餘萬人」變為「十餘萬騎」。這是本質上的改變，漢軍軍備升級，部隊改換為騎兵，以快應快，以快治快，打擊匈奴。這一轉變，是漢朝適應形勢，發展牧業，大養戰馬的結果。此事前文談過，這裡不再贅述。

元朔五年打完匈奴，元朔六年再打，而且元朔六年這年連續兩次發兵進攻匈奴——漢朝攻打匈奴的頻率和力度引發了我們的思考。思考的焦點在於，漢朝兵強馬壯，能夠連續作戰。毫無疑問，每次作戰，都會有損耗，都會有將士捐軀沙場。要勇往直前，必須前仆後繼；要前仆後繼，必須補充兵員。毫無疑問，漢朝有了能夠保證兵員得到及時補充的成熟制度。

第七章　飛將追胡虜

漢朝初期，沿襲的是秦朝的兵役制度，即郡縣徵兵制。西漢初規定，開始服役的年齡為十七歲，結束年齡為六十歲。漢景帝時，適度放寬始役年齡至二十歲。漢文帝再度放寬，開始服役的年齡為二十三歲，五十六歲即可終止服役。並且明確規定，適齡男子都要為正卒兩年，一年在本地服役，為郡國兵；一年赴京都擔任衛士，或者開赴前線戍邊，擔任戍卒。若是不願前去戍邊，可以出錢，由官府雇人代役。服役期滿，轉為預備兵役，回鄉務農耕種，不過，也要隨時聽候調遣。

郡縣徵兵制一直延續到漢武帝初期，延續的基礎是，國家自耕農戶數多。隨著時間的推移，這種狀況逐漸改變，土地兼併日趨嚴重，不少自耕農由於難以抵擋天災人禍，不得不出賣土地。農民淪為佃民，甚至淪為流民。佃民大多還有穩定的住所，流民則不然，居無定址，四處流浪，再採用徵兵制已很難實現公平服役。問題在哪裡出現，就將制度的改革導向哪裡。所以，表面看是漢朝主動進行了兵役改革，其實只是順勢而為。

募兵制就此應運而生。募兵制的好處，不在於徵集固定編戶齊民應徵，而在於能夠徵集到流民服役。將流民作為兵源，既補充了兵員，也保證了社會穩定。再後來，募兵制的募集對象擴大到刑徒；再往後，擴大到管轄中的少數民族。由於歸漢的匈奴人很多，這些人從小精於騎馬射箭，作戰能力很強。募兵制大為緩減了兵源不足的壓力。兵源有了保證，漢軍就保持了活力，加之騎兵成為主力，此時，稱漢軍兵強馬壯，毫不過分。

也正因如此，漢武帝才敢連年發兵，才會出現《史記》裡的「其明年春」接著又一次的「其明年春」。

發揮軍陣的威力

《史記．衛將軍驃騎列傳》：「合騎侯敖為中將軍，太仆賀為左將軍，翕侯趙信為前將軍，衛尉蘇建為右將軍，郎中令李廣為後將軍，右內史李沮為彊弩將軍。」

《史記》中講述衛青帶領著前將軍、後將軍、左將軍、右將軍、中將軍以及彊弩將軍，浩浩蕩蕩出征匈奴。這裡的「中將軍」、「前將軍」、「左將軍」、「右將軍」、「後將軍」不僅是官名，且是兵力上的部署，即按前、後、左、右、中，布置兵力，採取的是進攻型的方陣。

進攻型方陣的出現，是漢軍針對匈奴分布狀況採取的必要進攻策略，也是漢軍攻擊匈奴時戰術提升的表現。當時，匈奴分為三部分：伊稚斜單于居中，統領全族；左賢王居東，率領東部；右賢王居西，率領西部。如果這三部分力量合成一股，那就堅不可摧；只有分兵出擊，各個擊破才是上策。這種方略在元朔五年的大捷中已經實施，衛青率領的大軍，不再像先前那樣各自為政，而是分路前進，統一行動。有正面攻擊的，有側面攻打的，還有打擊增援之敵的。這種軍事手法稱為陣法。衛青率領的漢軍，已經在發揮軍陣的強力作用。

軍陣的威力有多大？恩格斯（Friedrich Engels）在〈騎兵〉一文中曾經引用拿破崙（Napoléon Bonaparte）對軍陣的分析。拿破崙將騎術不精但注重協同作戰的法國騎兵與最擅長單兵格鬥卻不協同作戰的騎兵做了一下比較。比較的結果如下：

「兩個馬木留克兵絕對能打贏三個法國兵，一百個法國兵與一百個馬木留克兵勢均力敵；三百個法國兵大都能戰勝三百個馬木留克兵，而一千個法國兵則總能打敗一千五百個馬木留克兵。」

結論是，將兵力有效分配，共同作戰，則戰鬥力弱的軍隊，可以發揮強大的威力，一加一大於二；單兵作戰，逞匹夫之勇，戰鬥力僅是一加一等於二。

軍陣的威力由此可見一斑。不過，在拿破崙運用軍陣的兩千年前，衛青就已讓軍陣發揮神威了。其實，中國運用軍陣並不是起始於漢朝。《孫臏兵法．十陣》中明確列出十陣：方陣、圓陣、疏陣、數陣、錐形陣、雁形陣、鉤形陣、玄襄陣、火陣、水陣。這十陣當中最常見的是方陣、圓陣。方陣，是把士兵分為五隊，按前、後、中、左、右配置。中央一隊叫中軍，是指揮機關，主將在此，是全軍中堅。中軍士兵少而精。多數士兵主要配置在周邊四隊，因而《孫臏兵法．十陣》中記有：「方陣之法，必薄中而厚方」。戰鬥開始，主將居中便於指揮周邊四軍。周邊既要能打擊敵人，又要能保衛中軍指揮的安全；而且，周邊四軍可以靈活調遣互相增援，合力抗敵。倘若敵人合圍攻擊，方陣立即收縮，共同抵禦，這就是圓陣——形成了一個同心圓，嚴密防禦敵軍，伺機給予打擊。

《史記．衛將軍驃騎列傳》記載：

車騎將軍青將三萬騎，出高闕；衛尉蘇建為游擊將軍，左內史李沮為彊弩將軍，太仆公孫賀為騎將軍，代相李蔡為輕車將軍，皆領屬車騎將軍，俱出朔方。

回味一下這段話，就會發現衛青上一次出征，已經在使用進攻型方陣。自然，這次出擊戰陣的運用會更為嫺熟。懷著必勝的信念，衛青統領大軍奮勇前進，旨在找出匈奴主力一決雌雄，打疼他，打怕他，打得他不敢再輕舉妄動。出征的時間、戰鬥的意圖非常明確。春天北伐，內地「草色遙看近卻無」，塞外「荒涼滿目草乾枯」，匈奴馬瘦人乏，在士氣上漢軍已占上風。伊稚斜單于聞知衛青出兵，趕緊動員各部參戰，並命令右賢王帶兵上陣。

右賢王上次與漢軍交戰，大敗，趁夜遁逃，撿回一條小命，痛恨衛青，又害怕衛青。衛青再次率領大軍殺來，伊稚斜單于又得到單于命令，他不敢退縮，只好硬著頭皮應對。兩軍對壘，他根本不是對手，很快吃了苦頭。恰在此時，伊稚斜發現漢軍不止衛青一支，還有多支部隊正在形成圍攻之勢。打得贏就打，打不贏就走，伊稚斜慌忙下令撤退。右賢王早就想逃但不敢言，得到撤退的命令，倉皇帶著兵馬溜之大吉。

敵兵逃竄，漢軍追擊，落在後頭的匈奴小兵都成為刀下亡魂。匈奴軍隊仗著路徑熟悉，逃跑起來快如閃電。沒能重創匈奴，敵軍望風而逃，這潛存著兩種可能，一是敵人聞風喪膽，二是敵人欲引誘漢軍上鉤。再要飛速追擊，有冒險之嫌。衛青渴望勝利，更渴望用最小的損失奪取最大的勝利。愛兵如子的衛青下令，停止追擊，返回關內。

這次出征小勝而歸，《史記·衛將軍驃騎列傳》記載：「斬首數千級而還。」

一戰成名冠軍侯

《史記．衛將軍驃騎列傳》：「是歲也，大將軍姊子霍去病年十八，幸，為天子侍中。善騎射，再從大將軍，受詔與壯士，為剽姚校尉。」

「是歲也」，即元朔六年，霍去病似驚雷降臨在反擊匈奴的戰場。正如《史記》所載，「從大將軍，受詔與壯士，為剽姚校尉」。由「從大將軍」一語判斷，就是在衛青率領大軍返回關內休整的時段，霍去病出現在了軍營之中。

衛青返回關內，沒有班師回朝——沒有滅掉匈奴主力，沒有達到這次出征的目的，絕不撤回京都。此時，漢軍分別駐紮在定襄、雲中、雁門三郡休整。說是休整，何嘗不是等待探知匈奴主力動向，以便再度出擊，將匈奴一網打盡。果然，僅僅只休整一個月，大軍復出定襄，這肯定是摸清了匈奴主力的動向。進擊，飛速進擊；廝殺，勇猛廝殺。廝殺的結果是，「斬首虜萬餘人」。斬首和俘虜萬餘人，肯定發生的是一場驚心動魄的大戰。

且說衛青鏖戰之時，那邊蘇建部和趙信部遇到了勁敵。漢軍多次獲勝，都贏在長途奔襲、奇兵突出上；若是正面一對一搏鬥，漢軍未必能占上風。況且本來布好軍陣，各部隊互相接應能夠化解風險，偏偏此時衛青軍正與敵交戰，無法顧及側翼部隊。蘇建只能帶兵拚死搏鬥，等待援軍。趙信大軍也與匈奴大軍殺得天昏地暗。這場戰鬥確實是抗擊匈奴以來，最為慘烈悲壯的一戰。趙信大軍被殺得七零八落，非傷即亡，自己也處於團團包圍之中，難以逃脫。此刻，蘇建倒是逃脫出來，回首身後，跟隨的將士寥寥無幾，幾乎等於全軍覆沒。如同當年李廣那樣，蘇建隻身逃回大營。而趙信眼看大勢已去，便投降了。趙信本來就是匈奴人，一低頭，復歸匈奴。

蘇建全軍覆沒，如何處置？司馬遷在《史記．衛將軍驃騎列傳》中留下生動記載：

右將軍蘇建盡亡其軍，獨以身得亡去，自歸大將軍。大將軍問其罪正閎、長史安、議郎周霸等：「建當云何？」霸曰：「自大將軍出，未嘗斬裨將。今建棄軍，可斬以明將軍之威。」

如果衛青聽從周霸等人的建議，蘇建馬上就會喪命於軍中。那麼，衛青是如何處置的？

大將軍曰：「青幸得以肺腑待罪行閒，不患無威，而霸說我以明威，甚失臣意。且使臣職雖當斬將，以臣之尊寵而不敢自擅專誅於境外，而具歸天子，天子自裁之，於是以見為人臣不敢專權，不亦可乎？」軍吏皆曰「善」。遂囚建詣行在所。入塞罷兵。

這段話，寫出了衛青忠厚寬仁的高尚人格。蘇建歸營，周霸說應以軍法處斬，以樹立衛青的威信。衛青則謙和地說：「即使有權斬將的大臣，也不能因位高受寵，在邊地擅權專殺。應該上報天子，由天子裁決。」這樣，蘇建的性命得以保全。後來，漢武帝只將蘇建貶為平民。這蘇建是何人？是後來出使匈奴，威武不能屈，歷盡磨難，滯留十九年才回到漢朝的蘇武之父。

跨越時空，反觀這次戰鬥，最大的戰果不是殲滅多少敵人，而是發現了霍去病這顆新星。時年，霍去病十八歲，已是一個身材魁梧、相貌英俊的青年。由於阿姨衛子夫和舅舅衛青的關係，他很早進入羽林軍，成為其中的佼佼者。漢武帝看中了這位佼佼者，讓他擔任侍中，緊隨身邊，耳提面命，希望他早堪大任。霍去病不負厚望，在練兵場上刻苦訓練，騎射格鬥，樣樣優秀。舅舅將要再次出征，他奏請漢武帝讓他和舅舅同行作戰。漢武帝不僅同意他出征，還賜予他剽姚校尉的名號，命他率領精選的八百鐵騎參戰。

霍去病膽識過人，捕捉到匈奴消息後，孤軍進擊，毫不遲疑。遠離大部隊數百里了，還在飛速挺進。按照作戰常規來看，這樣帶兵屬於大忌——一旦落入敵人的包圍圈，就會全軍覆沒，這簡直就是鋌而走險。但霍去病偏偏把鋌而走險當成戰術，而且之後還會多次運用。他率領部眾如閃電劃破長空，如迅雷讓敵軍不及掩耳。

霍去病率領精銳騎兵飛速進軍，以期尋找匈奴人馬給予打擊。這日黃昏，奔波千里的他總算看見了匈奴的營帳，遠遠瞭望，足有萬人以上。再看身邊，僅有八百鐵騎。打還是不打？霍去病馬上決定：打！不過，不是貿然攻打，而是靜待匈奴將士熟睡再發起攻擊。他命令騎兵，下馬休息，吃點乾糧。二更時分，匈奴大帳已是悄然無聲。突然，大鼓猛擂，響聲驚天，霍去病鐵騎發動了進攻。他率先衝進營帳，一邊指揮部眾砍殺，一邊讓人四處點火。熟睡的匈奴士卒驚醒過來，嚇得不知所措，亂跑亂撞，撞在漢兵刀下，眨眼成為鬼魂。沒遇到絲毫抵抗的霍去病，帶著小股人馬直撲中軍大帳。原來這是伊稚斜單于叔祖父、籍若侯產統帥的押運糧草的大軍。籍若侯產被廝殺聲吵醒，披衣出帳，大聲喊叫「莫要驚慌」。喊聲未落，霍去病恰好趕到，手起刀落，人頭滾到一邊。隨即，大帳裡跑出兩個人來，霍去病一聲「抓活的」，士兵一擁而上，把兩個人捆綁起來。一審問，這兩人一個是匈奴的相國，一個是伊稚斜單于的季父羅姑比。不到一個時辰，戰鬥結束。霍去病深知自己兵力太少，不敢久待，緩口氣便帶著鐵騎返回。

第一次征戰，便斬殺俘虜兩千零二十八人，包括匈奴的相國、當戶，及單于的大父行籍若侯產和季父羅姑比。霍去病，行，迅如閃電；戰，勇如猛虎，至此聞名全軍。漢武帝聞知，十分欣慰，封這位風華正茂的將軍為冠軍侯。

為此，《史記．衛將軍驃騎列傳》記載：

剽姚校尉，與輕勇騎八百直棄大軍數百里赴利，斬捕首虜過當。於是天子曰：「剽姚校尉去病斬首虜二千二十八級，及相國、當戶，斬單于大父行籍若侯產，生捕季父羅姑比，再冠軍，以千六百戶封去病為冠軍侯。」

千錘百鍊出精兵

《漢書．張騫李廣利傳》：「騫以校尉從大將軍擊匈奴，知水草處，軍得以不乏，乃

封騫為博望侯。」

一個有作為的人，總是不願讓光陰閒置，張騫就是這樣的一個人。出使匈奴，九死一生，好不容易逃了回來，本該輕輕鬆鬆過安逸生活，哪料他竟然出現在抗擊匈奴的戰場上了。

張騫上陣帶路的時間，《漢書》記載是：「是歲，元朔六年也。」也就是說，衛青這次帥大軍征戰，準備非常充分，除了統領有各路訓練有素的大軍外，還有張騫這個熟悉匈奴地理的嚮導。先前每次出征，都是靠投降的匈奴人帶路，這次由張騫做嚮導更加放心。漢武帝任命張騫為校尉，既是重用，也寄予厚望。張騫在戰鬥中如何發揮作用，史書沒有詳細記載；但是，從戰鬥獲得勝利的結局可以猜想，他的作用不小。當然，最能證明他功用巨大的是，漢武帝賞封他為博望侯。也可以這樣說，一次出征，兩人封侯。元朔六年的出征，漢武帝得到兩個最愛的將領，一個是博望侯張騫，一個就是冠軍侯霍去病。

果有因，因有果。充分的準備才是通往勝利的捷徑。從史料看，「六郡良家子」就是在此時蓬勃興起的。六郡是指天水、隴西、安定、北地、上郡和西河。南北朝範雲有詩句「六郡良家子，慕義輕從軍」。

將這些地方的良家子弟召集從軍，集中訓練，應該是漢武帝的一項軍事大策。史書載，擔任訓練的教官，大都是胡人，這是以胡計制胡夷。漢武帝曾經設置七校尉，中壘、長水、步兵、虎賁、射聲、越騎和屯騎，有時還增加一個胡騎校尉，因而也稱八校尉。八校尉，就有一半是在訓練騎兵，屯騎校尉掌管騎士，越騎校尉掌管越騎，長水校尉掌管長水胡騎和宣曲胡騎，胡騎校尉掌管池陽胡騎。騎士、騎兵，一目了然，不必解釋，越騎則需要說明一下。有人認為是越人充當騎兵，其實若從「六郡良家子」來看，未必是這樣，該當是由最為精於騎射的士兵擔當騎兵。再要細說，長水是河名，宣曲和池陽都是地名。長水胡騎、宣曲胡騎與池陽胡騎，都是駐紮在此地的胡騎。

平日練兵流汗，一朝上陣殺敵，能夠讓匈奴聞風喪膽的剽悍騎兵，就是在汗水裡練出來的。

上陣殺敵僅靠速度還不行，還要精通箭術。請注意，射聲校尉就是掌管待詔射聲士的。射聲士，就是精於射箭的高手。待詔射聲士，就是練好本領隨時準備應召出征的射手。漢武帝還別出心裁，從這些「六郡良家子」中選拔人才，作為侍中，耳提面命，授之機宜。霍去病雖然不屬於「六郡良家子」，但他一定刻苦訓練於其中，或者作為侍中，深入其中，摸爬滾打，讓內在的血性轉化為外在的武功。

「漢家剽姚將，馳突匈奴庭」，「虜騎四山合，胡塵千里驚」。霍去病的剛毅、沉著絕不是在茶室坐而論道，閒適出來的；而是自找苦吃，千錘百鍊始成鋼的。

衛氏親族顯赫至極

《漢書．外戚傳》：「皇后立七年，而男立為太子。」

生男無喜，生女無怒，獨不見衛子夫霸天下！

這是流傳長安城的歌謠，司馬遷將之收錄在了《史記．外戚世家》。不怨民間有這樣的歌謠，的確，以母儀天下的皇后衛子夫為代表的衛氏家族，此時已顯赫到了極點。衛青征戰匈奴功績卓著，先是被封為關內侯，繼而增加食邑，被封為長平侯；而且，三個還在繈褓裡的兒子也被封侯，分別是宜春侯、陰安侯、發干侯。就在衛青三個兒子封侯的同時，公孫賀也被封為南窌侯。

公孫賀封侯與衛氏家族有何關係？關係很大。說來很有意思，公孫賀封侯是由於他追隨衛青出征匈奴，若不然哪有封侯的可能。最有意思的是，公孫賀還是衛青的姐夫。衛青大姐衛君孺，嫁給了公孫賀。公孫賀資格要比衛青老得多，衛青還在給平陽公主當騎奴拉馬時，人家就是太子舍人了；而且，這個太子就是當上皇帝的劉徹。太子舍人，掌管東宮宿衛，後來還兼管祕書、侍從等事宜。從後來他屢受重用的情況推測，他很早就為劉徹所喜歡。出道早，資格老，官運亨通，衛氏兄弟姐妹還在平陽侯家為奴時，他哪能看上衛君孺，更不會娶她為妻。漢武帝盛寵衛子夫，衛青被提拔，公孫賀這才迎娶了衛君孺。不管如何，公孫賀也成為衛氏親族中顯赫的一員。

衛青家四位侯，加上公孫賀就是五位侯，這已經世所罕見，令人刮目相看。哪知，第六位侯又橫空出世——霍去病一戰成名，將冠軍侯的桂冠戴在頭上。

衛氏一門簡直是紅到了極點！

其實那時還不算是紅到極點，至元狩元年（西元前一二二年），那才是紅到了極點。誠如《漢書．外戚傳》記載：「皇后立七年，而男立為太子。」此時，長安流行「生男無喜，生女無怒，獨不見衛子夫霸天下」的歌謠，絲毫也不奇怪了。這一年劉據七歲，和他的父皇一樣，在這個年齡被立為太子。漢武帝對太子寄予厚望，他為太子精挑細選出的太傅是沛地太守石慶。石慶絕非等閒之輩，其父是譽滿朝野的萬石君。萬石君可不是他的名字，他叫石奮，從侍奉漢高祖起步，節節上升，原因如《史記．萬石張叔列傳》所載：「恭謹無與比。」石奮經漢高祖、漢惠帝、漢文帝、漢景帝四朝，景帝為太子時他還是太子太傅。及至景帝繼位，官至九卿。他言傳身教，兒子們個個馴行孝謹，長子石建、次子石甲、三子石乙、四子石慶，都官至兩千石。漢景帝說：「石奮和四個兒子都是兩千石，人臣尊寵乃集其門。」賜予他個號：萬石君。石慶在這樣的家庭氛圍薰染出來，自然更是謹守禮儀、恪盡職守，漢武帝才放心讓他教誨太子。

這些事都是在情理之中的，在人預料之外的事是，曾經給平陽公主當騎奴的衛青，居然娶了平陽公主為妻。這可真是魚龍般的變化呀！平陽公主是漢武帝劉徹的姐姐。劉徹娶了衛青的姐姐衛子夫，乃衛青的姐夫；而今，衛青又娶了劉徹的姐姐平陽公主，豈不是成了漢武

第七章　飛將追胡虜

帝的姐夫？這互為姐夫的事情在歷史上恐怕不多見。

這樁婚事的起因不在衛青，衛青當然不會在平陽公主、他曾經的主人身上想入非非。不過，平陽公主卻在衛青身上想入非非了。

只怨那個平陽侯曹壽患有瘋瘋病，冷落了年輕的妻子。冷落也罷，他還一命嗚呼，撇下妻子獨守空房。這妻子要是常人，守空房就守空房，偏偏不是常人，是公主，還是個心氣頗高的公主。於是便又嫁給汝陰侯夏侯頗。誰知這夏侯頗雖是名門之後，品行卻不端，跟自己父親的小妾私通，被發現後畏罪自殺了，又把平陽公主撇在空房之中。從多種史料來看，這平陽公主愛動腦，愛動嘴，為人處事都很優秀，怎肯寂寞終生？她決定再嫁。嫁給誰？她招來左右問詢可為夫婿者：「現在各位列侯，何人最賢？」左右異口同聲地答：「衛青。」平陽公主又問：「他是我家騎奴，曾跨馬隨我出入，如何可以？」

左右又答：「今非昔比。衛青身為大將軍，姐為皇后，子皆封侯，除了皇上外，誰人有他尊貴？」

或許，平陽公主聞此言，眼前早就現出衛青身姿，那時她高乘一騎，衛青拉馬，馬蕭蕭，人奔跑，英俊姿態，惹人注目。只是，那時他是個奴才，哪會在他身上打主意。此一時彼一時，如今奴才不是奴才了，也就不能再當奴才看了。公主心裡豁然洞開，只是苦於無人牽線撮合。左思右想，不如去求衛皇后說媒，畢竟那衛子夫是她送到宮中去的嘛！記得數年前那個春色迷離的夜晚，她送衛子夫入宮，曾經說過：「即貴，無相忘。」

平陽公主特別打扮了一番，來見皇后衛子夫。衛皇后一見原先的主子這般衣著，已明白了三分，只是待平陽公主點明要嫁給自家小弟，少不了有些驚詫。定神片刻，滿口應允，到底還念及舊情，「即貴，無相忘」。

那麼，這個時候的衛青有沒有妻子呢？史書上很少有記載大臣妻子情況的，但從衛青征戰歸來，漢武帝封衛青的三個兒子為侯可以看出，衛青肯定身邊已有女人，然而，一貫委屈求全的衛青果然應允了。

衛皇后將之告訴漢武帝。漢武帝「乃詔衛青大將軍尚平陽公主焉」。不說衛青、平陽公主成婚之日，儀禮隆盛，只說衛氏親族的顯赫達到了前所未有的高度。

汲黯不拜衛青

《史記．汲鄭列傳》：「大將軍青既益尊，姊為皇后，然黯與亢禮。」

衛氏親族聲名顯赫，達到了前所未有的高度；衛青同樣聲名顯赫，達到了前所未有的高度。高高在上的衛青是何作風？他的作風總讓我想起一個人，戰國時期趙國的相國藺相如。

藺相如聞名天下前只是宦官繆賢的舍人，也就是寄居主人門下的食客。趙惠文王聽說繆賢得到和氏璧就向他討要，繆賢不想給，故意拖延。趙惠文王等不及了，找了個機會闖進他的家中，搜走了和氏璧。這一來，繆賢犯下欺君之罪，危在旦夕。危急關頭，繆賢要投奔燕國避難，藺相如阻止了他。理由是，當初燕王對你好，因為你是趙國使臣，趙國強，燕國弱，待你好，是為了討好趙惠文王；如今你前往燕國避難，燕王說不定會為了討好趙惠文王，把你綁束後送回趙國。藺相如一點撥，繆賢恍然大悟。那如何躲過這一大難？按照藺相如的辦法，他躺在鍘刀上前去請罪，得到了趙惠文王的諒解。

繆賢的麻煩化解了，趙惠文王的麻煩降臨了。秦昭襄王聽說趙惠文王得到了和氏璧，立即派人索要。趙惠文王不想給，又惹不起秦昭襄王，怎麼辦？後來的故事大家就 都熟悉了，藺相如被略加包裝，披掛上使臣的外衣，站到了秦昭襄王的面前。之後就有了成語「完璧歸趙」和典故「澠池之會」。藺相如兩次面對強橫的秦昭襄王維護了國家的尊嚴，於是一躍而成為趙國的相國。這一下得罪了戰功赫赫的大將廉頗——自己為國家身經百戰，為什麼地位還矮於一個耍三寸之舌的人？他揚言要給藺相如難看。

藺相如聞知，有意迴避與廉頗相遇。可躲是躲不過的。一天他外出，遠遠看見了騎著高頭大馬的廉頗，匆忙掉轉車子從一條小巷穿過。他門下的舍人，都覺得太丟臉，要離他而去。藺相如問：「廉將軍厲害，還是秦王厲害？」舍人答：「當然是秦王厲害。」他再問：「我不怕秦王為何怕廉將軍？當今趙國太平，是因為外部有廉將軍守衛，內部有我輔佐國君。如果我們內鬥起來，秦軍就會趁亂打來。」舍人恍然大悟，個個對藺相如佩服得五體投地。

藺相如身上具備了文人的優秀特質，他能將個人榮辱置之度外，將國家安危放在首位。為了國家利益，能屈能伸。伸則剛強無比，屈則忍氣吞聲。我認為衛青具有藺相如一樣的特質。最具代表性的事例是，衛青不論他取得的功績多大、朝堂上的地位多高，對直臣汲黯始終尊崇如一。

要說汲黯這人，可與後世唐朝的魏徵媲美，都能犯顏直諫。應該說，魏徵就是汲黯的複製版。《史記．汲鄭列傳》記載：

「大將軍青侍中，上踞廁而視之。丞相弘燕見，上或時不冠。至如黯見，上不冠不見也。上嘗坐武帳中，黯前奏事，上不冠，望見黯，避帳中，使人可其奏。其見敬禮如此。」

翻譯過來大意是：大將軍衛青入宮，皇上在如廁時便接見了他。丞相公孫弘平時有事求見，皇上或連帽子也不戴。至於汲黯晉見，皇上不戴好帽子是不會接見他的。一次，漢武帝沒戴皇冠坐在武帳中，適逢汲黯前來啟奏公事，漢武帝望見他就連忙起身躲避，派近侍代為批准他的奏議。看看，汲黯竟被漢武帝尊敬禮遇到了這種程度。

漢武帝尊重汲黯，即是尊重賢士，尊重勇於提出不同意見的大臣。在對匈政策上，汲黯是反對發兵主張和親的。漢武帝雖然沒有採納他的意見，但是對他卻一如既往地尊重。衛青屢立戰功，官至大將軍，一家四位侯，每逢上下朝，凡是見到他的官吏都會行跪拜大禮。唯有汲黯還像先前那樣，見面拱手作揖。衛青如何對待這位直臣？《史記．汲鄭列傳》記載：

大將軍青既益尊，姊為皇后，然黯與亢禮。人或說黯曰：「自天子欲群臣下大將軍，大將軍尊重益貴，君不可以不拜。」黯曰：「夫以大將軍有揖客，反不重邪？」大將軍聞，愈賢黯，數請問國家朝廷所疑，遇黯過於平生。

這是個故事。汲黯不拜衛青，有人勸他：衛青權高勢大，你不可以不拜，何必自找麻煩。汲黯卻說，因為大將軍有拱手行禮的客人，就反倒使他不受敬重了嗎？衛青聞知汲黯之言，更為佩服這位老臣，和他相處更好，多次前往府中請教軍國大事，看待他勝過平素所結交的人。

不計較個人名利，尊重直臣，向他們討教治國領兵大策，衛青猶如藺相如再世。

霍去病率兵出隴西

《史記．衛將軍驃騎列傳》：「元狩二年春，以冠軍侯去病為驃騎將軍，將萬騎出隴西。」

閱讀對匈奴作戰的那段歷史，情緒如同江水，波瀾起伏，時高時低。看到衛青大軍戰勝敵人，以為匈奴會畏懼，從此龜縮不出，漢朝邊地民眾可以安居樂業。然而，翻閱《資治通鑑》，在元狩元年下看到：「匈奴萬人入上谷，殺數百人。」這讓我感到，先前的勝利只能算是重創匈奴。

重創匈奴，只是打疼了匈奴，並沒有打怕匈奴。匈奴隨時會故技重施，燒殺劫掠，而且更加狡詐，想方設法避開漢軍打擊。此時，投降匈奴的趙信成為伊稚斜單于的心腹。如前所述，趙信本是匈奴人，在漢數年，熟知地貌地形、風土人情。這不可怕，可怕的是他帶兵多次出征，熟悉漢軍的戰略戰術。他的投降對漢軍是很大的威脅。伊稚斜單于也清醒地看到了這點，便把趙信視為寶貝。他賞封趙信為自次王，官職僅次於單于，可以說是一人之下、萬人之上。這待遇已經夠高了，還怕無法收買到趙信的一顆真心，一咬牙便把自己的姐姐指配給趙信。得到伊稚斜單于罕見的厚愛，趙信哪能不死心塌地為匈奴出謀劃策？這一來，大將軍衛青指揮作戰，可能會遇到前所未有的困難。

毫無疑問，趙信的投降推遲了打擊匈奴的計畫，這是顯而易見的。其中潛存的危機，會在李陵投降時再度凸顯。先前讀歷史看到李陵兵敗投降，很不理解漢武帝為何怒火中燒，要將李陵滅族；而且，連替李陵辯解的司馬遷也不放過，要將其按律處斬。想當初李廣、公孫敖、蘇建，都曾獲罪當斬，可是帶兵打仗的將軍，不缺錢財，能夠花錢贖身。可憐的史官司馬遷，經濟拮据，只能遭受宮刑，苟且偷生。但偏偏是這個苟且偷生的人，讓那些隨時光遠去的生命，仍然鮮活在《史記》的字裡行間。

返回來說趙信。當時他獻給伊稚斜單于的方略是北撤漠北，保存匈奴實力。這確實給漢朝出了個難題。匈奴千里偷襲，如狂風捲著沙塵滾滾而來，劫掠得手，仍如狂風捲著沙塵滾滾而去。漢軍出擊，路途遙遠，若是人馬疲乏，必然落入虎口，正好中了趙信的奸計。消滅北部匈奴主力成為令人頭疼的難題！

漢武帝如何正視這令人頭疼的難題？大將軍衛青如何破解這令人頭疼的難題？

第七章　飛將追胡虜

《史記．衛將軍驃騎列傳》載：「元狩二年春，以冠軍侯去病為驃騎將軍，將萬騎出隴西。」歷史的記載上，總算出現了醒目的答案。漢武帝與衛青看到匈奴北撤，河西一帶缺少援兵，從而找到了出兵進擊的最佳時機。河西指的是今甘肅、青海兩省黃河以西，及河西走廊與湟水流域一帶，因其位於黃河以西，自古稱為河西。河西走廊是蒙古高原和青海高原之間的一條交通要道。祁連山、合黎山南北並峙，中間留有平川，形成天然的狹長平原，連接著通往西域的道路。

長期以來，這條重要通道被匈奴人控制著。占據這個地區的是渾邪王和休屠王，他們分別控制著西域的各個民族。他們的勢力向南擴展，和羌人聯起手來，更為強大，對漢朝構成了威脅。漢武帝把戰略眼光盯在這裡，起初，僅僅是為了解除匈奴對漢朝的威脅；然而，不曾想威脅解除後，這裡會成為絲綢之路。

如何打贏這場戰役，漢武帝肯定和衛青認真討論過。衛青未必不是想像以往那樣，立即準備披掛上馬，衝鋒陷陣。漢武帝卻另有考慮，他將希望的目光投向霍去病。這便有了《史記．衛將軍驃騎列傳》記載的，「元狩二年春，以冠軍侯去病為驃騎將軍，將萬騎出隴西」。驃騎將軍這軍職，隋朝、唐朝以及宋朝都有，最早卻起始於漢朝，而且就是漢武帝為即將出征的冠軍侯霍去病新設立的。可見，漢武帝對這位一戰成名的軍事新星，寄予了多麼大的希望。

驃騎將軍霍去病，率領精銳的騎兵一萬餘人，從隴西出塞，準備奪取河西。消息傳出，驚動了朝中大臣，他們既為皇上擔憂，也為霍去病捏一把汗，無不暗嘆此戰風險太大。首先，霍去病年僅二十歲，前次出戰，雖然大獲全勝，但那只是全域中的局部。讓他率領一支精銳部隊，勇猛衝殺尚可；總領全域，統帥大軍，他能運籌自如嗎？再者，大將軍衛青威名卓著，出擊匈奴時已有六位將軍輔佐，率領大軍有時多達十萬之眾；而今霍去病僅帶一萬將士，兵力不足，哪裡有取勝的可能？

漢武帝卻成竹在胸。老臣們的議論不乏道理，但是，思想不免有些保守。戰爭就是冒險，不擔風險如何取勝？霍去病的戰法是孤軍深入、迅猛擊敵，倘隊伍過於龐大，會影響其行進的速度，反而成為拖累。同時，匈奴屢受重創，作戰信心不足，這時派謹慎的老將出戰，反不如讓少年氣盛的霍去病上陣更易建立奇功。由此可見，這漢武帝鍾愛霍去病是真，但更為重要的是，他能知人善任。若非如此，以霍去病這樣的年齡要統率大軍實在難有機會。

霍去病能不能再創佳績，再奏凱歌？讓我們拭目以待。

發射弩箭助虎威

《漢書．衛青霍去病傳》：「去病侯三歲，元狩二年春為票騎將軍，將萬騎出隴西，有功。」

第七章　飛將追胡虜

霍去病出征隴西，「有功」，如何有功？《漢書·衛青霍去病傳》記載：

上曰：「票騎將軍率戎士隃烏盭，討遫濮，涉狐奴，歷五王國，輜重人眾攝讋者弗取，幾獲單于子。轉戰六日，過焉支山千有餘里，合短兵，鏖皋蘭下，殺折蘭王，斬盧侯王，銳悍者誅，全甲獲醜，執渾邪王子及相國、都尉，捷首虜八千九百六十級，收休屠祭天金人，師率減什七，益封去病二千二百戶。」

這是借助漢武帝的話來表彰霍去病的戰法、戰績。由此可知，霍去病一路順風，勢如破竹。他率領大軍飛速挺進，越過烏盭山，攻破遫濮部，渡過孤奴河，掃蕩了五個匈奴部落。他們轉戰六天，越過焉支山，深入千餘里，短兵利刃，直插匈奴盤踞的腹地，殺得敵人一敗塗地。這一次，霍去病殺死了匈奴折蘭王和盧胡王，生擒了渾邪王的王子和相國、都尉等，令匈奴聞風喪膽。倉皇逃竄的匈奴人，連自己祭天的金人都不要了，只顧逃命。霍去病部將之繳獲，帶回漢朝。漢武帝好不興奮，加封他食邑「二千二百戶」。

這一仗打出了漢朝的國威！這一仗打出了霍去病的虎威！那些曾經為霍去病率領大軍出征而提心吊膽的大臣，對霍去病也刮目相看：後生可畏，剛剛年滿二十歲的小將，不僅能衝鋒陷陣，還能統帥大軍。更讓他們佩服的是，漢武帝能知人善任，勇於打破常規——把如此重大的戰役交給初出茅廬的小將去打，而且打得如此漂亮，如此乾淨俐落！

隴西突襲戰，看不到衛青的身影，我卻固執地認為，霍去病的勝利離不開大將軍的統一籌謀：在總體戰略部署上，抓住匈奴主力北撤的機遇，飛速進擊殲敵；在具體戰術對策上，贊成霍去病發揮其神速進兵、攻其不備的特長。

還有一點需要提及，這點是從考古資料中得來的。在額濟納河（黑河）流域曾發現九處漢朝烽燧遺址——巴丹吉林沙漠與騰格裡沙漠連接線的東沿，間隔四公里就有一處。從中出土了萬餘支簡牘，名為「居延漢簡」。這些漢簡記載有漢朝烽燧哨所的兵器數量，其中百分之六十是弓弩。

弓弩之弓，起源很早，在古代神話〈后羿射日〉中就可以看見弓的身影。山西峙峪遺址也曾出土兩萬年前的箭鏃。從弓到弩，是武器的進步。春秋時期就有「弩生於弓，弓生於彈」的說法。在反擊匈奴的戰役中，漢軍或許已經在大量使用弩，弩成為戰勝匈奴的重要武器。匈奴人善射，主要使用的是弓。弩的製作技術比弓複雜，機械裝置精巧，遊牧民族生產力相對低下，無法製作。抓住匈奴的弱點，發揮自己的強項，在匈奴士兵還沒進入弓箭的射程時，漢軍的弩箭早已使高昂在馬上的匈奴騎兵中箭倒地。密集的飛箭，像暴風中的冰雹打得匈奴士卒猝不及防，無法近身，只能紛紛落馬，敗下陣去。

很明顯，重視使用殺傷力極強的弩，使漢軍增強了戰鬥力。迅捷奮進的霍去病將士，有了這種裝備，如虎添翼，馳騁隴西，奏響了新的凱歌！

第七章　飛將追胡虜

第八章　鑿空西域路

誰來鑿空西域通道

《史記．衛將軍驃騎列傳》：「驃騎將軍踰居延至祁連山，捕首虜甚多。」

《史記．大宛列傳》載：

其後歲餘，騫所遣使通大夏之屬者皆頗與其人俱來，於是西北國始通於漢矣。然張騫鑿空，其後使往者皆稱博望侯，以為質於外國，外國由此信之。

霍去病已率領大軍再次出征匈奴。我很想用幾句詩來歌吟當時的情景，如南朝詩人孔稚珪的詩：

驤子跼且鳴，鐵陣與雲平。漢家剽姚將，馳突匈奴庭。少年鬥猛氣，怒發為君征。雄戟摩白日，長劍斷流星。早出飛狐塞，晚泊樓煩城。虜騎四山合，胡塵千里驚。嘶笳振地響，吹角沸天聲。左碎呼韓陣，右破休屠兵。橫行絕漠表，飲馬瀚海清。隴樹枯無色，沙草不常青。勒石燕然道，凱歸長安亭。縣官知我健，四海誰不傾。但使強胡滅，何須甲第成。當今丈夫志，獨為上古英。

這詩猶如分鏡頭腳本，讀起來畫面一幅幅閃過，讓人似看到霍去病飛騎疾進、大破匈奴的英姿。「漢家剽姚將，馳突匈奴庭。」元狩二年春天，霍去病出征匈奴。他率領萬名將士，深入千餘里，殺得敵人一敗塗地，倉皇逃竄。倉皇逃竄未能永絕後患，時至夏天，霍去病又率兵出擊。出擊速度如何？「馳突」一詞就是最好的回答。行軍若飛，出其不意，突然就出現在匈奴人馬面前。「早出飛狐塞，晚泊樓煩城」，更是飛速行軍的最好證明。

「嘶笳振地響，吹角沸天聲。」聲勢是何等浩大？「振地響」、「沸天聲」，真是驚天動地。「左碎呼韓陣，右破休屠兵。」漢軍如天兵天將，凶猛撲來，匈奴人馬哪裡是對手，頃刻間軍陣瓦解，其標誌是「左碎呼韓陣，右破休屠兵」。「右破休屠兵」，大致符合激戰的盛況。至於「左碎呼韓陣」，那就有點錯位了。呼韓邪確實是匈奴單于，不過是在霍去病征戰五六十年以後，才出現在匈奴王廷的。當然，詩人在這裡，只是借助他的名字來顯示霍去病打擊匈奴那勇不可當的氣勢。

勇不可當者。大獲全勝。勝利的狀況記載在《史記．衛將軍驃騎列傳》：

天子曰：「驃騎將軍踰居延，遂過小月氏，攻祁連山，得酋涂王，以眾降者二千五百人，斬首虜三萬二百級，獲五王，五王母，單于閼氏、王子五十九人，相國、將軍、當戶、都尉六十三人，師大率減什三，益封去病五千戶。賜校尉從至小月氏爵左庶長。鷹擊司馬破奴再從驃騎將軍斬　濮王，捕稽沮王，千騎將得王、王母各一人，王子以下四十一人，捕虜三千三百三十人，前行捕虜千四百人，以千五百戶封破奴為從驃侯。校尉句王高不識，從驃騎將軍捕呼于屠王王子以下十一人，捕虜千七百六十八人，以千一百戶封不識為宜冠侯。校尉仆多有功，封為煇渠侯。」

捧讀這段文字，可以讀出漢武帝的又一次興奮，興奮地為霍去病增加食邑五千戶，興奮地賞封鷹擊司馬破奴為從驃侯，興奮地賞封校尉句王高不識為宜冠侯，興奮地賞封校尉僕多為輝渠侯。

且不說霍去病自己有多麼榮耀，一次戰鬥，追隨的將官就有三人封侯，這更是無上榮耀。再說匈奴，連續兩次遭受重創，傷亡慘重，被迫退出祁連山及其支脈焉支山。霍去病辭世後，其陵墓仿照祁連山的形狀建造，據說原因就在於此。暫且不說後事，只說匈奴連吃敗仗，無比哀傷，他們為此而悲歌：

失我焉支山，令我婦女無顏色。失我祁連山，使我六畜不蕃息。

聽聽這歌謠，匈奴人多麼悲傷：失掉祁連山，放牧沒有了最好的草場；失掉焉支山，我們放牧困難，生活貧困，婦女們因此都沒有了好的容顏。

再回到本章的開頭，鑿空西域路的，我認為不是張騫，而是霍去病，是他帶著將士們浴血奮戰，開鑿出坦途的。

「踰居延」的智慧

《史記・衛將軍驃騎列傳》：天子曰：「驃騎將軍踰居延，遂過小月氏，攻祁連山……」

同樣是《史記・衛將軍驃騎列傳》，在記載這場戰役上，漢武帝所言與前面有個小小不同，即在「踰居延至祁連山」之間增加了一個「遂過小月氏」。這句「遂過小月氏」，短短五個字卻足以說明霍去病作戰有勇有謀，他不像是普通人想像的那樣，僅憑一股狠勁、衝勁，打敵人一個措手不及。狠勁、衝勁是霍去病作戰的外在特點，他確實是以速度取勝，準確地說，是憑藉比匈奴人馬還要快得多的速度取勝。不過，這只是一個面向，僅靠猛衝猛打，缺少智慧計謀，只可偶爾得勝，要每戰必勝就不可能了。而霍去病是戰無不勝、攻無不克的常勝將軍呀！「遂過小月氏」，不動聲色地將霍去病工於心計的一面展露了出來。

居延，即指居延海，漢朝稱之為居延澤，源頭為祁連山深處的黑河。流經八百公里後進入巴丹吉林沙漠西北邊沿的窪地，形成兩個大湖泊，這便是居延海。霍去病軍到達居延澤邊，很明顯，要是繞行，距離太長，影響速度；渡過去是直線距離，當然可以節省時間。但是，要渡過去並不容易。書中寫道，居延澤是一個鬼湖，白天風平浪靜，卻不能渡過。那是因為湖鬼和人不同，人在晚上睡覺，鬼在白天睡覺。誰要是渡湖打擾他的睡眠，他必然會大發雷霆之怒，那時波浪滔天，肯定會翻船。那就晚上過吧。但是晚上也不安全，常常夜裡風急浪高，船行湖中，如樹葉飄搖，十船就有九船翻。白天不能過，夜晚不安全，難道只能繞行居延澤？繞行肯定不是霍去病的作風，他要的是風馳電掣，要的是出其不意，要的是攻其不備。他能安全渡過嗎？

其實，不必擔憂，霍去病如果了解居延澤的怪異，就等於認識了其規律。認識規律，靠的當然不是住下來細致觀察，而是依靠當地熟悉情況的牧民。當地熟悉情況的應該是匈奴牧民，難道他們能告給漢軍實情？不會。但霍去病的精明正展現在這裡。月氏被匈奴打敗後，分化為大月氏和小月氏，大月氏遠走異地，小月氏留了下來，在戰亂中，一些月氏族人流散在居延澤邊，就是這些人，告給了霍去病居延澤的祕密——唯一可以擺渡的時間是傍晚至半夜，這個時段也有風浪，但相對要小得多。即使在此時渡湖，擺渡時也要小心謹慎，不要衝撞鬼怪，下水前必須敬祀三牲。霍去病遵照辦理，大軍順利通過了居延澤。我不相信有鬼怪把持居延澤興風作浪，我卻相信天氣條件影響著居延澤，或風平浪靜，或風狂浪高，有一定規律。只有摸清楚規律，才能順勢而為，平安渡過去。霍去病慣於疾速行軍，飛快抵達，卻並不冒進，他是把急行軍建立在可靠的基礎上。因而，我認為霍去病「踰居延」，很能見他的智慧。

「踰居延」，是這次霍去病完勝匈奴的一個關鍵。唐開元二十五年（西元七三七年），時任監察御史的唐代著名詩人王維，經過居延時，曾留下詩作〈使至塞上〉：

> 單車欲問邊，屬國過居延。征蓬出漢塞，歸雁入胡天。大漠孤煙直，長河落日圓。蕭關逢候騎，都護在燕然。

詩中的「居延」就是霍去病渡過的那個神祕莫測的居延澤。

張騫、李廣吃敗仗

《史記．衛將軍驃騎列傳》：「博望侯張騫、郎中令李廣俱出右北平……」

血與火的戰爭錘鍊著鏖戰在前線的衛青、霍去病。血與火的戰爭也錘鍊著在長安運籌帷幄的漢武帝。鏖戰，霍去病率兵「踰居延，遂過小月氏，攻祁連山」時，在鏖戰。北方也在鏖戰，「博望侯張騫、郎中令李廣俱出右北平」。可以看出，漢武帝的部署意在牽制匈奴主力、分散匈奴兵力，不是聲東擊西，而是聲東北擊西面。如果只是霍去病一路大軍出征，那匈奴伊稚斜單于很可能調集精兵強將合圍攻擊，戰爭的勝算會微乎其微。確保勝利才是目的，確保的措施是張騫和李廣兩員大將同時出動，吸引、牽制匈奴主力。

霍去病千里行軍，大獲全勝，那麼張騫和李廣呢？此二位的戰況卻非常不樂觀。

讓張騫帶兵出征，是因為他熟悉匈奴地形，前次衛青大勝匈奴，有他的帶路之功。漢武帝對他寄予厚望，派他率兵一萬，從右北平進發。同時出兵的還有率兵四千人的李廣。老將軍再次出征，這真是壯心不已，令人欽佩！可惜，戰鬥的結果與出兵前的期望大相徑庭。匈奴左賢王得知漢軍出征，率領四萬騎兵火速趕來。不知張騫與李廣如何分兵行進，匈奴大軍沒有遇到張騫率領的大部隊，偏偏遇到李廣率領的小部隊。區區四千將士，被匈奴四萬騎兵包圍在當中，打不勝，走不脫。危急時刻，李廣神色不變，命令其子李敢帶領數十騎去衝殺敵人。李敢年輕有為、膽識過人，揮舞長槍，躍馬上前，殺開一條血路，在敵陣中左衝右突，然後再返身殺回，來到父親跟前，告給將士們，「匈奴也沒有那麼厲害」。漢軍見狀，膽量陡增。李廣將戰騎擺為圓陣，與敵奮力搏鬥。匈奴無法靠近，便射箭攻擊。箭如雨下，漢軍死傷過半。李廣率領士兵，奮力還擊，可惜箭快用盡。李廣要士兵「持滿毋發」，自己則挽弓射擊，匈奴幾個裨將應聲倒下，嚇得匈奴人馬銳氣大減。就這樣，兩軍相持了一天一夜。然而，匈奴騎兵實在太多，殺死一批，又湧來一批，漢軍根本無法衝出包圍圈。還算僥倖，張騫大軍第二天趕到了。看見漢軍援兵趕來，疲憊的匈奴人馬不敢再戰，草草收場，退兵北去。張騫救出李廣，同步南歸。

《史記．李將軍列傳》記載：

> 後二歲，廣以郎中令將四千騎出右北平，博望侯張騫將萬騎與廣俱，異道。行可數百里，匈奴左賢王將四萬騎圍廣，廣軍士皆恐，廣乃使其子敢往馳之。敢獨與數十騎馳，直貫胡騎，出其左右而還，告廣曰：「胡虜易與耳。」軍士乃安。廣為圜陣外向，胡急擊之，矢下如雨。漢兵死者過半，漢矢且盡。

戰鬥失敗了。張騫延期，貽誤軍機，應該處斬，繳納贖金後，貶為平民。李廣功過相抵，不獎不罰。真不知道該如何評價李廣，為何英勇敢戰的老將，總是以失敗而告終？

霍去病的家國情懷

《史記．衛將軍驃騎列傳》：「天子為治第，令驃騎視之，對曰：『匈奴未滅，無以家為也。』」

放下李廣和張騫的失利不說，霍去病的出征獲勝被譽為「河西大捷」。這大捷幾千年後，仍為人稱道：「馬踏匈奴猛少年，奔襲千里過居延」，多麼威武，多麼神速；「衝關破陣通西域，暢行無阻過祁連」，功績顯赫，功績無量。後人都如此讚美霍去病，讚美「河西大捷」，當時漢朝收到捷報後歡欣鼓舞的場景便可想而知了。如今甘肅省有個名揚天下的地方——酒泉。

有誰知道酒泉這個名字的來歷？若是前往酒泉遊覽，婦孺都會驕傲地告訴你，來自霍去病「河西大捷」。

霍去病重創匈奴，捷報傳回朝廷，漢武帝大喜過望，立即派出使臣前去勞軍。使臣帶著漢武帝賜給霍去病的御酒一罈。霍去病看看身邊威武雄壯的大軍，喜不自禁，笑道：「河西大捷全賴將士浴血奮戰，去病安敢獨享禦酒。」他沒有獨飲這一罈御酒，而是要和將士同飲。酒少，兵多，如何飲？霍去病環視四周，看見一眼亮汪汪的清泉，泉水潺潺流出，蜿蜒成一條溪流。霍去病便下令，將御酒倒入清泉，與三軍將士一起伏在溪流邊飲酒。一時間歡聲雷動，飲到美酒的將士無不高興得手舞足蹈。

從此，這個無名小泉，就有了個響亮的名字——酒泉。之後，酒泉又由泉名引申為地名。酒泉，記錄英傑的不朽功績。賜予御酒，也不能完全表達漢武帝欣悅的心情，或許出於對霍去病的厚愛，或許是為鼓舞更多的將士建功立業，他居然下令為霍去病建造府邸。於是，《史記．衛將軍驃騎列傳》中還留下這樣的記載：「天子為治第，令驃騎視之，對曰：『匈奴未滅，無以家為也。』」

建造府邸這件事的具體時間史書上並無記載，但我認為這事就發生在「河西大捷」，霍去病凱歌還朝之後。時間準確與否其實無關緊要，要緊的是霍去病有這樣的情懷，有這樣的志向。

「匈奴未滅，無以家為也」，西域的匈奴還沒有掃清，北部的匈奴還虎視眈眈，伺機侵犯。因而，漢武帝囑咐霍去病學習兵法。《史記．衛將軍驃騎列傳》寫道，「天子嘗欲教之孫吳兵法」。為什麼漢武帝要霍去病學習兵法？是不是漢武帝看到霍去病不重視兵法，所以才提醒他？然而，記錄在《史記．衛將軍驃騎列傳》中霍去病的回答是：

對曰：「顧方略何如耳，不至學古兵法。」

「看具體情況而用兵，何必拘泥於古人的兵法。」霍去病這回答，顯然出乎武帝意料。從此話既能看出霍去病善戰、善變，也能看出他年輕氣盛——未必沒有大頭症的嫌疑。然而，瑕不掩瑜，不必過多苛求一個血氣方剛的憤青，至少漢武帝有這樣的胸懷，一如既往地信任他。

迎降匈奴渾邪王

《史記．匈奴列傳》：「渾邪王與休屠王恐，謀降漢，漢使驃騎將軍往迎之。」

河西一帶的匈奴，連續受到霍去病兩次致命的打擊，損失慘重，元氣大傷。守衛這裡的渾邪王和休屠王遭受重創，本以為能得到伊稚斜單于的安撫。豈料，伊稚斜單于聞知祁連山也被漢軍占領，憤怒無比，不僅不好言寬慰，還要追究責任，要把戰敗的渾邪王和休屠王拿來治罪。《漢書．匈奴傳》記載：「單于怒渾邪王、休屠王居西方為漢所殺虜數萬人，欲召誅之。」二王得到消息，知道性命危在旦夕，如坐針氈。渾邪王和休屠王私下商議，與其這樣去死，還不如投降漢朝。

是年秋天，二王議定後便馬上派人前往漢朝聯繫投降事宜。漢朝大行，也就是掌管王朝對屬國之交往等事務的官員李息，正好領兵在隴西黃河沿岸修城，接到匈奴渾邪王的密報，知道事關重大，連夜派出騎士，飛馬回京稟告漢武帝。漢武帝看到密報，欣喜異常，若是渾邪王和休屠王投誠，河西就能納入大漢版圖，從此，中原至西域暢通無阻。轉念一想，情況複雜，不可輕舉妄動。假若二王投降有詐，必然要引發一場廝殺血戰。這真是個燙手的山芋：不去迎降會失去千載難逢的良機，要去迎降必然冒著天大的風險。事關重大，誰能擔當重任？

左思右想，只有霍去病是最佳人選。霍去病智勇雙全、機敏過人，遇事應變能力極強，迎降之事非他莫屬。元狩二年秋，霍去病領命，毫不遲疑，率領人馬飛速趕赴邊關。然而，京都長安距離隴西千里迢迢，霍去病行動再快，也需要時間呀！軍情瞬息萬變。果然，在霍去病揮師西進的途中，事情又起了波瀾。

這一日，休屠王闖進了渾邪王的大帳，提出還是不投降為妙，打算待漢朝使臣前來，便見機行事，以期立功贖罪，取得伊稚斜單于的諒解。渾邪王見他出爾反爾，火氣頓生，卻沒有發火，強壓怒氣，一言不發。

是夜，渾邪王帶領精兵百人，來到休屠王營中。守營的兵士剛要進去傳報，渾邪王已率領部卒闖入內帳。休屠王睡意蒙矓中被結果了性命。隨即，渾邪王將休屠王部眾一併納入本部，並宣布膽敢違令者處斬。在寒光閃閃的利刃下，休屠王部眾沒有一人反抗，全都歸順了渾邪王。霍去病率軍晝夜兼程，很快渡過黃河，到達匈奴渾邪王營前。渾邪王聞知漢軍前來，帶領人馬列隊等候。兩軍分列東西，遙相對應，氣氛森嚴。此時此刻，其實兩隊人馬都在揣測對方是否會生變，這陣勢用一髮千鈞形容毫不過分——只要一方有變，立即面臨一場惡戰，眨眼間便會血流成河。霍去病臨危不懼，鎮定自若，將士們見主帥從容不迫，膽氣頓增，整齊列隊，坦然待命。匈奴士兵見漢軍如此整肅，不免膽怯。本來休屠王手下不少人就不願意投降，此刻見到漢軍，又有人暗地煽動起事，匈奴陣營開始騷動了。

對面的霍去病看得清清楚楚，他不容事態擴大，毫不猶豫撥馬奔入匈奴營中。渾邪王見霍去病前來，匆忙上前迎接。兩人當即商定，馬上斬殺不降者，以穩定人心。一聲令下，兩軍共同行動，轉眼工夫，圖謀起事的八千逆徒人頭落地。很難想像，斬殺逆徒是如何行動的，如何速決的。畢竟是八千之眾，快刀斬亂麻也需要時間，何況是斬殺多次參戰的士兵。

斬殺了逆徒，匈奴陣營方才安定下來。霍去病當即決定，渾邪王乘驛車先去拜見漢武帝，自己則率領四萬降兵渡黃河而還。渡過黃河，逐日推進，直至全部平安抵達長安。迎降大隊歸來堪稱浩浩蕩蕩，霍去病率領著幾萬人，前不見首，後不見尾，盛況空前。

漢武帝在長安舉行了隆重而熱烈的慶祝大會，設宴歡迎匈奴部眾，並重加賞賜。《資治通鑑》記載：

> 天子所以賞賜者數十巨萬；封渾邪王萬戶，為漯陰侯，封其裨王呼毒尼等四人皆為列侯。益封驃騎千七百戶。

數萬名匈奴人被分批安置在隴西、北地等沿邊各郡，漢武帝讓他們沿用舊俗。接著，為開發生產，先後將中原七十二萬人遷徙過去。西元前一二一年，創立了酒泉郡。酒泉設郡後不久，又設立了武威郡，漢朝完善了邊國建設。安定一段時間後，又將武威郡分為武威和張掖兩郡，將酒泉分為酒泉和敦煌兩郡，總稱河西四郡。

河西四郡，大力屯田，開渠引水，農耕發展很快。賀蘭山內外、銀川以北和祁連山麓，農業、畜牧業蓬勃發展，欣欣向榮。自此往後二十餘載，漢朝新築的城堡不斷向西延伸，從敦煌到鹽澤，處處建立了驛亭。玉門關和陽關，成為連結西域與中原的重鎮。屯田逐漸遠至新疆的龜茲、焉耆等地。漢朝與西域的交通也空前活躍，西域各地的物產和文化藝術源源不斷傳入中原，同樣，中原的先進生產技術、文化藝術也由此向西域，向更遠的地方傳播。

當然，絲綢、瓷器等物品，也在霍去病鑿空的這條通道上源源不斷地運送，絲綢之路逐漸形成了。

張騫再次出使西域

《史記．大宛列傳》：「天子以為然，拜騫為中郎將……使遺之他旁國。」

當然，絲綢之路的形成離不開張騫。霍去病率領號稱十萬之眾的迎降大隊高歌凱旋時，張騫獨坐居室，精神萎靡。他這種心情完全可以理解，率軍失期，貽誤戰機，讓李廣身陷重圍，嚴重受挫。本想建功立業，孰料沒有建樹，還觸犯軍法。若不是繳納了一大筆贖金，性命早丟了。如今官爵丟了，淪為一介布衣草民。試想，如此度日豈能精神振奮。

張騫精神振奮了，那是因為漢武帝召見了他。召見他不為別的事情，是詢問西域各國的情況。張騫一掃萎靡，兩眼放光，開始滔滔不絕講述。《史記．大宛列傳》記載：

> 臣居匈奴中，聞烏孫王號昆莫，昆莫之父，匈奴西邊小國也。匈奴攻殺其父，而昆莫生棄於野。烏嗛肉蜚其上，狼往乳之。單于怪以為神，而收長之。及壯，使將兵，數有功，單于復以其父之民予昆莫，令長守於西域……

第八章　鑿空西域路

張騫對漢武帝說，他被扣留在匈奴時，聽到有人談起西邊有個烏孫國。國王名號是昆莫。起初，烏孫和月氏都住在祁連山至敦煌一帶。後來，月氏人殺死烏孫國王，霸占了他們的地盤，烏孫人無處存身，只好逃往匈奴尋找立足之地。此時，烏孫王的兒子出生了，照料他的大臣布就翎侯抱著他逃命。途中，布就翎侯去尋找食物，就把孩子藏在草叢中。回來時看見的一幕讓布就翎侯分外驚奇：孩子頭上有鳥兒銜著肉飛來餵他，身邊有母狼給他餵奶。不是驚奇，而是神奇！布就翎侯認為這個孩子有神靈保佑，非同尋常，就將他抱到了匈奴。匈奴單于很喜歡這個孩子，等他長大成人，就立他為昆莫，由他管轄逃來的烏孫人。昆莫不負厚望，組建了一支軍隊，為匈奴衝鋒陷陣，立下很多戰功。

昆莫確實有雄心壯志，他發誓要報仇雪恨。儘管那時月氏已被匈奴打敗，不得不西遷，他們打跑了塞族人，占領了人家的地盤落腳。昆莫請求出兵討伐月氏，獲得了匈奴單于的首肯。他領兵出征，打得月氏狼狽逃竄。自此，昆莫帶領烏孫人在月氏的地盤上安了家，集聚發展，越來越強大。匈奴單于去世後，昆莫馬上宣布獨立，不再臣服於匈奴。繼任的匈奴單于派兵去打，連吃敗仗，於是都以為昆莫是天神，便敬而遠之了。

如果張騫僅僅只會講故事，或許講完只能回到他的陋室，繼續他的萎靡，但是張騫從漢武帝的眼神裡讀出了一個政治家的意圖。於是他接著說，現在匈奴敗退，地盤閒置，空曠無人，如果讓烏孫人返回故地，豈不是好事？倘要是再把公主嫁去，與之和親，結為秦晉之好，那就會徹底斷絕匈奴的歸路。一旦烏孫和大漢結盟，西域的各個小國定會紛紛來朝，成為大漢的外臣。

張騫說到這裡，我想漢武帝應該說一個「善」字。在《史記》中漢武帝的態度是，「天子以為然」。為何以為然？錢穆在《秦漢史》中評價：「匈奴之役屬西域，亦重在其財富，不在其兵力。漢通西域，以隔絕匈奴右臂者，亦在削其財富之源。」

「斷匈奴右臂」，是張騫的說法，他提出了聯合烏孫組成抗擊匈奴聯盟的想法。上一次他是要和大月氏組成聯盟，這一次則是想與烏孫聯手，削弱匈奴。至於錢穆先生所說的「削其財富之源」，當是「斷匈奴右臂」的附屬戰利品。

元狩四年，張騫率領使團出發了。《史記．大宛列傳》寫道，「騫為中郎將，將三百人，馬各二匹，牛羊以萬數，齎金幣帛直數千巨萬，多持節副使」。

這次出使與上次出使大為不同，張騫使團無須躲避匈奴，無須提心吊膽。霍去病兩度兵出隴西、一次迎降，鑿空了曾經的險阻，張騫一路暢通，順利抵達烏孫國都赤谷城。

但這次出使烏孫與上次出使大月氏大同小異，張騫聯合烏孫的大計沒能實現。烏孫王昆莫老態龍鍾，絲毫沒有一點生氣。見到張騫像是大國君王接見小國使臣，傲慢無禮。張騫哪能受這樣的委屈，厲聲喝道：「天子致賜，王不拜則還賜。」昆莫什麼時候見過這樣威嚴的使臣，稍一愣，緩口氣，走下王座，叩頭接受禮物。禮畢，落座，張騫與昆莫談起歡迎他們東遷，聯手防禦匈奴的事宜。昆莫卻只發笑，沒有同意的跡象。這是為何？

了解了烏孫王的處境後，張騫明白了這事有原因，也有外因。外因是，烏孫王不了解漢朝，卻知道匈奴；只知道匈奴大，不知道漢朝大，當然也就不會輕易相信漢使張騫。內因是，昆莫有十幾個兒子，自然長子應立為太子。只是，太子壽命不長，早早亡故。彌留之際，他懇請父王繼立他的兒子岑娶為太子。白髮人送黑髮人，疼痛得一顆心幾欲破碎，哪能不答應？答應了，照辦了，是非來了。兒子大祿勇猛無比，熟知兵法，屯住在外，早就對王位垂涎三尺，見父王再立太子，卻不是他，十分惱火，大有圖謀造反的態勢。為保安寧，昆莫只得撥給岑娶兵馬，讓他也屯住一方。如此一來，他駐京師，一兒一孫，各據一方，不是三國鼎立，猶如三國鼎立。即使昆莫樂意與漢朝聯手，也難把兒子、孫子歸攏為一體。

昆莫發笑，實際是無可奈何的苦笑。昆莫無可奈何，張騫也就無可奈何。無可奈何的張騫，只能把隨團的副使派往大宛、康居、大月氏、大夏、安息和于闐等國。偏偏是這無可奈何，讓西域各國認識了漢朝，開啟了互通有無的先河。偏偏是這無可奈何，讓西域各國的使臣走進漢朝，開啟了後來被稱為絲綢之路的貿易交流。

第九章　猛志固漠南

征戰的錢糧從何來

《漢書．公孫弘卜式兒寬傳》：「歲餘，會渾邪等降，縣官費眾，倉府空，貧民大徙……」

以上這段話出自《漢書》。卜式不是達官貴人，不是下層官員，只是一介小民，還是個放羊人。他能出現在史書裡，正應了一句話：時勢造英雄。

在卜式未登場前，先提出一個疑問。「河西大捷」與「河西迎降」都在元狩二年，抗擊匈奴大勝要待元狩四年。其間，匈奴並未龜縮不出，仍在危害邊地。《資治通鑑》在元狩三年（西元前一二〇年）條目下記載：「秋，匈奴入右北平、定襄，各數萬騎，殺略千餘人。」是呀，匈奴還在挑釁，為何不一鼓作氣打到他落花流水，打到他聞風喪膽？

答案是，打仗是打軍事實力，也是打經濟實力。閱讀《漢書．公孫弘卜式兒寬傳》可以看到這樣的句子：「歲餘，會渾邪等降，縣官費眾，倉府空，貧民大徙，皆卬給縣官，無以盡贍。」你看，就在霍去病大揚國威、迎降匈奴，聲勢浩大回到長安時，「倉府空，貧民大徙」。一邊是凱歌聲聲，一邊是飢腸轆轆，巨大的落差、鮮明的對比提示世人：戰爭耗資巨大，民不聊生是常態。

民不聊生是另一個話題，耗資巨大更是不可忽略的一個話題。有專家研究，漢武帝時期的每次征戰，耗資總在上萬錢，幾十萬萬錢，甚至百餘萬錢。除了戰爭耗資，獎賞也耗資巨大。據說，霍去病兩次出征河西，漢武帝兩次獎賞，就用去黃金二十萬餘斤。此時，經過「文景之治」出現的富裕景象不再有。「太倉之粟，紅腐而不可食；都內之錢，貫朽而不可校」，已成昨日。《漢書》所載的那種「堆金積玉」的盛況，竟變為「倉府空，貧民大徙」。即使如此，戰爭也還要堅持打下去，不然將前功盡棄，劉徹也不會得到「武」的謚號。

堅持再打，如何籌集軍費？這就需要財稅變革。漢朝對民眾徵收的賦稅名目有：田賦、口賦、算賦，此外男子還要服徭役和兵役。田賦，是徵收土地稅。漢高祖時徵收土地收入的十五分之一；漢文帝先減去一半，後來全部免去；漢景帝繼位又開始徵收，為土地收入的三十分之一；漢武帝延續了漢景帝時期的田賦。

口賦和算賦都是人頭稅。口賦是徵收三至十四歲的人頭稅，每人每年繳納二十三錢。此錢不納入國家財政收入，交由皇室作為開銷用度。算賦是徵收十五歲至五十六歲的人頭稅，每人每年徵收一百二十錢，稱之一算，所以叫作算賦。

那時的錢用繩子穿起，便於保管。穿錢的繩子稱緡，為了增加國家收入，漢武帝重用桑弘羊收取算緡錢，也就是對有積蓄的人家和商戶徵收貨幣稅。此外，還對車、舟、家畜徵收賦稅。普通人家的軺車徵收一算，商人的軺車征收兩算，船隻超過一丈五尺長，也按一算徵稅。

如果不主動交稅怎麼辦？國家頒布告緡令，進行懲罰與獎勵。凡隱瞞財產不報者，沒收全部財產，還要懲罰戍邊一年。凡舉報違法者的，可以獲得其告發財產的一半金額。

無疑，算緡錢、告緡令成為充盈國庫的手法之一。手法之二最為重要，就是實行鹽鐵專賣。起初，鹽、鐵多是生產者出售，後來演變為商戶行銷，製造者與行銷者從中獲得鉅額利潤，很多成為富商。漢武帝之前，漢朝只對製鹽、冶鐵業者課稅，徵收的稅金僅僅用於少府開銷，也就是供皇家使用。漢武帝改變了這種狀況，實行鹽鐵專賣，不僅由中央政府統一經營，而且收入繳納國庫，這自然是增收最快的一招。

還有最講實際功效的均輸法。先前，各個郡國要向中央政府繳納地方物產，長途運輸耗費錢物，勞民傷財。走水路，轉旱路，千辛萬苦運到京都，有些物產並不適用，有些物產已經變質損壞。均輸法針對這種狀況，進行改革。辦法是，在各郡國設置均輸署，統一接收財物。各郡國無須再長途運輸，交到均輸署即可。均輸署收到財物，選擇中央需要的運送。不需要的如何辦？就近銷售，只把錢財上繳即可。或者，再用錢財採辦需要的物品運送長安。這就近銷售的辦法，不僅減輕了運輸壓力，還能平抑物價，調節市場。「貴則賣之，賤則買之」，使「富商大賈無所謀大利」、「平萬物而便百姓」。此法稱作平準法。

一系列措施的實行，都在提升國力，為抗擊匈奴提供物資支援。

卜式就是在這種背景下登場的，一開始，他並沒有引起過度關注。他默默無聞地放羊，默默無聞地奉獻，曲曲折折，無怨無悔，但終於走進了歷史的冊頁。

走進史書的卜式

《資治通鑑．漢紀十一》：「河南人卜式，數請輸財縣官以助邊……」

卜式是河南人，史書中沒有記載他的父母，可能二老已經去世。他有個弟弟，似乎是他帶著弟弟過日子，家裡的衣食來源靠他放羊。弟弟大了，卜式將家產留給他，自己帶著百餘隻羊進山放牧。一去十多載，養的羊多達上千隻，於是賣掉一些置辦田宅。而此時，弟弟卻因不善理家破產了，他又將財產分給弟弟一些。

家庭治理好了，卜式想的是國家。得知國家抗擊匈奴需要物資，他便上書表示願意捐獻一半家產。漢武帝即派使臣去見卜式，《漢書．公孫弘卜式兒寬傳》這樣記載：

上使使問式：「欲為官乎？」式曰：「自少牧羊，不習仕宦，不願也。」使者曰：「家豈有冤，欲言事乎？」式曰：「臣生與人亡所爭，邑人貧者貸之，不善者教之，所居，人皆從式，式何故見冤！」使者曰：「苟，子何欲？」

這段記述非常耐人尋味：漢武帝派使臣問卜式：「你想做官嗎？」卜式回答：「不想。自小放羊，沒有做官宦的學問。」使臣問：「那你家裡有冤屈要訴說嗎？」卜式回答：「我從來不和人相爭，貧窮的人我接濟他，不良的人我教導他，在村裡人人服從我，哪能有冤屈！」使臣肯定很納悶，因而再問：「那你到底圖什麼？」卜式回答：「天子抗擊匈奴，將士應該視死如歸，有錢的人應該捐獻財物，這樣就可以儘早消滅匈奴。」這是多麼崇高的境界呀！可惜，不要說一般人不理解，就連皇帝和丞相也覺得不正常。使臣上報給漢武帝，漢武帝轉述給丞相公孫弘。公孫弘居然說：「這不符合常情，不是守規矩的臣民，不要理睬他。」

真真是以小人之心度君子之腹。卜式碰了釘子，繼續回家放羊。但是初心不改。到了元狩二年，「倉府空，貧民大徙」，卜式拿出二十萬錢捐獻給河南太守，讓他安頓流民。太守上報了他的事蹟，漢武帝再次看到了卜式的名字。此時，富裕人家都在隱瞞財產，唯恐多交賦稅，卜式卻在慷慨捐獻財物，漢武帝不得不對他刮目相看。於是，我們終於在《漢書・公孫弘卜式兒寬傳》中讀到：

> 上於是以式終長者，乃召拜式為中郎，賜爵左庶長，田十頃，布告天下，尊顯以風百姓。

這一次，卜式被樹立為典範，得到獎賞不說，還封給了他官職。這樣做是在「尊顯以風百姓」，鼓勵百姓效仿卜式，為國奉獻，支援前線。

卜式不願意當官，漢武帝就讓他去上林苑放羊。他穿布衣，踩布鞋，早出晚歸，把羊養得身強體壯。一次，漢武帝去上林苑，看見肥胖的羊，非常讚賞他，並問他有什麼祕訣。

卜式回答：「不光是養羊如此，治理民眾也一樣。形成規律，按時起居，如果有惡意搗亂的羊一定要制服，不要讓牠帶壞羊群。」

話雖簡單，卻包含著治國安民之道。漢武帝當即封卜式為緱氏令，去管轄一方水土。這裡，我不是要說卜式終於得到重用，而是要說，為了籌集經費，漢武帝多措並舉，樹立典範，號召天下民眾效仿。

威武大軍出征漠北

《漢書．匈奴傳》：「令大將軍青、驃騎將軍去病中分軍，大將軍出定襄，驃騎將軍出代，咸約絕幕擊匈奴。」

駿馬似風飆，鳴鞭出渭橋。彎弓辭漢月，插羽破天驕。

元狩四年，一場反擊匈奴的大決戰，一場影響世界歷史的重大戰役，即將在漠北展開。

這場戰役距馬邑之圍整整十五年了。想想當初，部署不可謂不好，軍隊不可謂不多，糧草不可謂不足；然而，老將們稍一遲疑，放跑了就要進入漢軍圈套的大敵。漢武帝苦心孤詣的運籌瞬間化為泡影，一腔豪情不知該向何處寄託。

而今，兵強馬壯，氣勢如虹，絕對今非昔比。自從漢武帝大膽起用衛青、霍去病，戰局便開始發生了變化，勝利的天平逐漸向漢朝傾斜。

遙想當年，衛青率軍收復河南地是一次戰略大轉變，代表漢軍對匈作戰由被動還擊轉變為主動出擊。之後，衛青三次率領大軍出擊漠南，重創單于主力，打擊了右賢王部眾。連連吃敗仗的匈奴，不得不哀嘆著後退，再後退，退到了酷寒地區。這一來，匈奴東部與西部的聯繫切斷了，挺進河西一帶的時機到了。

揮戈躍馬，挺進河西的是驃騎將軍霍去病。「流星白羽腰間插，劍花秋蓮光出匣。天兵照雪下玉關，虜箭如沙射金甲。」一次挺進，打得匈奴狼狽逃竄；二次挺進，打得匈奴聞風喪膽；三次挺進，迎得降軍歸來。從此，鑿空河西，鑿空隴西，千里之途，暢通無阻。

然而，元狩三年，「匈奴入右北平、定襄各數萬騎，殺略千餘人」。匈奴人又來劫掠了。邊地無寧日，國家何安寧！於是，元狩四年，張騫率領使團出酒泉，過敦煌，一路向西，前往烏孫。於是，元狩四年，衛青、霍去病大軍出長城，入草原，浩浩蕩蕩出擊漠北。這是一場硬仗，對此漢朝有足夠的心理準備和物資。對於漠北之戰，漢武帝是下定決心要打的，加緊練兵，籌集經費，前期準備十分充分。

再說匈奴。自從趙信投降匈奴，他頭腦裡的點子就成為匈奴人的謀略。接連遭受打擊的伊稚斜單于採用他的辦法，為避漢軍鋒芒，把主力部隊和輜重都往北遷。這樣陳兵是將浩瀚沙漠作為屏障，他們以為，漢軍千里跋涉，穿越沙漠，必然人馬疲乏。以逸待勞的匈奴，精力充沛，可以將地理優勢轉化為軍事優勢，以期掌握戰爭的主動權。漢朝探知匈奴遷徙漠北，猜忌之心彌漫朝堂。不少朝臣認為，長途奔波攻擊，正中匈奴下懷。匈奴後撤，就是在編織這個圈套，輕易進兵恰好鑽進人家的圈套，還是謹慎為宜。漢武帝不這樣看，他認為，匈奴退居漠北，自以為得計，自以為安全，自以為漢軍「不能度幕輕留」，必然會放鬆戒備。敵軍放鬆，就是我軍的時機，抓住時機，將計就計，就會出奇制勝。

就這樣，征伐漠北的威武大軍出發了，大將軍衛青、驃騎將軍霍去病各統領五萬大軍出擊。長途作戰，物資必須保證充足，另有十萬步兵和十四萬私人馬匹運送糧草。後人回望這次出征，無不感嘆，這是漢武帝組成的最為強大的軍隊。

《史記．匈奴列傳》記載：「乃粟馬，發十萬騎，私負從馬凡十四萬匹，糧重不與焉。」

臨危應變打惡戰

《漢書．匈奴傳》：「與漢大將軍接戰一日，會暮，大風起，漢兵縱左右翼圍單于。」

塞北大漠，浩瀚無際。春風已綠江南岸，西風依然寒沙海。出塞作戰，踏進沙漠後，漢朝大軍步履維艱。所幸，連續幾個勝仗為將士們提供無窮的精神力量，個個精神抖擻，頑強行進。一天，兩天，經過十多天的奔波，終於快到目的地了。稍加休整就可以神采煥發，衝鋒殺敵。不，沒有休整的時間了，沒有喘息的空隙了。千里奔波，好不容易到達漠北，馬未停蹄，人未下鞍，抬頭一看，只見單于精兵強將橫立眼前——單于早已嚴陣以待。

一場惡戰即將開始！惡戰可不是硬仗。原來預料的是一場硬仗，不想卻比預料得還要艱難。《史記．衛將軍驃騎列傳》記載：

元狩四年春，上令大將軍青、驃騎將軍去病將各五萬騎，步兵轉者踵軍數十萬，而敢力戰深入之士皆屬驃騎。驃騎始為出定襄，當單于。捕虜言單于東，乃更令驃騎出代郡，令大將軍出定襄。

看看這個變更，真是令人始料未及。按照原先部署，這次決戰擔當攻擊匈奴主力的本該是霍去病率領的大軍，如果不做調整，恰好可算勢均力敵。這一調整卻把最有攻擊力的精銳部隊，放在了側面。毫不誇張地說，衛青大軍等於不偏不倚鑽進了匈奴布防的圈套。時空遠隔，我們看不見伊稚斜單于，如果看得見，他臉上一定浮現著得意的微笑。漢軍別說取勝，五萬將士都將命懸一線，衛青將如何應對？此時，匈奴人馬在地利、天時和人和上都占據著絕對優勢。回首歷次對匈作戰，衛青大軍獲勝，沒有一次是這樣對壘死拚的，都是突出奇兵，打得敵人措手不及。這次，衛青面臨著前所未有的困境：進攻，實力懸殊；後撤，沙漠裡風沙彌漫，更是死路一條。衛青大軍能不能置之死地而後生？

滄海橫流，方顯出英雄本色。衛青身經多戰，臨危不懼，鎮定自若。在看到匈奴大軍的那一刻，衛青已命令部隊用武剛戰車環繞成營，以抵擋匈奴襲擊。武剛戰車，是周身都用堅硬皮革裹著的戰車，進攻時可以將之衛在前面，掩護將士攻擊；防禦時能夠將之環繞成營壘，抵擋敵軍攻擊。武剛車有點類似於如今的坦克車，尤其適宜於草原闊野作戰。衛青這一

第九章　猛志固漠南

布防，首先保證了漢軍不至於遭受毀滅性的打擊。

伊稚斜單于本想先發制人，擺出陣勢，威脅漢軍。倘若漢兵有絲毫怯陣之態，他立即就會指揮大軍衝殺過去，殺他個大敗。不料，漢兵不但不亂，眨眼間，還列好了營陣，這下匈奴不敢貿然衝殺了。

兩軍對峙，虎視眈眈。這是實力的展示和較量，更是心態的展示和較量。衛青先聲奪人，趁匈奴還在猶豫，帶領五千將士發動猛攻，吶喊著衝殺過去，首先從精神上高出對手一籌，瞬間掌握了戰鬥的主動權。匈奴近一萬人馬前來應戰，兩軍鬥在一處。漢軍將士明白，敵眾我寡，稍有懈怠就會全軍覆沒，要生存只能奮力搏殺。匈奴人馬仗著精力旺盛，急於求勝，也不怠慢。短兵相接，殊死搏鬥。戰鼓響，號角鳴，刀光劍影。從白天一直混戰到傍晚，血流屍橫，卻難分勝負。太陽就要落山時，狂風驟起，飛沙走石，兩軍對面難見，廝殺更為困難。衛青當機立斷，命令將領改變戰術，重組陣線，從兩翼夾擊匈奴。這一來，匈奴左右受敵，難以防守，越來越被動。廝殺至深夜，漢兵鬥志更猛，匈奴節節敗退。

衛青率兵大舉反攻，殺得匈奴潰不成軍，漢軍大獲全勝。打掃戰場，檢點俘虜，卻不見伊稚斜單于。審問俘虜，才知道單于在天還沒黑時就逃跑了。衛青派出輕騎，連夜追擊，追到天亮，追趕了兩百多里，仍然不見單于的蹤影。乘勝前進，一鼓作氣衝殺到寘顏山下的趙信城，在那裡得到了匈奴的大批輜重和糧草，補充了軍需給養。漢軍將士飽食一天，稍事休整，踏上歸途。

唯一的遺憾是，沒能活捉伊稚斜單于。單于哪裡去了？看見漢軍無比英勇，伊稚斜單于心驚膽戰，抓到機會，悄悄逃出戰場，緊催戰馬，向西北狂奔，跑得太急，居然與部眾失去了聯繫。一連多日，單于杳無音訊，匈奴族眾皆以為他死於亂軍，於是右谷蠡王自立為單于。過了一些日子，伊稚斜單于竟然「死而復生」，與殘餘的部眾匯合。自立為單于的右谷蠡王才又去掉單于尊號。

此戰，衛青成功地運用武剛車圓陣之防禦戰術，使自己立於不敗之地。繼而抓住戰機，從兩翼包圍單于。在單于逃走和匈奴全軍潰散時，適時轉入追擊，戰勝了有充分準備的匈奴單于主力。

衛青英勇善戰的形象，永遠存留在典籍裡、史冊中。

一代名將自殺身亡

《史記．衛將軍驃騎列傳》：「前將軍廣、右將軍食其軍別從東道，或失道……」

衛青的光輝戰功寫進史冊時，有一個人的名字也寫進了史冊：李廣。不說李廣還好，說起來真是催人淚下。

衛青這次兵出定襄，帶著幾位大將：太僕公孫賀任左將軍，主爵都尉趙食其任右將軍，平陽侯曹襄任後將軍，李廣也是其中的一員，任前將軍。大軍飛馳出定襄，行走間忽然發現有匈奴散兵游勇，派兵追去很快擒來。一審問，俘虜交代出了伊稚斜單于的駐地。衛青軍中，前將軍李廣年紀最老，衛青當即決定自己親率主力，直接攻擊匈奴單于伊稚斜。為防情報錯誤，他部署李廣和趙食其兩部合併，從東路策應，即使匈奴意外逃跑，也無法逃出漢軍的手掌。

匈奴倒是沒有意外向東逃跑，偏偏李廣與趙食其所率大軍出現了意外。出意外的原因是天氣惡劣：狂風怒吼，飛沙走石，天昏地暗，李廣和趙食其大軍方向難辨，迷失路徑。大漠空曠，無邊無際，大軍走也不是，不走也不是。不走，軍情急迫，害怕貽誤戰機；要走，不知東西，害怕越走越遠。猶豫，徘徊，只好先派出嚮導探路。就在他們無所適從時，衛青大軍正在與匈奴廝殺血戰。如果此時他們及時趕到，那結果就不僅是勝利了，而是用最小的損失獲得了完勝。可惜世事猶如月，總是有圓有缺，難能完滿。嚮導探到路徑，李廣和趙食其大軍加速趕路，還是沒有趕上與匈奴決戰。惋惜，這對李廣來說實在令人惋惜。多少年來鎮守邊關，無數次與匈奴交戰，總是有勝有負，鬚髮皆白的自己總算等到了這次決戰，可偏偏自己又失道了，懊喪、悔恨，情緒低迷至極。

連我都著實為李廣感到遺憾。跟隨衛青和霍去病出征的將領，幾乎每次都有封侯的，李廣別說封侯了，還差點被判處死刑，不得不交納贖金買下性命。這樣一位為國家出生入死的名將，竟然還不如初出茅廬的小將——小將們一個個封侯，而世事卻不給他一次封侯的機緣。難道正如王維詩中所寫，「衛青不敗由天幸，李廣無功緣數奇」？

真是「由天幸」嗎？未必。若是換個人，北征大漠突然遇到匈奴主力大軍，稍有慌亂，就會成為待斬的羔羊。衛青卻能扭轉危局，化險為夷，反敗為勝。

所以，不要再愁腸百結吧！衛青要向朝廷彙報戰況，軍中長史已來到營帳，詢問李廣，為何遲到，為何貽誤軍機？李廣此時當作何想？

憤慨！

憤慨身經七十餘戰，老來卻仍要面對刀筆吏的詢問！憤慨！憤慨這次出戰，衛青派他迂迴接應，以致迷路！

但，其實誰也不知道他究竟怎麼想，只知道眨眼間，一代名將，揮劍劃過一道寒光，熱血噴濺，倒地身亡。草原風呼嘯，曠野沙彌漫。李廣部眾無不嗚咽，無不落淚！

李廣死了，沒有再繳納罰金贖罪的必要。同行的趙食其，依法當斬，不得不用錢將自己贖為平民。

李廣沒有死，他的形象至今仍活在後人心中。唐朝著名詩人王維曾寫下讚美他的詩作〈老將行〉：

少年十五二十時，步行奪取胡馬騎。射殺中山白額虎，肯數鄴下黃須兒！一身轉戰三千里，一劍曾當百萬師。漢兵奮迅如霹靂，虜騎崩騰畏蒺藜。衛青不敗由天幸，李廣無功緣數奇。……

出征漠北大獲全勝

《史記・匈奴列傳》：「漢驃騎將軍之出代二千餘里，與左賢王接戰，漢兵得胡首虜凡七萬餘級，左賢王將皆遁走。」

霍去病戰況如何？勝利了，而且是大獲全勝。能不勝利嗎？這次出征漠北，漢武帝把精兵強將都歸他指揮。誠如《史記・衛將軍驃騎列傳》所載：「敢力戰深入之士皆屬驃騎。」如此將精兵強將歸屬霍去病統領，是要他打擊伊稚斜單于所率領的主力，可惜漢武帝輕信匈奴俘虜所言，變更了衛青和霍去病的進攻方向，最終導致衛青部碰到了匈奴主力。好一場惡仗，衛青部眾個個拚命死戰，才扭轉危局，取得最終勝利。比較而言，霍去病所遇到的對手，戰鬥力遠遠不如匈奴主力，取勝相對輕鬆。即便如此，我們也不能忽略霍去病的軍事才能，他指揮大軍大漠奔襲，確實技高一籌。

漠北一戰，將霍去病的軍事才幹展示得淋漓盡致。寫到將軍的才能，馬上想起龔自珍的詩句，「我勸天公重抖擻，不拘一格降人才」。只是我認為，天公降人才歷來都是不拘一格的，關鍵是領導者能不能不拘一格選人才。若是按照常規選用戰將，霍去病別說統領大軍，即使當小將領也要打個問號。正由於漢武帝不拘一格選人才，霍去病才能以最青春年少的面孔，奮戰在世界軍事史的舞臺上。他承繼漢武帝的作風，將不拘一格選人才的效力發揮到了極致。他的大軍沒有副將，《史記・衛將軍驃騎列傳》中記載，「無裨將。悉以李敢等為大校，當裨將」。「無裨將」，決策不用商量，想好了就飛速進軍。右北平太守路博多、北地都尉邢山、校尉李敢和徐自為，個個年輕有為，人人生龍活虎。尤其難得的是，霍去病大膽起用了匈奴降將，復陸支、趙破奴等人都被委以重任。他們熟知地理，習慣在沙漠中長途行軍，是軍中智囊團。

用人不拘一格，作戰不拘成法，獨闢蹊徑，所以才能出奇制勝。在戈壁、沙漠、草原作戰，與常規攻城略地的戰鬥大不同，如果依照古代兵法鬥智鬥勇，不一定能夠掌握戰鬥的主動權。這次出征，路途遙遠，帶著輜重糧草行進必然行動不快。霍去病馬上決定，攜帶少數糧草先行，輜重糧草隨後跟進。如此安排有違「兵馬未動，糧草先行」的古訓，不合常情。霍去病則謀劃採用打垮敵軍，以匈奴糧草作補充的策略。這策略看似妥當，實則冒險，若是找不到匈奴人馬，若是打垮的匈奴人馬沒有充足的糧草，大軍就會陷於困境。當然，若是站在背水一戰與破釜沉舟的角度看，這不合常情的策略，恰恰是出奇制勝的妙招。

霍去病大軍以閃電般的速度行軍，穿越戈壁、沙漠，突進兩千餘里，很快抵達匈奴腹地。單于近臣章渠和比車者，還沒有回過神，就被打得暈頭轉向。擊破這部分敵軍，轉身就向匈奴左大將發起攻擊。按常規，打完一戰需要休整，霍去病卻打破這個常規，再次打得敵軍措手不及，旗開得勝。

兩次小勝，士氣更高。霍去病率軍繼續飛速挺進，越過離侯山，渡過弓閭河，進抵到現今蒙古巴托東肯特山的南面，匈奴左賢王帶兵駐紮在此，霍去病率軍衝過去，發起凌厲攻勢。匈奴人早聽說霍去病大軍英勇無比，卻不知道他們個個都凶猛如虎，心理防線徹底崩潰了。打不贏就跑，是匈奴久有的習慣，此時人人都想抱頭鼠竄。然而，抱頭擋不住利刃，鼠竄跑不過飛箭。四散逃命，互相踩踏，左賢王部眾潰不成軍，全軍覆滅。

大戰告捷！霍去病大軍與衛青大軍一樣，大戰告捷！

接著，霍去病各部將領分頭作戰，靈活進擊，追殺散兵，以多勝少，勢如破竹。各部均斬將奪旗，凱歌高奏。

狼居胥山，占領了！姑衍山，占領了！瀚海，占領了！

狼居胥山，即現今蒙古的肯特山；姑衍山在肯特山以北；瀚海，亦稱北海，即今俄羅斯貝加爾湖。霍去病與將士們在瀚海邊會師，慶祝戰功。他命令將士在狼居胥山主峰建立高壇，在姑衍山旁開辟廣場，他們同時高舉千萬支勝利火炬祭告天地，祭奠烈士，犒勞全軍！戰績如何？請見《史記．衛將軍驃騎列傳》：

> 軍既還，天子曰：「驃騎將軍去病率師，躬將所獲葷粥之士，約輕齎，絕大幕，涉獲章渠，以誅比車耆，轉擊左大將，斬獲旗鼓，歷涉離侯。濟弓閭，獲屯頭王、韓王等三人，將軍、相國、當戶、都尉八十三人，封狼居胥山，禪於姑衍，登臨翰海。執鹵獲丑七萬有四百四十三級，師率減什三，取食於敵，閒行殊遠而糧不絕，以五千八百戶益封驃騎將軍。」

霍去病大軍戰功卓著，漢武帝賞封頗為豐厚，且不論他本人再度增加食邑五千八百戶，只說部將又有五人封侯。

那麼衛青大軍呢？《史記·衛將軍驃騎列傳》記載：「大將軍軍入塞，凡斬捕首虜萬九千級。」擊垮了匈奴伊稚斜單于主力，斬殺、俘虜一萬九千人，這功績也堪稱卓著了吧？衛青部眾卻沒有得到獎賞，或許，這是由於所率李廣和趙食其兩路部眾有失誤吧，何況李廣還自殺身亡了呢！

讓我們走出戰功與賞封的羈絆，回望一下漢匈之戰吧。

衛青、霍去病的出戰，先是扭轉了漢朝被動挨打的局勢，繼而開創了戰而勝之的局面。尤其是漠北戰役，徹底扭轉了漢朝受匈奴入侵、劫掠的狀況，徹底改變了低聲下氣和親的狀況。大而言之，掀開了有史以來中原王朝和北方少數民族關係的嶄新一頁。

誠如《史記·匈奴列傳》記載：「後匈奴遠遁，而幕南無王庭。」十年征戰，換得了漢朝邊塞安寧，拓展了漢朝疆土。

評價這場戰役，詩人李白的〈胡無人〉寫得好：

嚴風吹霜海草凋，筋幹精堅胡馬驕。
漢家戰士三十萬，將軍兼領霍嫖姚。
流星白羽腰間插，劍花秋蓮光出匣。
天兵照雪下玉關，虜箭如沙射金甲。

第九章　猛志固漠南

雲龍風虎盡交回，太白入月敵可摧。
敵可摧，旄頭滅，履胡之腸涉胡血。
懸胡青天上，埋胡紫塞傍。
胡無人，漢道昌。
陛下之壽三千霜，但歌大風雲飛揚，安得猛士兮守四方。

第十章　凱歌還朝堂

霍去病凱歌還家鄉

《漢書．霍光金日磾傳》：將軍迎拜，因跪曰：「去病不早自知為大人遺體也。」

臨汾市堯都區汾河西岸是一馬平川，站在河邊西望，有一個高高的土垣。垣上坐落著一個可以俯視垣下田園的村落，村名高堆。高堆村中有個孝順坡。原先，坡邊有座霍大將軍祠堂。如今，霍大將軍祠堂不見了，孝順坡卻依然溝通著坡上坡下人家。問及孝順坡的來歷，幾乎每個村人都會滔滔不絕地講述霍去病歸裡探望父親的故事。高堆村是霍去病父親霍仲孺的家鄉，也即霍去病的祖籍所在地。如果說，霍去病僅僅是拜望父親時在此居住過幾日，那霍光可是生於斯，長於斯，他十幾歲才由兄長霍去病帶往長安，走進宮廷的。

要說清楚霍去病歸裡拜望父親，首先要從他躬身認親講起。《漢書．霍光金日磾傳》記載：

> 票騎將軍擊匈奴，道出河東，何東太守郊迎，負弩矢先驅，至平陽傳舍，遣吏迎霍中孺。中孺趨入拜謁，將軍迎拜，因跪曰：「去病不早自知為大人遺

體也。」中孺扶服叩頭，曰：「老臣得託命將軍，此天力也。」去病大為中孺買田宅奴婢而去。

由此處的記載可以感知，高堆村父老鄉親以霍仲孺和霍去病、霍光為榮是有道理的。《漢茂陵志》記載較為詳細：

霍去病北征匈奴，途中經過河東郡，太守到很遠處迎接，呈上當地的官吏名冊。霍去病一看冊書上有霍仲孺的名字——他聽說過父親的名字，始終沒有機會相見——馬上心中一動，想認父親。轉念一想，萬一是和父親同名同姓者，認錯可就鬧出笑話了。到接待地平陽傳舍住下，天色已晚，霍去病告給太守要見霍仲孺。大將軍口諭頒下，太守趕緊派人去叫霍仲孺。霍仲孺聽說大將軍召見，不知是福是禍，戰戰兢兢，跟著差官前來。

大將軍駐地連營成片，幾十座帳篷密密麻麻排開很遠，氣氛威嚴，令人敬畏。中間大帳虎賁雄列，戟門森嚴。霍仲孺剛到帳前，即有人前去稟報，「霍仲孺參見」。瞧瞧這氣勢，更令霍仲孺局促不安。這邊稟報的話音一落，帳內即傳來回聲：「請進帳相見。」霍仲孺進入大帳，看一眼從臯比大椅上站起的霍去病，情不自禁地跪倒在地。霍去病想上前扶起，又不知是不是親生父親，只好說聲「免禮」，命人扶起，賜予座位。

隨後，霍去病喝退左右，和霍仲孺話家常。霍仲孺見大將軍如此隨和，不再拘謹。霍去病問他籍貫、年齡，繼而問是否在平陽公主長安府邸當過差。霍仲孺一一回答，心中疑惑，不知這位大將軍為什麼問他這些。哪知大將軍問著問著，竟走下那把臯比大椅，走在他面前，跪倒即拜。這一拜把霍仲孺嚇得不輕，等霍去病叫出「父親」二字，他才如夢初醒。此時的情形才恰如《漢書．霍光金日磾傳》所載，霍去病說：「去病不早自知為大人遺體也。」霍仲孺則說：「老臣得託命將軍，此天力也。」《漢茂陵志》寫得詳細，說父子二人抱頭痛哭，泣不成聲。

這個夜晚，在大將軍虎賁大帳，霍仲孺父子就這樣相認了。二人訴說諸多往事，不覺間夜已很深。霍去病次日便要拔營北征，只能差人送父親回去。

翌日一早，挺進北上，霍去病還牽掛著父親，於是出現了《漢書》上的記載：「去病大為中孺買田宅、奴婢而去。」

軍情緊急，霍去病擔當著討伐匈奴的重任，父子匆匆相認、匆匆別離。那他何時探望父親，並在高堆村留下孝順坡的勝跡？時在漠北大戰告捷，霍去病率領大軍高歌凱旋。這次路過平陽不再戰鼓催征人。經過數年征戰，終於取得了「匈奴遠遁」的勝利，短期內匈奴不再有侵擾邊塞的可能，霍去病的心情肯定異常興奮。在平陽祖籍地逗留數日，拜望父親，祭祀先祖，自在情理之中。大將軍榮歸故里，河東太守自然鞍前馬後照顧周全。這一天，應該是個豔陽高照的日子。霍去病在太守的陪同下，騎著千里征戰的駿馬朝高堆村悠然走去。天高雲閒，風光迷人，霍去病陶醉在美景中享受著從來沒有享受過的閒逸。是呀，自從進入羽林軍以來，一心想著為國出征、抗擊匈奴，為此，練騎馬，練射箭，練劍戟，練得如暴風一樣疾，似雷霆一樣猛，人不在校場就在沙場，從未享受過這種清閒時光。

快到村口，霍去病跳下馬來，步行進村。一入村，精神馬上振奮起來，鑼鼓響了，這是父老鄉親祝捷驃騎將軍，這是父老鄉親歡迎驃騎將軍。霍去病精神昂揚，向夾道歡迎的鄉親們頻頻點頭致意。走上坡道，緩緩向上，走向霍家。父親霍仲孺挽著兒子的手進了門，霍去病將父親扶上正堂的座椅，雙膝下跪，叩首，再叩首。從此，霍去病走過的這道坡，就叫作孝順坡了。叩拜禮畢，早有人高聲吆喝：開席——頗具堯都風味的重八席，一道一道菜漸次上桌。

舉箸品味，把盞痛飲，親情融融，喜氣洋洋……此事已經過去兩千年了，一代一代高堆村人，仍在口舌中傳遞著昔日那喜慶的餘韻。高堆村的人還說，霍去病要接父親去長安共用榮華富貴，父親稍有遲疑，他便明白是父親怕孤獨了繼母。於是他馬上告訴父親，繼母也一起同往。父親卻微笑著說：「孩兒一片孝心，為父明白。你置辦了田產莊園，我就在故里安享晚年吧！」

就在此時，年少英俊的霍光跑了上來，霍去病一眼就喜歡上這個異母小弟，立即請求父親答應他把小弟帶進長安。

父親當然欣喜允諾。這一聲允諾又被記在史書中，因為這英俊少年不僅走進了長安，走進了朝堂，還登上了漢代頂層的政治舞臺。漢武帝晚年像周武王托孤周公旦那樣，把年幼的太子劉弗陵託付給霍光輔佐。霍光輔佐幼主，實現了「昭宣中興」。

走上孝順坡的霍去病本來只是行孝，哪會想到竟會為漢朝的中興預設了伏筆。這是絕對不應忽略的事實，可惜《漢書．霍光金日磾傳》只記下簡短的一句話：

還，復過焉，乃將光西至長安，時年十餘歲，任光為郎，稍遷諸曹侍中。

衛青居功不傲

《史記．衛將軍驃騎列傳》：「乃益置大司馬位，大將軍、驃騎將軍皆為大司馬。」

凱歌還朝，衛青、霍去病的官職與聲望達到了前所未有的高度，漢武帝設置了大司馬的職位，舅舅與外甥並列大司馬。可喜可賀！慢，一將功成萬骨枯。衛青、霍去病這盛譽是無數將士用生命換來的。《史記．衛將軍驃騎列傳》記載：「兩軍之出塞，塞閱官及私馬凡十四萬匹，而復入塞者不滿三萬匹。」士兵呢？傷亡也很多，「漢兩將軍大出圍單于，所殺虜八九萬，而漢士卒物故亦數萬」。這是《史記．匈奴列傳》列出的數字，真正是一將功成萬骨枯啊！

當我們為這場戰役所付出的沉重代價禁不住惋嘆時，有人卻把目光盯住了另一個面向。此時，霍去病不僅職位與舅舅相等，而且，據《史記．衛將軍驃騎列傳》記載：「令驃騎將軍秩祿與大將軍等。」由此可見，霍去病更受漢武帝鍾愛，如果接著《史記》前面的話抄錄則是，「自是之後，大將軍青日退，而驃騎日益貴」。甚至，原來追隨於衛青門下的故人，也投身於霍去病門下，而且不少人還因為改換門庭而官升一品。人無千日好，花無百日紅。衛青當作何想？

衛青，一如既往，還是往日那個「性雄毅，多大略」的衛青。「性雄毅，多大略」，這是後人對西夏開國君主李元昊的評價，我卻覺得用這話評價衛青毫不過分。衛青就是這樣，別看上陣殺敵英勇果敢、多謀善斷，為人處世卻絕無半點傲氣，他寬厚平和，樂於讓人在他那裡如沐春風。寫到此，寧乘從《史記》裡跳出來了——不是，是寧乘從待詔的待詔人窩裡跳出來，攔住了衛青的車子。

那是元朔六年，衛青剛從前線回朝不久，因為殺敵立功，漢武帝賞賜給他千兩黃金。正可謂春風得意馬蹄疾，但他居然不擺架子，和藹地停下了車子。

那這寧乘是何等人氏？如前所述，他是個待詔的拮据人士。前線將士浴血奮戰時，漢武帝竟然開始迷戀方術，徵召方士。寧乘就是方士中的一位。待詔之時，衣食沒有著落，食難飽腹，衣不蔽體，鞋子沒鞋底。有人開他的玩笑：「你不知道我知道，天不知道地知道。」寧乘不知所云，正在發呆，圍觀的人哄堂大笑，笑著揶揄：「不知道是什麼？沒底子的鞋！」

就是這個遭人嘲弄的寧乘攔住了衛青的車子。衛青問他有什麼事，他說事情機密，不便路陳。衛青將他帶回大將軍府中，屏去左右，私下問他。寧乘告他：「大將軍身食萬戶，三子封侯，可謂位極人臣，一時無人可比。但是，物極必反，高且益危。大將軍亦曾計及否？」

衛青皺眉問道：「我平日也曾慮及，無計自保，君有何計教我？」

寧乘直言相告：「今王夫人受寵，彼有老母在都，未邀封賞，家境不富。大將軍何不先贈百金，討個歡欣？多一個內援，即多一分保障，減一分顧慮，豈不更好？」

這王夫人不是別人，正是漢武帝的新歡。衛青帶兵在前線拚命廝殺時，姐姐衛子夫給漢武帝生出三女一男後，花容不復，秀髮也脫落了不少，顯然無法和原先的天生麗質相比。每天面對這個日漸衰老的面孔，漢武帝漸覺乏味。

漢武帝的心思，早有人揣摩到了。於是，趙地一個貌若天仙、能歌善舞的絕色美女被千里迢迢選入宮來。果然，漢武帝心花怒放。美女姓王，漢武帝封她為夫人，位置僅在皇后之下。王夫人得寵，家境還未好轉。她父親早年去世，母親拉拔她長大。她應召入宮，母親也來到長安，臨時居住，日子只能說過得去。

寧乘要衛青接濟王夫人家，等於給他出了個難題。按照俗人理解，王夫人無疑是衛子夫的情敵。不去支持姐姐打敗情敵，反而討好情敵，這在情理上無論如何也說不過去。衛青若是拿出在戰場殺敵的衝勁，手起刀落，寧乘就會腦袋搬家、身首異處。

衛青卻不怪罪寧乘，反而依計而行，拿出五百金送給王夫人的母親。王母得到黃金，告訴了女兒。女兒欣喜地告給了漢武帝。漢武帝十分滿意，卻以為衛青不會有此心計。待到衛青進宮，向他詢問贈金一事，衛青回答是寧乘所出主意。漢武帝立即召見寧乘，拜他為東海都尉。寧乘謝恩退出，佩戴都尉印綬，乘坐高車駟馬，風風光光赴任履職去了。

這是漠北征戰之前的往事，本不該再掛在唇齒間。我之所以要提出來，是因為衛青凱旋後，還要面對姐姐衛子夫失寵的難題。漢武帝另有新寵，不是衛青能夠左右的事情，他也不會為此多費口舌，招惹麻煩。值得注意的是，衛青不找麻煩，麻煩不等於不找衛青。給衛青帶來麻煩的人正是他的妻子平陽公主。

這個平陽公主，可真是個令衛青啼笑皆非的女人。她一番苦心經營，把衛子夫送進宮裡，對衛家有再造之恩。衛青曾經是她的騎奴，現在卻成為她的丈夫。只要是平陽公主想得到的，幾乎沒有得不到過。平陽公主還要繼續討皇帝的歡心。討皇帝歡心的辦法還能有什麼？故技重施，為他另覓新歡。把衛子夫作為新歡送給漢武帝，冷落了皇后陳阿嬌；這再覓新歡送進宮，豈不是冷落了姐姐衛子夫？平陽公主可不管那麼多，但這豈不是讓衛青有苦難言。

傾城傾國的李夫人

《漢書．外戚傳》：「平陽主因言延年有女弟，上乃召見之，實妙麗善舞。」

漢武帝曾在元鼎四年（西元前一一三年），寫過一首〈秋風辭〉，內中有句：「蘭有秀兮菊有芳，懷佳人兮不能忘。」在我看來，是秀麗的蘭草、芳香的菊花，引發了漢武帝對早逝美人的情思。有專家卻認為，不能局限於字面的解釋，這其實表達的是作者對功業的追求。我敬慕專家，不敢貿然與之爭辯，卻想匍匐於歷史事實之中，去尋找其中真諦。欲打開漢武帝懷思的祕密，可以借助他寫下的另一首賦，即〈悼李夫人賦〉：

美連娟以修嫮兮，命樔絕而不長。飾新宮以延貯兮，泯不歸乎故鄉。慘鬱鬱其蕪穢兮，隱處幽而懷傷。釋輿馬於山椒兮，奄修夜之不陽。秋氣憯以淒淚兮，桂枝落而銷亡。神煢煢以遙思兮，精浮游而出畺。託沈陰以壙久兮，惜蕃華之未央……超兮西征，屑兮不見。寖淫敞，寂兮無音。思若流波，怛兮在心。

亂曰：佳俠函光，隕朱榮兮。嫉妒闒茸，將安程兮。方時隆盛，年夭傷兮。弟子增欷，洿沫悵兮。悲愁於邑，喧不可止兮。向不虛應，亦云己兮……嗚呼哀哉，想魂靈兮！

翻譯後讀更顯見其中殷殷真情：妳的姿容纖弱而美好啊，可嘆性命短暫不長久。裝飾了新宮久久期待著妳啊，妳卻消失了身影不再回歸故鄉。荒草叢生一片淒涼景象啊，妳身處幽暗之地令我神傷。把車馬停在陵墓旁啊，長夜漫漫何時天明？秋氣寒涼令我心中慘痛啊，那可人的桂枝玉隕香銷，我的靈魂孤獨地思戀著遠方的妳啊，精神脫離軀體四方漫遊。長期寄情於地下的妳啊，痛惜妳花容如繁花早逝，天的盡頭大概並不遙遠啊，我想念妳那翩翩徜徉的身姿。花蕊綻放等待著春風啊，沁人的芬芳愈加濃郁，明亮的面容婉順安詳啊，飄搖於風中卻更加端莊。燕子飛去飛來棲止於楹梁啊，妳美目流盼蛾眉輕揚。我心中無時不追尋著妳啊，你卻將妳顏深深地掩藏。相會歡愉親熱又終於分離啊，我深夜從夢中驚醒心下茫然……

第十章　凱歌還朝堂

如同紅日西墜，霎時不見了蹤跡。一切漸漸朦朧起來，靜悄悄的再也沒有了聲音，我對妳的思念如流水不絕，心裡永遠悽愴傷懷。

結語說：佳麗光彩照人，卻如鮮花般凋零；那些嫉妒卑賤之輩，如何能與妳相匹敵！正當鼎盛年華，卻夭折而亡，兄弟小兒哭個不休，涕淚交流。悲愁鬱結於中，哀聲不絕於耳。我們的哀痛妳無法知曉，真令人無可奈何……可悲啊可嘆，我終日想念著妳的靈魂！

閱讀過這首賦，再回頭讀〈秋風辭〉，就會循著漢武帝的情感去理解往事。

漢武帝這首懷念佳人的賦，是寫給李夫人的。

李夫人可不像王夫人那樣，一亮相就奪取了漢武帝對皇后衛子夫的寵愛，她是在王夫人死後才登場的。說來王夫人更像是朝陽升起時的晨露，太陽的光澤剛剛照亮她的笑靨，她本應該好好承受這份福氣，卻倏爾消失得無蹤無影。王夫人的死，讓漢武帝遭受感情上的重創。他終日鬱鬱寡歡、悶悶不樂。這種思念夠有力度了吧？不，若是和李夫人去世時相比，那還只能算是秋風掠過，僅僅吹皺了心湖的表面。李夫人的死，讓漢武帝痛徹心扉。若不然，他為何能走筆寫出這情真意切的懷思文字。

這李夫人何許人也，如何進宮廷？

說來還是因為平陽公主要討好皇帝。王夫人福薄命淺，溘然長逝，讓漢武帝傷心透了，整天愁眉不展。終於有一天，他舒展開了愁眉，那是一首歌，唱得他開心極了。唱歌的是誰？李延年。《漢書．外戚傳》記載：

延年性知音，善歌舞，武帝愛之。每為新聲變曲，聞者莫不感動。延年侍上起舞，歌曰：「北方有佳人，絕世而獨立，一顧傾人城，再顧傾人國。寧不知傾城與傾國，佳人難再得！」上嘆息曰：「善！世豈有此人乎？」平陽主因言延年有女弟，上乃召見之，實妙麗善舞。由是得幸……

這真是一場精心策劃好的表演。就在漢武帝思念王夫人未能自拔時，他喜愛的宮廷樂師李延年唱了一首佳人歌。歌中的美人美到了傾城傾國的程度，聽得漢武帝幾乎不敢相信。就在此時，平陽公主插話，李延年妹妹就這樣美呀！漢武帝見說立即召見，果然貌美無比。於是，新來的佳人消除了對舊有佳人的思念，漢武帝日日貪歡。李延年在唱自己妹妹的時候，為什麼平陽公主會在身邊？說穿了，這恐怕就是平陽公主早就設計好的一場演出。她是為皇帝驅除憂思，也是給衛子夫再找情敵。

看著姐姐受冷落，看著與自己耳鬢廝磨的妻子平陽公主給姐姐製造冷落，衛青是何心情？還能和她一心一意生活嗎？我不敢肯定，更不敢否定，因為這些猜想在史書裡找不到任何證據。我能肯定的是，衛青寬宏大量，並不與這個多事的妻子計較。《漢書·衛青霍去病傳》所記：「與主合葬，起塚象廬山雲。」這是說，平陽公主死後與衛青合葬，而且是她主動要求的。要知道，衛青是平陽公主的第三任丈夫，她不選與前兩位合葬，可見衛青並沒有因為她多事而冷落她，仍舊一如先前那樣對待她。

衛青不是一般的大度，而是度量超群。可就是這個寬宏待人的衛青，竟然被人打了個鼻青臉腫。

李敢出拳打衛青

《史記．李將軍列傳》：「怨大將軍青之恨其父，乃擊傷大將軍，大將軍匿諱之。」

打傷衛青的不是李蔡，而是李敢，但話卻要從李蔡說起。李蔡是李廣的從弟，多種資料解釋是李廣的堂弟。李廣這位堂弟也很聰明。《史記．衛將軍驃騎列傳》記載：「將軍李蔡，成紀人也。事孝文帝、景帝、武帝。以輕車將軍從大將軍有功，封為樂安侯。已為丞相，坐法死。」由這段話回望當初，李家在漢朝雖然不及衛家，名望卻也不小。李蔡朝中為丞相，一人之下，萬人之上，威名顯赫。李廣多年率兵征戰，早已是資深的將軍。即使沒有封侯，同僚、平民也都把他視為屢次征戰匈奴的英雄。李敢更是後起之秀，追隨父親出征，遭受匈奴右賢王大軍圍困時，他能殺出重圍又殺回。待到追隨驃騎將軍霍去病出征漠北時，雖然是個校尉，霍去病卻把他當作副將對待。一門三個武將，都在上陣殺敵、建功立業，怎不令人仰望！何況，李敢的叔叔李蔡，文武兼備，上陣能殺敵擒賊，下馬能經國治世，真是無限光環輝耀著李家。

可惜，物極必反，似乎李蔡登上丞相位，李家便到了巔峰。巔峰是頂峰，也是險峰。無限風光在險峰，無限危機也在險峰。李廣自殺，表面原因是他迷失道路、行軍遲緩，沒能及時參加與匈奴伊稚斜單于的決戰;深層原因是衛青調整了作戰方案,本是前將軍的他,被安排到側面迂迴進擊。不少人對衛青頗有微詞的原因恰在這裡,認為衛青貪圖功勞,不給老將軍立功封侯的機會;甚至指責他,偏待曾經救他不死的公孫敖,讓公孫敖隨他從正面攻擊匈奴,殺敵立功,以便洗刷他曾經黃金贖身、貶為庶人的污點。這種指責似乎不無道理,金無足赤,人無完人,衛青亦然,有點私念不足為奇。只是考察《史記·李將軍列傳》,可以看到這樣的記載:「大將軍青亦陰受上誡,以為李廣老,數奇,毋令當單于,恐不得所欲。」儘管李廣是前將軍,出征前漢武帝曾私下給衛青交代:李廣年事已高,不敢讓他直接與匈奴單于交戰,恐怕「不得所欲」。「不得所欲」四字值得咀嚼,至少能夠嚼出兩種滋味。其一,擔心李廣難以戰勝匈奴人馬,反使自己再度遭受重創。其二,李廣遭受重創還在其次,最主要的是漢武帝期望本次出兵能成就抗擊匈奴的決定性勝利,如果因為李廣失利而毀掉精心部署的大計,那可真是「不得所欲」。漢武帝這樣囑咐衛青不無道理,無論李廣再驍勇善戰,終究沒有一次能漂漂亮亮打個大勝仗——或許這也是人們所說的缺乏信任感,李廣沒能用作戰的實例來證實自己戰之能勝,只能證明他精忠報國,招之能來,來之能戰。甚而可以這樣猜度,本次決戰出征的將領榜上原本未必有李廣的名字,是他積極爭取,漢武帝才答應了他的請求。漢武帝不好意思回絕他,保護了李廣的熱情,卻給後面的事件發展埋下了衝突。

《史記·李將軍列傳》記載:

廣時知之,固自辭於大將軍。大將軍不聽,令長史封書與廣之莫府,曰:「急詣部,如書。」廣不謝大將軍而起行,意甚慍怒而就部,引兵與右將軍

> 食其合軍出東道。軍亡導，或失道，後大將軍。大將軍與單于接戰，單于遁走，弗能得而還。南絕幕，遇前將軍、右將軍。廣已見大將軍，還入軍。大將軍使長史持糒醪遺廣，因問廣、食其失道狀，青欲上書報天子軍曲折。廣未對，大將軍使長史急責廣之幕府對簿。廣曰：「諸校尉無罪，乃我自失道。吾今自上簿。」

由此看出，衛青要李廣率軍迂迴助戰，李廣告訴衛青，他不受命。衛青不聽，令長史直接將命令送到李廣的軍部，並催促李廣趕緊到右將軍處報到。李廣非常生氣，不僅不辭而別，還「意甚慍怒」。個人鬧脾氣，心態不平和，自然影響識路行軍，或許也是迷途晚至的原因。及至貽誤作戰，受到問責，李廣更是惱怒。

李廣告訴身邊將領：「我與匈奴交戰大小七十餘次，今有幸隨大將軍出擊匈奴單于，然而大將軍竟讓我迂迴作戰，致使迷失路徑，豈不是天意在此。我已經六十餘歲，再不願意面對刀筆小吏的責問。」說完，「引刀自刭」。

李廣對待將士很好，與他們同甘共苦。行軍遇到泉水，士卒有一個人沒有喝，他不喝；士卒有一個人沒有吃飽飯，他不吃飯。他自殺於軍中，恰如《史記．李將軍列傳》所載：「廣軍士大夫一軍皆哭。百姓聞之，知與不知，無老壯皆為垂涕。」李敢聞知，也很痛苦，或許是由於立下戰功、受賞封侯的原因，安葬了父親的他情緒逐漸平復。情緒突然失控，是因為出了個意想不到的事情——擔任丞相的叔叔李蔡也自殺了。李蔡自殺完全是咎由自取，與衛青沒有絲毫瓜葛。官居高位，免不了有大頭症，欲望隨著大頭症也跟著膨脹了起來，貪圖錢財就是膨脹的一種表現。身居高位的李蔡貪圖錢財並不奇怪，奇怪的是他「膽量過人」，居然把漢景帝陵墓旁邊的一塊田園據為己有。

不知這一塊田園價值多少，可知的是居然搭上了李蔡的一條人命。事情被人告發，眼看要被追責，李蔡自知逃不脫懲罰，乾脆自殺了結了性命。李蔡這一死，李家接連兩位高官喪生，猶如大廈傾倒。李敢失去父輩的庇佑，忽然處於勢單力薄的狀態。連遭逆風，本應韜晦低調，渡過難關，可惜李敢雖非少年，卻仍少年氣盛，無名火氣直往頭上衝。之所以說他火氣上來，是因為他已怒氣衝衝闖進衛青府中，厲聲質問父親自殺的緣由。衛青直言相告，李敢肯定沒有聽進去，他相信了社會上的傳言，指責衛青有意讓父親繞遠，以致迷路。這事如何說得清、道得明？衛青再要解釋，李敢的拳頭已經打在了他的臉上。

《史記》、《漢書》對此事記載都過於簡練，只有「乃擊傷大將軍」幾個字。試想，衛青是大司馬、大將軍，難道府中沒有衛士？難道擊傷衛青就能隨便脫身？可以想像，李敢擊傷衛青，是在衛青毫不設防的情形下，虎老雄風在，衛青連匈奴騎兵都不怕，還怕李敢嗎？還打不過他嗎？何況，即使衛青不出手，府中衛士也會一擁而上將他擒拿。所以，他能輕易從大司馬、大將軍府邸走出來，那肯定是衛青寬容了他，放走了他。

大肚能容天下難容之事，這就是衛青的胸襟。

霍去病射殺李敢

《史記．李將軍列傳》：「驃騎將軍去病與青有親，射殺敢。」

年輕氣盛的李敢對衛青拳腳相加一定是出於一時衝動。他跟著霍去病上陣殺敵，屢立戰功，受到漢武帝賞識，封為關內侯，一路順暢；家門遭此不幸，也委實令人慨嘆。只是，衝動到動手打人，還將大司馬、大將軍打傷，這就太過分了。事後冷靜下來一想，他肯定會有些「心驚膽顫」。不必「心驚膽顫」，衛青絕沒有報復他的意思。不過，站在衛青的角度一想，李敢確實出了個難題給衛青。「大將軍匿諱之」，是衛青一貫的做法，即使火氣再大，他也不願事情鬧大。若是傳到朝堂之上，說不定李敢有殺身之禍；即便性命無憂，怕也會斷送這青春才俊的美好前程。於是，衛青乾脆不出門，不上朝，在家裡靜養。

在家裡靜養，家裡未必平靜。家裡即便沒有他人，也還有衛青的妻子。要知道這個妻子不是個循規蹈矩的凡家女子，是那個最喜歡出人頭地的平陽公主。平陽公主嫁給衛青，是因為群臣當中最為高人一等的是衛青。若不然，她怎麼會下嫁昔日給自己挽轡繩、撫鞍鐙的騎奴。試想，李敢打傷她的夫君，她能不知道？知道了她會善罷甘休？她會受這份窩囊氣？不會，以她的性格，必然會大聲吵鬧，鬧到皇帝那裡去，非給李敢點顏色看看不可。如此衛青能夠靜養嗎？很難。所以，衛青首先必須跟妻子好好溝通，壓住她的火氣。世人不會清楚衛青如何苦口婆心寬慰平陽公主，但所幸史書上沒有為此事出現平陽公主的身影。若是平陽公主一出頭，事情鬧大，肯定沒有李敢這個毛頭小子的好果子吃。

安撫好平陽公主，衛青一不出府，二不上朝，只在家閉門養傷，藥物調理，他打算待傷好後再出戶。

一天兩天，數日過去了，李敢慌亂的心情不再慌亂。「心驚膽顫」的李敢甚至覺得只是虛驚一場，懸著的心終於放下了。可是，潛在的危機並沒有消失。

衛青不思報復，不等於沒人報復。那幾日養傷，衛青確實足不出戶。衛青不出去，不等於府上沒人來。別人來就算了，偏偏還來了個霍去病。霍去病幾日不見舅舅上朝就覺得很奇怪，便前來看望他老人家，一進門就見舅舅鼻青臉腫。拉住下人一盤問，當即火冒三丈：我這舅舅出征匈奴多次，把那些殺人放火的凶手都打得抱頭鼠竄，還怕你！竟敢在太歲頭上動土，欺人太甚！這口惡氣霍去病怎麼能咽下去！說話間必然拔出佩劍，怒髮衝冠，要去找李敢算帳。這時候，衛青肯定會將這個外甥按定在座位上，好言相勸，壓住他的火氣，攔住他，不使另生禍患。可衛青攔得了眼前，攔不了背後。從後來的記載推斷，霍去病肯定是此仇不報，悶得坐臥不寧、寢食難安。是日，日麗風清。漢武帝去甘泉宮遊獵。霍去病陪同，李敢也隨行在其中。李敢隨行是誰讓去的？是不是霍去病安排的？不得而知。說是霍去病安排的也有道理。出征匈奴，李敢就是霍去病軍中的校尉，而且還是類似副將的校尉，有著調動指揮其他校尉的權力。正由於追隨霍去病作戰，李敢才能建立軍功，受賞封侯。他聽從霍去病調遣已成為習慣，況且陪同皇帝遊獵，是多少人求之不得的好事啊！

進入甘泉宮，遊獵御隊正要歇息，一群梅花鹿迎面奔來，見到大隊人馬忙又轉身逃走。

漢武帝揚鞭催馬緊追過去，只待時機，彎弓搭箭。正追著，只聽有人大叫一聲，回頭看時，李敢落下馬去。漢武帝以為李敢只是落馬，沒放在心上，繼續追趕鹿群。沒多久，侍中追來稟報，李敢死了——竟是霍去病暗箭射死的，漢武帝不禁大吃一驚。原來，漢武帝追趕獵物時，李敢也緊跟其後猛追。霍去病卻在背後抬手一箭，正中李敢。李敢落馬，倒在地上，斃命。

漢武帝聽了不免惱怒，近前看過，果是箭傷。可是，出手射死李敢的竟是霍去病，竟是打得匈奴膽戰心驚的愛將，這該如何是好？若要追究，依律應當問斬。生氣的漢武帝即使訓斥，即使打罵霍去病，都不為過。只是可罵，可打，卻萬不能依法處置。李敢死了無法復生，又何必再賠去大司馬的性命！於是，傳令，李敢為鹿角觸死。霍去病就這樣在漢武帝面前肆意報復了李敢。而李敢因為一時衝動，斷送了自己的性命。對此，《史記．李將軍列傳》只留下幾個字：「去病時方貴幸，上諱云鹿觸殺之。」

第十一章　生前身後事

霍去病暴病身亡

《史記・衛將軍驃騎列傳》：「驃騎將軍自四年軍後三年，元狩六年而卒。」

仔細閱讀史書，似乎可以觸摸到歷史人物的心跳。《史記・三王世家》記載：

大司馬臣去病昧死再拜上疏皇帝陛下：「陛下過聽，使臣去病待罪行閒。宜專邊塞之思慮，暴骸中野無以報，乃敢惟他議以干用事者，誠見陛下憂勞天下，哀憐百姓以自忘，虧膳貶樂，損郎員。皇子賴天，能勝衣趨拜，至今無號位師傅官。陛下恭讓不恤，群臣私望，不敢越職而言。臣竊不勝犬馬心，昧死願陛下詔有司，因盛夏吉時定皇子位。唯陛下幸察。臣去病昧死再拜以聞皇帝陛下。」

《史記・三王世家》開宗明義，記敘當初皇帝分封三王的過程。幾經周折，最終漢武帝下詔批示道：「立皇子劉閎為齊王，劉旦為燕王，劉胥為廣陵王。」漢武帝立三王不是本章要關注的面向，而是霍去病上疏的語氣。語氣可以聽出態度，態度可以觸摸心跳。「大司馬臣去病昧死再拜上疏皇帝陛下」，「臣去病昧死再拜以聞皇帝陛下」，幾乎相同的句式在短短的上疏中重複兩次，雷同的詞句是「臣去病昧死再拜」、「皇帝陛下」。讀到這句子，我在懷疑這是不是霍去病的語氣。想想當初打勝匈奴歸來，漢武帝要他讀兵法，他說：「顧方略何如耳，不至學古兵法。」漢武帝給他蓋府邸，他說：「匈奴未滅，無以家為也。」給你蓋房住，你不要，是報國精神，即使話語生硬也無人計較。可是，讓你學習兵法難道有錯？為何回答得那樣生硬，簡直能講得漢武帝臉紅脖子粗。傲氣、趾高氣揚、目空一切，這就是當初的霍去病。

如今，上疏請立三王，霍去病成了唯唯諾諾的謙謙君子。完全判若兩人。為何？我認為是他射死李敢所致。所謂「衝動是魔鬼」，李敢怒打衛青是出於衝動，放出心底的魔鬼；霍去病射死李敢是出於衝動，他也放出了心底的魔鬼。事後冷靜一想，復仇的欲望滿足了，卻做過了頭。李敢有錯，不，就算是李敢有罪，難道應該處死？回眸征討匈奴的戰場上，李敢率兵廝殺的情景，霍去病肯定會無比歉疚。歉疚一時衝動做錯了事！如果漢武帝認真，按照法律處置，那他霍去病即使苟活下來，也需要繳納贖金，買條不光彩的小命。

他，霍去病，哪裡還有敢在漢武帝面前心高氣傲的底氣，只能謹謹慎慎履行一個臣僚的職責。這應該是霍去病的人生分水嶺，過往的教訓，警示他：不要重蹈覆轍，應該重新做人。霍去病醒悟了，明白了，準備開始生命的新歷程。然而，時光卻不肯給他這個機會了。像劃破長空的流星般，霍去病突然就在這個世界上消失了。《史記》記載：「元狩六年而卒。」

元狩六年，霍去病去世，生命永遠定格在二十四歲。霍去病為何猝死？史書中找不到原因，歷代推測無外乎兩種說法，即患病身亡與遭暗算死亡。患病身亡又有兩種說法。一是積勞成疾。連年征戰匈奴，每次都是挑戰生命極限，「早出飛狐塞，晚泊樓煩城」，體力透支，且是連續透支，發病而死。二是暴病身亡。霍去病性格暴躁，常盛怒，怒火傷身，突發重病致死。再說遭暗算死亡。霍去病一再請立三王，是不是得罪了人？或者，他射死李敢，也為自己準備好了掘墓人？說法不一，各有道理。

漢武帝厚葬愛將

《史記．衛將軍驃騎列傳》：「天子悼之，發屬國玄甲軍，陳自長安至茂陵，為冢象祁連山。謚之，并武與廣地曰景桓侯。」

霍去病患病後終日發燒，持續不退。侍女們將漢武帝特賜的御窖寒冰放在他的身邊，他還是叫太熱。太醫院的御醫幾乎全跑來了，開出七八個藥方，不見一點療效。守在床邊的衛青，焦急萬分，卻也沒有一點辦法。他握住霍去病的手，輕輕安慰：「堅持住，會好的！」

霍去病低沉地說：「大丈夫和凡夫俗子一樣，都有一死。我跟您出擊匈奴，壯志已酬，死而無憾！」

衛青哽咽無語，這些話卻被剛剛進來的漢武帝聽見了。他走近霍去病，說：「不，朕還

第十一章　生前身後事

要你和我出獵，還要你上陣！」

霍去病猛然坐起，可惜沒能坐穩，朝後仰倒去，不再說話。漢武帝叫，愛卿！不應。叫，去病！不應。再叫，不應。闔府大慟，哭聲四起，幾乎要掀翻屋頂。漢武帝大聲道：「都給我住聲！」在場的人，都憋住了哭聲，屋子裡只能聽見漢武帝一個人的哭聲。突然，他止住哭聲，道：「你，先走，在那邊等朕。朕將你安葬在茂陵，百年以後，我們君臣相守，永不分離。」

流淚也無法減輕漢武帝的悲痛，他頒令，由霍去病的兒子承續父親的冠軍侯；他親自為霍去病確定諡號：景桓侯。西周後期形成的《諡法》規定：「布義行剛曰景」、「辟土服遠曰桓」，故稱其「景桓侯」。

在朝野上下的一片哀聲中，霍去病被陪葬在茂陵。下葬之日，漢武帝命令河西五郡的胡人邊民，穿黑衣，披黑甲，列隊綿延幾十里護送霍去病靈柩前往茂陵。他的陵墓建造為祁連山的形狀，以紀念他生前征戰建立的不朽功勳。

如今，茂陵博物館沒有建在安葬漢武帝的茂陵，就建在霍去病墓地。茂陵博物館建在這裡，是因為霍去病墓地石刻文物眾多，能夠就近保護。雄偉壯觀的陵墓兩側，安放著栩栩如生的造像石刻。這些石刻刀法簡單，大氣非凡，堪稱石刻藝術的極品。

譬如〈起馬〉，一塊巨石塑造出一匹即將站起的戰馬。它雙目直視前方，馬頭微微昂揚，右前腿略微彎曲，似乎即將騰躍而起。〈躍馬〉，似乎就是〈起馬〉的延續，馬前腿弓起，後腿跪地，正在奮力騰躍，顯示出蓬勃氣勢。〈伏虎〉，粗看是一塊未經雕琢的石頭，細看是粗略鑿刻的老虎。借助石頭的自然形態，稍加修飾，就渾然天成出虎之威風。〈臥象〉，軀體伏地，眼睛小而眯，鼻子橫逸在左腿之外，絲毫不露自身的威猛，溫馴中卻蘊藏著凜然不可侵犯的氣勢。〈野豬〉，與伏虎有異曲同工之妙。一塊石頭，寥寥幾筆——不是幾筆，只是幾鑿子下去，鑿開了幾縷線條，線條過後就有了一頭蹲伏的野豬，三角眼大睜，尖尖嘴巴朝前，像是在注視就要到嘴的食物。〈石魚〉，石頭既是魚，也是水。線條劃過石面，裡面是搖頭擺尾的魚，外面是紋絲不動的水，魚和水長相廝守，兩千年之久。〈石人〉，頭後仰，眼圓睜，嘴大張，牙外露，雙手搭在胸前，五指分開，活脫脫是一個在戰場上受傷的匈奴俘虜形象。

再譬如〈怪獸吃羊〉，方頭大嘴，身短腿長，頭上有角，真不知道是什麼動物。怪獸猙獰凶殘，正在吞噬一隻小羊，小羊拚命掙扎。殘暴與和善形成鮮明對比。〈人與熊〉，人是巨人，熊是幼熊。這樣解讀似乎還不確切，不是幼熊，而是人的雄壯威猛擠壓了熊的氣勢，熊變得小了，人變得高大了。人肢體粗大，深目隆鼻，矮小的熊拚命掙扎，逃不脫，走不掉。

在這些造像中，最為人稱道的就是那尊〈馬踏匈奴〉。馬神態威武、氣宇軒昂，一隻前蹄把一個匈奴士兵踏倒在地，手持弓箭的士兵仰面朝天，露出死到臨頭的表情，整尊造像意寓漢軍實力強大，具有凜然難犯的恢宏氣勢。戰馬的巨大體型和那個馬蹄下卑小的匈奴敗將形成了強有力的對比。雕刻以寫實與浪漫相結合的手法，使用一人一馬對比，勾畫出高下懸殊、無法抗衡的場景。梁思成曾讚嘆：馬頗宏大，形極馴順。腿部未雕空，故上部為整雕，而下部為浮雕，後腿之一微提，呈休息狀。馬下有個仰臥的匈奴人，面目猙獰，須長耳大，手持長弓，欲起不能。真是一葉知秋，將漢軍擊敗匈奴的十年大戰，濃縮在了一尊雕像上。雕塑家吳為山評價：古拙的技法，讓這件作品完美地形成了線、面、體相融的造型，寫意生動，直抒胸臆。

霍去病陵墓匠心獨運，用石頭銘刻了歷史，用藝術凝結了往事。戎馬倥傯，叱吒風雲，寥寥幾塊石頭，抒寫了霍去病短暫而威武的一生。霍去病在陵墓中安臥，在石刻上永生。

何止在石刻上永生，還在詩歌裡永生。打開浩如煙海的詩歌畫卷，有幾人的名字能頻繁出現在各個朝代？霍去病能！歷代詩人抒發心中豪情，表達勝利志向，筆墨就會描繪出霍去病的形象。

南北朝時期梁朝名將曹景宗詩作〈光華殿侍宴賦競病韻詩〉寫道：

去時兒女悲，歸來笳鼓競。
借問行路人，何如霍去病？

唐朝詩人王維在〈出塞作〉吟誦：

居延城外獵天驕，白草連山野火燒。暮雲空磧時驅馬，秋日平原好射鵰。護羌校尉朝乘障，破虜將軍夜渡遼。玉靶角弓珠勒馬，漢家將賜霍嫖姚。

寫一首歌頌霍去病還不過癮，王維在〈送張判官赴河西〉一詩中繼續稱頌：

單車曾出塞，報國敢邀勳。見逐張征虜，今思霍冠軍。沙平連白雪，蓬捲入黃雲。慷慨倚長劍，高歌一送君。

先前我們曾引用過李白一首詩，其中就有「將軍兼領霍嫖姚」的句子，他還不盡興，又寫下〈塞下曲〉六首，其中一首寫道：

駿馬似風飆，鳴鞭出渭橋。彎弓辭漢月，插羽破天驕。陣解星芒盡，營空海霧消。功成畫麟閣，獨有霍嫖姚。

杜甫也不甘人後，寫了一首〈後出塞〉，又寫了一首〈陪柏中丞觀宴將士〉，先寫下「借問大將誰？恐是霍嫖姚」，繼而又寫下「漢朝頻選將，應拜霍嫖姚」。

霍去病、霍冠軍、霍嫖姚……霍去病英名不朽，代代傳頌，傳頌著他的威武，傳頌著時代的驕傲。時光遠去，物是人非，霍去病的風采依舊！

絲綢之路誕生

《漢書．張騫李廣利傳》：「烏孫發導譯送騫還，騫與烏孫遣使數十人，馬數十匹報

第十一章　生前身後事

謝，因令窺漢，知其廣大。」

一件突如其來的喜事，打破了霍去病去世後漢朝的沉悶空氣：張騫出使西域歸來了！

張騫居留烏孫日久，卻無法說動烏孫王回遷原來的住地，很不甘心——千里迢迢而來，事不如願，回去該如何向漢武帝覆命？上次滯留匈奴十年，偷偷跑到大月氏，卻沒能與之結成聯盟共同打擊匈奴；如今又遇上優柔寡斷的烏孫王，這真令張騫沮喪。他耐心等待，等待烏孫王有個明確態度。

張騫不走，烏孫王肯定心緒難寧，既然已經打定主意不回遷原住地，那如何讓漢使死心，儘快離境返漢？辦法終於有了，而且話一出唇，張騫立即打點行裝，踏上歸途。烏孫王說，自己不了解漢朝，當然無法相信漢朝的實力，也就無法同意回遷。派幾位使臣前往漢朝看看，倘若漢朝果真強大，自然可以結為盟國。張騫當然高興，帶著烏孫使臣還朝——讓他們親眼看見漢朝之大、之富，聯手就會大有希望。如此，才有了《漢書·張騫李廣利傳》所載的：「烏孫發譯道送騫，與烏孫使數十人馬數十匹。報謝，因令窺漢，知其廣大。」

自元狩四年，張騫再次踏上前往西域之路，他便淡出了漢武帝的視野。淡出了漢武帝的視野，不等於淡出了他的思慮。志在穩固邊塞的一朝天子，時刻都在期望精心謀劃的大計成為現實；尤其是衛青、霍去病出征漢北勝利歸來，「匈奴遠遁，而幕南無王庭」，北方的邊患已經消除，西面呢？就等張騫帶回佳音。然而，張騫這一去，再無消息，未免令人焦急。焦急是無濟於事的，焦急久了還會變為失望。是呀，上次張騫一走十多年，難道這次還會重蹈覆轍？應該不會。上次是因為匈奴扣留無法回來，這次已將匈奴逐出隴西，怎麼會悲劇重演？難道還有其他意外？

希望就要變為失望時，元鼎二年（西元前一一五年），張騫卻突然出現在朝堂。可想而知，漢武帝是何等高興——看見張騫高興，看見烏孫使臣高興，看見使臣帶來的幾十匹高頭駿馬更為高興。他高興地提拔張騫為大行令，專門負責管理聯絡西域各國的事務。

張騫多才多藝，在烏孫還學會了橫吹胡曲，即〈摩訶兜勒〉一曲，他一吹奏，這新鮮的曲調很快傳遍長安城。樂師李延年聽見大受啟發，更造新聲二十八解，形成漢朝軍樂的基調。一年以後，張騫派往各國的那些副使陸續回來，皆不空手，帶回不少西域特產，胡桃、蠶豆、石榴、葡萄以及琥珀等等，真是琳琅滿目，看得漢武帝目不暇給。

漢武帝喜歡大宛的葡萄，更喜歡大宛的葡萄酒；喜歡大宛的良馬，更喜歡大宛的苜蓿。他下令種植苜蓿，飼養良馬；栽植葡萄，釀造葡萄酒。來年，他在遊樂的上林苑吃的是葡萄，喝的是葡萄酒，索性把離宮也命名為葡萄臺。城南的樂遊苑則全部種植苜蓿，春來一片茵綠，夏季繁花似錦，這罕見的美景陶醉了觀賞者。不知緣何，人們又將苜蓿稱為「懷風」、「光風」。苜蓿的種植很快綿延到茂陵邑，看見的人都欣喜地稱之為「連枝草」。

互通有無的物品交流就這樣開始了。漢武帝陸續派出一批批使團，前往西域各國，有時上百人，有時幾百人，每個使團都帶著豐厚的禮物。煉鐵技術、鑿井技術、開渠引水技術，源源不斷傳播到各地。西域各國最為喜愛的是漢朝絲織品。一位羅馬僧侶見到這精美的織物，讚不絕口：漢朝絲綢紋細如蛛絲，燦爛若雲霞，色澤鮮美可愛，賽過野花。

緣此，後來這條通往西域的大道才被譽為「絲綢之路」。

譽為「絲綢之路」，是幾近兩千年後的事情，當下的實情是，隴西至西域，已被鑿空，匈奴不再騷擾，張騫才能順利抵達、順利歸來。張騫用他的行動，體驗著大漢反擊匈奴的豐功偉績。

伴君保晚節

《漢書．衛青霍去病傳》：「贊曰：蘇建嘗說責『大將軍至尊重，而天下之賢士大夫無稱焉，願將軍觀古名將所招選者，勉之哉！』」

從以上引文的「贊曰」可以看出一個史學家的精明——讚揚衛青還想力求客觀公正，不帶主觀色彩。班固選取了一段對話，來印證衛青的無私豁達。和衛青對話的是蘇建，他認為大將軍十分尊貴，但天下賢能的士大夫卻少有人稱讚，所以希望他效仿古代名將招賢納士，努力提高聲譽。

為什麼選擇蘇建提出這個問題？眾所周知，蘇建追隨衛青出征匈奴，遇到勁敵，拚死奮戰，仍全軍覆沒，唯獨他隻身逃回大營，按律當斬。當時衛青身邊多有主張殺蘇建以給衛青立威者。衛青堅持己見，將蘇建交由漢武帝處置，後蘇建花錢贖罪，留得一命。如此厚恩，當然要報，蘇建懇請衛青招納賢士，樹立聲望，自在情理之中。那麼，衛青是何態度？感謝蘇建的好意，卻不遵從他的主張，告給他說：「自從魏其侯、武安侯厚待賓客之後，天子常常切齒痛恨。禮待士大夫，招攬賢能者，罷黜無能者，是君主的權力。大臣奉守法律，遵從職務即可，為何要招納賢士！」

這段對話，頗能看出衛青的品德。他功高而不震主，得勢而不立威，敬賢而不養士。在我眼裡，衛青具有兩種面貌，能夠很好地履行自己的角色。他是一隻猛虎，面對匈奴，他以數倍於敵軍的凶猛拚死作戰，力求勝利；他是一頭牛，回朝為臣，恭順謙和，寬懷忍讓，埋頭做事，從不趾高氣揚。

主父偃初到長安，極力要謀到一官半職，就拜見衛青請他向漢武帝舉薦自己。幾番對話，衛青看到主父偃學識滿腹，頗有見地，便上書舉薦。可是，多日過去，不見有任何消息。他再呈書舉薦，仍然沒有動靜。主父偃等得心焦，就斗膽寫了一封自薦奏章。沒想到，奏章遞上去，漢武帝當日就召見了主父偃，次日便封他為郎中，走上了為官道路。漢武帝沒有賞給衛青面子，他無怨無悔，依然盡職盡責。衛青派人去河東買馬，發現減宣是個人才，繼續推薦。漢武帝任命減宣為大廄丞，後來連續升官，擔任御史、中丞幾近二十年。司馬遷寫汲黯去見漢武帝時，漢武帝衣冠不整不予接見；而對於衛青，漢武帝則不拘禮節，甚至邊如廁邊和他商談國家大事。隨和是苦難童年賜予衛青最好的財富，即使成為威震朝野的大司馬、大將軍，他仍然不驕不躁，保持著一貫作風。這作風總讓人想起《堯戒》：「戰戰慄栗，日謹一日。人莫躓於山，而躓於垤。」是呀，他如此謹慎，沒有跌倒在大山前，也沒有跌倒在小土堆邊。

在《史記》裡，司馬遷不僅從正面建立衛青的形象，而且從側面凸顯他的品格。淮南王劉安陰謀造反前曾與幕僚伍被祕密商討，如果向朝廷開戰，漢武帝可能派誰來討伐。伍被認為衛青掛帥的可能性最大。《史記．淮南衡山列傳》寫道：

「被所善者黃義，從大將軍擊匈奴，還，告被曰：『大將軍遇士大夫有禮，於士卒有恩，眾皆樂為之用。騎上下山若蜚，材干絕人。』被以為材能如此，數將習兵，未易當也。及謁者曹梁使長安來，言大將軍號令明，當敵勇敢，常為士卒先。休舍，穿井未通，須士卒盡得水，乃敢飲。軍罷，卒盡已度河，乃度。皇太后所賜金帛，盡以賜軍吏。雖古名將弗過也。」王默然。

這段話從側面給予衛青極高的評價，以至於聽到這話的淮南王都不再說話，認真思考對策。思考的結果是，一旦準備起事，「使人即刺殺青」。這可真是高處不勝寒，剛正也危險。

衛青所要正視的還不止這些難題，還有更為令人尷尬的難題。漢武帝沉迷女色，姐姐衛子夫皇后的地位不穩，何止是皇后的地位，子憑母貴，母因數貴，互為因果，一旦皇后的地位失去，那麼外甥劉據的太子地位就會岌岌可危。若不是李夫人患病早亡，那她的兒子劉髆，可能就是太子最大的政敵。僥倖，李夫人福氣太淺，風華正茂，可惜天不假年。

或許衛青和姐姐衛子夫都長出了一口氣，卻不想剛剛走出哀傷的漢武帝，已經陶醉於尹婕妤和邢娙娥的美色之中。陶醉也罷，還製造出個「尹邢避面」的典故。

漢武帝沉湎於懷思李夫人的哀傷時，有人為解除他的悲痛，模仿李夫人的形象，朦朦朧朧投影出來，讓漢武帝重溫了一次舊夢。據說，這就是中國皮影的最早起始。皮影上的李夫人形象很美，但再美也是鏡中花、水中月。鏡中花無味，水中月無光，無味無光之物當然滋養不了劉徹的神魂。讓劉徹擺脫憂傷的是後宮的尹、邢兩位美姬。

尹是婕妤，邢是娙娥。婕妤和娙娥都是美貌的意思。兩位美人互不相讓，爭風吃醋，素未謀面，卻都認為自己 最美。一日，尹婕妤請求漢武帝讓她與邢娙娥相見，一較優劣。漢武帝逗趣，令宮女假扮邢娙娥去見尹婕妤。尹婕妤不傻，一眼看穿是別人頂替。漢武帝再召邢娙娥進去。邢服裝一般，姿容很秀媚，看得尹婕妤目瞪口呆，好久不語，再後便是俯首垂淚。邢娙娥落落大方，微笑離去。好在漢武帝豁達，沒有責怪尹婕妤，還曲意溫存，止住了她的珠淚。從此，兩人不再相見，這便有了典故：尹邢避面。

這兩個輕浮年少的嬪妃耍點小聰明，使個小性子，無礙大局。可誰又清楚往後會有哪個嬌娘來在漢武帝的身旁？衛青替把自己引入宮廷的姐姐衛子夫擔憂——巍峨的皇家後宮，猶如九霄雲外的廣寒宮。

鞠躬盡瘁垂後世

《史記・衛將軍驃騎列傳》：「其後四年，大將軍青卒，謚為烈侯。子伉代為長

平侯。」

衛青打敗匈奴右賢王歸來，三個兒子封侯，那是家業興旺的頂點；出征漠北，掃蕩匈奴單于伊稚斜凱旋，那是事業輝煌的頂峰。無論是頂點，還是頂峰，都潛存著危機。頂端陽光燦爛，但前後都是深淵，要想立足不敗，談何容易。《史記．衛將軍驃騎列傳》記載：

> 自驃騎將軍死後，大將軍長子宜春侯伉坐法失侯。後五歲，伉弟二人，陰安侯不疑及發干侯登皆坐酎金失侯。失侯後二歲，冠軍侯國除。其後四年，大將軍青卒，謚為烈侯。子伉代為長平侯。

衛青長子衛伉因為犯什麼法失侯，不清楚，只知道衛不疑和衛登失侯是因為酎金。酎，是古人精心釀製的美酒。據說，要從一月至八月，反復添加作料，才能逐漸釀成。自漢文帝起，每年要祭祀漢高祖廟。祭祀時，諸侯王與列侯必須按照封國人口奉獻黃金，稱之酎金。每千口俸金四兩，由少府驗收。漢武帝曾借助檢查酎金成色不足之事，削弱和打擊諸侯王及列侯勢力，一次就奪去一百零六位列侯的爵位。莫非衛不疑和衛登就在這一百零六人之列？如果這個推測沒有錯，既可以看出漢武帝執法之嚴，也可以看出匈奴遠遁後，衛青的地位在明顯滑落。不知衛青當有何感。

有人說：衛青在晚年與姐姐衛子夫談起身體大不如前，找出的原因是，兒時在家鄉放羊，睡在潮溼的羊圈，冬天只有半塊羊皮禦寒，凍壞了筋骨。氣得衛子夫簡直想殺衛青的父親鄭季，衛青則說不用了，他已經把那三個兄弟徵發從軍，兩個戰死，一個傷殘。由此可以看出，衛青已經報了仇，出了氣。我不認同這樣的寫法，衛青不是睚眥必報的那種性格，寬宏才是他一貫的表現。李敢打傷他，他都能強忍，還有什麼仇恨不能化解？那人寫衛青說的一句話：「我已派人去平陽給父親買房子，安排僕人照料他的生活。」這樣的舉止，才符合衛青的性情和人格，才符合實情。若不然，平陽，即現今的臨汾，為何會留下一個叫作青城的村子；而且，村裡祖祖輩輩都說，這是衛青的故鄉。

元封五年，衛青走到了生命的終點，諡號為「烈」。《諡法》規定：「以武立功，秉德尊業曰烈。」鞠躬盡瘁、死而後已的衛青，獲得這個諡號名副其實。衛青去世後，漢武帝下令將他陪葬在自己的茂陵，而且陵墓以廬山造型，那是他征戰過的地方。

沒過多少日子，漢武帝因「名臣文武欲盡」下求賢詔。

《漢書．武帝紀》記載：

> 大司馬大將軍青薨。初置刺史部十三州。名臣文武欲盡，詔曰：「蓋有非常之功，必待非常之人，故馬或奔踶而致千里，士或有負俗之累而立功名。夫泛駕之馬，跅弛之士，亦在御之而已。其令州郡察吏民有茂材異等可為將相及使絕國者。」

「大司馬大將軍青薨」、「名臣文武欲盡」，兩句話擺放在一起，何須任何人評價，足以看出衛青在漢武帝時期所處的地位及其重要作用。

骨肉相殘的悲劇

《漢書．外戚傳》：「衛后立三十八年，遭巫蠱事起，江充為姦，太子懼不能自明，遂與皇后共誅充……」

「死去元知萬事空」，只是衛青死後，衛氏家族大廈將傾。

姐姐皇后死於非命！外甥太子死於非命！

或許，衛青再長壽些，至少陪伴到衛子夫終老，漢朝的歷史也許就不會是現在這個樣子。

恰如《漢書》中漢武帝頒布求賢詔所言，衛青死後，「名臣文武欲盡」，能夠設身處地為皇帝著想的忠臣缺席了，酷吏、佞臣便包圍了皇帝，冤假錯案連連出現。太子劉據仁恕溫謹，在父皇外出巡幸時，主持朝政，平反了不少錯案，得到了百姓稱頌。這便觸動了那些酷吏的利益，斷送了他們邀功請賞、升官晉爵的機會。酷吏們紛紛把矛頭指向太子和皇后。

衛子夫聞知，問及太子，你平反的案件是否都有實據？太子告訴她，件件屬實。她語重心長地囑咐：「我老了，難得見皇上一面，不能再替你說話，遇到大事要案，你留待皇上回來決定。你要小心謹慎，不可自作主張。」如果以公正的目光去審視漢武帝時代太子劉據和酷吏們的爭鬥，無疑，太子是正義的代表。衛子夫維護的，恰是這種正義。那麼，正義是否能戰勝邪惡？如果衛青在世，可能那幫酷吏撼不動這中流砥柱，偏偏衛青早逝了。

衛青死後，酷吏們加劇了對衛子夫母子的攻擊，唆使小黃門蘇文、常融、王弼等人祕密監視太子，查找過失。找不到錯誤，就捏造事實，挑撥離間，在漢武帝面前中傷太子。

有一次，太子發現自己宮裡的宮女增加到兩百人，感到奇怪，去問母后。衛子夫告訴兒子：「前幾天，你進宮看我，出去時間晚了些，小黃門蘇文即向皇上告密，說你在宮裡同宮女嬉戲。父皇以為你喜歡女色，下令把太子宮的宮女增加到兩百人，沒有怪罪你就是萬幸。」

太子劉據聽了，雖然十分氣憤，卻覺得父皇還是了解自己的。不過，母子倆反復商量，還是小心謹慎為上。誰知一波未平，一波又起。一日，漢武帝偶染小疾，躺在床上，令小黃門常融去召喚太子。常融喚過，先一步回來，稟告漢武帝：「皇太子聽說你病了，竟然滿臉喜氣。」

漢武帝聽說，氣得哼了一聲。過了一會兒，太子劉據進宮，劉徹看見他臉上有淚痕，這才發覺常融的話不對。叫來常融，一再追問，查明了真相，殺了這個撥弄是非的小人。雖然殺了常融，但漢武帝對酷吏卻仍然沒有警惕，仍如往常那樣信賴他們。衛子夫母子與酷吏的為政思想截然不同，尖銳的對立形成了無法調和的矛盾。骨肉相殘的悲劇，一天天迫近。

衛子夫姐姐衛君孺的兒子公孫敬聲，挪用軍款，被人告發，下獄論罪。丞相公孫賀為了營救兒子，向漢武帝保證捕捉盜俠朱安世，將功補過，替公孫敬聲抵罪。後來，朱安世捕獲了，但這盜俠痛恨公孫賀，反咬一口，誣陷公孫敬聲和陽石公主私通，並串聯諸邑公主同衛青的兒子衛伉，在漢武帝養病的甘泉宮埋下木人，詛咒皇帝。漢武帝竟然輕信謠言，勃然大怒。先是將公孫賀父子處死，並滅全族，又殺死衛青的兒子衛伉。繼而，威逼陽石公主和諸邑公主自殺。衛子夫苦苦哀求，無濟於事，兩位公主死於非命。

沒過多久，橫禍又起，這一次衛子夫和太子都難以倖免了。這一年，漢武帝六十七歲了，年老多病，酷吏們唯恐皇帝去世，太子登基，便千方百計尋找機會陷害太子。

斯時，長安城裡巫蠱盛行，有些方士聲稱可用左道旁門為人袪災除邪，以騙取錢財。酷吏江充向漢武帝進言，說皇上龍體欠安，是巫蠱作祟。怕死的漢武帝頓時大怒，命令江充為特使，查辦巫蠱。江充大打出手，戒嚴全城，四處搜捕，隨意將一些木偶埋在人家門口，潑些狗血污物，羅織罪名，殺害無辜。僅僅幾日，因巫蠱案被處死的人多達上萬。長安城裡哭聲震天，漢武帝卻對他更為信任。江充有恃無恐，硬是想方設法將衛子夫母子牽連進去，意欲斬盡殺絕。是日，漢武帝午睡時做了個噩夢，夢見有人拿棒子打他，驚醒後，即感到周身不爽。江充趁機挑撥說，皇宮中也有巫蠱之氣，此氣不除，皇上病體難愈。漢武帝輕信了江充的鬼話，命他進宮查辦巫蠱。江充率領一干人等在皇宮中忙碌一陣，別的宮內一乾二淨，竟在太子宮裡掘出無數大大小小的木偶。尤其可怕的是，在太子的書房，還查出詞語悖逆的書信。太子得知，大為吃驚，他明白那些所謂的贓物實據，全是江充設計栽贓。他向江充請求去甘泉宮拜見父皇，陳明實情。江充竟然不讓他去。劉據無奈，命令太子宮衛士逮捕了江充等人，可惜小黃門蘇文偏偏漏網，他跑去報告了漢武帝。

漢武帝又驚又疑，覺得太子不至於謀反，況且他知道太子和江充素來不和，猜想一定是因巫蠱事發，遷怒於江充。於是，他命令一名宦官趕赴長安，召太子前來問話。遺憾的是，漢武帝派出的這名宦官是蘇文的同黨，他去外面睡了一覺，便回奏皇上，太子謀反了。聞報，漢武帝大怒，下令發兵攻打太子。

血戰五天五夜，太子寡不敵眾，只好帶著兩個兒子逃離長安。逃到湖縣（地處河南，曾改名閿鄉縣，後併入靈寶市），躲藏在一個農戶家裡。農戶家境貧寒，養不起太子，一家人每天早起晚睡忙著編草席賣錢。太子不忍拖累他們，托人向另一戶富裕的朋友求助，不料走漏了風聲，被官兵圍困在家中。太子料定無法逃脫，閉門自縊。兩個兒子奮力拒捕，都被殺死。太子死了，皇后衛子夫也死了，而且死得比太子還早。太子出逃後，漢武帝一面命人追捕，一面派人去長樂宮，收繳衛子夫的冊書和璽綬。衛子夫似乎知道這一天遲早都會到來，沒有反抗，解下腰帶，懸梁自盡。衛家因漢武帝而尊榮。衛家因漢武帝而衰敗。

無法預知的未來

《漢書．霍光金日磾傳》：「上以光為大司馬大將軍……受遺詔輔少主。」

後元二年（西元前八七年），七十歲、高居皇位五十四年的漢武帝，就要走到生命的盡頭了。自太子劉據死於巫蠱一案，漢武帝再沒有立太子，自覺大限已到，才確定小兒子劉弗陵繼位。此子年方七歲，需要有人輔佐，他選擇了霍光。對，就是霍去病出征漠北凱旋，回家

第十一章　生前身後事

探望父親霍仲孺，帶到長安的異母兄弟霍光。霍光進京後先做郎官，逐步升遷為奉車都尉、光祿大夫。他在皇宮出入二十年，事事謹慎，時時勤勉，從沒有出過什麼差錯，深得漢武帝的喜愛。漢武帝降詔：立劉弗陵為皇太子，晉升霍光為大司馬、大將軍，金日磾為車騎將軍，上官桀為左將軍，桑弘羊為御史大夫，與丞相田千秋五臣共輔朝政，五臣之中以霍光為首。不日，漢武帝撒手辭世，依照遺詔，霍光等大臣奉太子劉弗陵即位，是為漢昭帝。劉弗陵即位後，其兄燕王旦心懷不滿，尋機起事。此時，小皇帝年幼無知，哪有反抗之力。幸虧霍光早有提防，耳有所聞，派人查實，很快平息了禍亂。依律，應當處斬燕王旦，考慮新立皇帝，不宜驟殺手足骨肉，霍光只令燕王旦謝罪息事。

可是，一波剛平，又在孕育更大的風波。心懷叵測的上官桀，因為私欲未能滿足，派人和燕王旦聯繫，希望裡外接應，殺霍光，廢昭帝，立燕王旦。燕王旦聞知，大喜過望，立即回覆上官桀，事成之後，封他為王，共用榮華。正在密謀，不想走漏了風聲，霍光聞知，當即嚴密部署，將上官桀等一網打盡，又派人持璽書去見燕王旦。燕王旦自知罪大，走投無路，上吊自殺。

霍光嘔心瀝血，主持朝政，漢朝在他的治理下，一改漢武帝時期連年征戰造成的「海內虛耗，戶口減半」狀況，流離人口回歸鄉里，農業生產恢復生機，朝野漸趨安定。而且，隨著漢昭帝的長大，霍光還政於他，可以稍微放心了。豈料，漢昭帝突然患病，太醫聚集，會診救治，卻沒能挽留住他的生命。一道難題擺在霍光面前，誰來當皇帝？先前輔政，他只是驅動漢朝這架機器運轉，如今，這架破損的機器竟要他重新建構。霍光徵求大臣們的意見，決定迎立昌邑王劉賀繼位。

哪知，劉賀是個荒淫無度的浪子。平日無所事事、四處遊獵。看到迎立他當皇帝的璽書，居然手舞足蹈、忘乎所以。起程進京，一口氣就跑了百餘里，隨從的馬多有累死。一路走來，濫購物品，擄掠美女，弄得烏煙瘴氣。劉賀當了皇帝，把隨行的兩百人都引為內侍，整日不理朝事，在宮中鬥雞走狗、吹打鼓樂。見有美貌宮女，即召入，令陪酒同寢，鬧得宮中混亂不堪。在位二十七天，竟然做了一千一百二十七件壞事。如此下去，豈不斷送了漢家社稷？霍光一咬牙，廢除了這個荒淫無恥的昌邑王劉賀。

這下選哪個劉氏宗親當皇帝？精挑細選，最後登上帝位的是病已。病已後來改名劉詢，史稱漢宣帝。說起來令人不勝嘆息，這個漢宣帝竟然是原太子劉據的孫子、皇后衛子夫的重孫。昔年由於巫蠱之亂、佞臣作奸，太子劉據被逼出逃，他和兩個兒子都死在外面，怎麼會有孫子？其實那年，病已尚在繈褓中，未能逃跑，就被關進監獄。獄官丙吉念及病已可憐，即派兩個女犯輪流乳養，每日還親加查驗，這個可憐兒才得以偷生。後來，丙吉伺機把他送到鄉下奉養，到漢武帝去世他才回到京都。大難不死必有後福，這話應驗在病已身上了。

世事真是不可思議，如同九曲黃河，繞來彎去，登上皇帝位置的不是太子劉據，而是他的孫子！

這事衛青無法預料，不會知道。這事霍去病更無法預料，不會知道。歷史悄無聲息回環進了衛青、霍去病從未精心設計，卻渾然天成的軌道。

鳴金收官

我拜謁茂陵，思接千載，視通萬里。站在陵墓頂端，猶如站在巨人的肩膀上，視野頓覺遼遠。驀然，「好漢」一詞跳躍在了眼前。這是一個掛在嘴邊的詞語，哪個人有本事，有能耐，能做好自己的事，能帶動別人做事，眾人就會用「好漢」一詞稱讚他。以至於歷代英雄豪傑，早就被世人與好漢關聯在一起。岳飛是英雄好漢，辛棄疾是英雄好漢，文天祥是英雄好漢，即便是在聚義廳前大口吃肉、大碗喝酒、大秤分銀的武松、李逵、魯智深之輩，也都被世人稱為梁山好漢。好漢！「好漢」一詞，從何而來？那為何不說「好宋」？我想，與「好漢」對應的一詞應為「軟宋」。「軟宋」，無可挽救的「軟宋」。與西夏打，吃敗仗；與遼國打，吃敗仗。澶淵之戰，推也罷，拉也罷，總算把宋真宗放到了前線；巧也罷，笨也罷，總算用弩射死了遼國大將蕭撻凜。遼軍挫傷銳氣，龜縮不前，只得派人講和。宋朝理應拿出勝利者的威嚴，令其撤軍；至少也應平等相待，互不侵犯。然而，記載於史冊上的「澶淵之盟」卻是，宋朝每年向遼國繳納白銀十萬兩、絹二十萬匹——留下了前所未有的笑柄，不是「軟宋」是什麼！

好漢，是雷打不動的好漢！試想，在漢朝之前五百年，甚至更久，從戎狄到獫狁，到葷粥，再到匈奴，無論叫作什麼名稱，這個西北方的遊牧民族，都以其剽悍勇猛、勢不可當，入侵中原如入無人之境，殺人越貨如探囊取物。韓、魏、趙無可奈何，逼得趙武靈王胡服騎射，逼得李牧兩次防守邊塞。即使一統天下的秦朝，那個盛氣凌人的嬴政，面對三皇五帝，既要稱皇，還要稱帝，對匈奴也奈何不得。派出蒙恬出兵防禦，還要派出公子扶蘇監軍，真是重視得不能再重視。即便這樣重視，也還不夠放心，為了邊地安寧，為了高枕無憂，居然下令擴修各國長城，修建了一道橫貫東西的萬里長城。

歲月邁進漢朝，軟弱的樣子絲毫不見改觀。自從漢高祖率軍北征，被圍困在白登，歷任皇帝哪個不對匈奴談虎色變，哪個不是屈辱和親以保百姓安寧。最為丟人敗興的莫過於呂后，冒頓單于公然羞辱到她的頭上，「願以所有，易其所無」，這與赤裸裸的叫罵幾乎沒有兩樣。她生氣嗎？生氣。生氣地召集大臣討論征討匈奴，她的妹夫樊噲拍案而起，甘願率軍出戰。可是，大臣季布一盆冷水澆下去，每個發熱的頭腦都降了溫。恢復正常體溫的人不敢再唱高調，只好忍氣吞聲，繼續和親。

漢朝如果延續既定方針，那不會有「好漢」之稱，應該留下「軟漢」的名聲。

然而，喝令匈奴撤退，嚇得匈奴逃遁的那個「好漢」來了！我是霹靂，我是閃電，不，我是衛青，我是霍去病，我們是戰無不勝的英雄。我們在防禦，我們以進攻為防禦；我們在出擊，我們以奔襲為出擊；我們在廝殺，我們以速度作為最大、最快的殺傷力。我們讓北部邊塞「匈奴遠遁，而幕南無王庭」；我們讓西部邊塞匈奴哀嘆，「失我焉支山，令我婦女無顏色。失我祁連山，使我六畜不蕃息」。

漢朝，史無前例地征服了匈奴。好漢！

第十一章　生前身後事

絕對的好漢！千秋萬代永遠傳頌的好漢！

讓冠軍一詞名揚天下的人就是躺在巍峨陵墓中的霍去病。十八歲上陣打擊匈奴，以剽姚校尉的名義，帶著八百名勇士，像尖刀一樣直搗匈奴腹地。或者，比尖刀出手還迅捷、還鋒利。他們是射出去的箭，「朝辭邊塞彩雲間，午穿沙漠戈壁灘」，常令匈奴措手不及，防不勝防。匈奴真不知他們是從何處降臨的天兵天將。剛剛才見沙漠裡黃塵猶如孤煙直，突然間風暴狂捲已在眼前。寒光閃閃，血色飛濺，人頭落地，鬼哭狼嚎，所有的戰場都是人與人在較量，唯有霍去病搏殺匈奴是神與人在較量。戰神，神無比，勇無比，神勇無比。且不論後來每戰必勝、每戰全勝，僅說首戰，八百精騎，斬敵首級兩千餘，殺死匈奴的相國、當戶等人不說，還把單于的叔叔羅姑比也俘獲。一戰封侯——漢武帝喜不自禁，馬上將這個青春年少的愛將封為冠軍侯。

冠軍侯，冠軍就這麼名振寰宇了！首戰如此，再戰如此，再再戰依然如此，霍去病讓天下明白了，什麼是迅雷不及掩耳之勢，什麼是摧枯拉朽不費吹灰之力！何止是作戰，即使迎降匈奴渾邪王，也顯示出他罕見的膽識與魄力。降軍有變故，有騷動，稍一遲緩，降軍就會變敵軍，分秒必爭，刻不容緩。霍去病率領將士馳入降軍陣營，手起刀落，不降者已血灑黃沙。震驚，膽寒，誰還敢貿然造次？歸順，大軍歸順，四萬降卒開赴關內，開赴長安。書寫了不戰而屈人之兵的嶄新篇章。這是威名的震懾！這是冠軍的力量！

一位抗擊匈奴的冠軍，冠領了漢朝劃時代的勝利大軍！

站在霍去病陵墓的頂端，目光所及絕不是眼前的景致。似乎這天的濃雲就是專門趕來助興的，就是要專意為我設造一種置身雲端的感覺。朦朧間，西行的張騫帶著他的使團出發了，滿懷希望地出發了。我知道他們的行列裡沒有駱駝，聽不見駝鈴；但是，我卻固執地認為有駝鈴丁零丁零響過，那是一種心聲，是張騫的心聲。在我心中，張騫就是一頭負重前行的駱駝。現實中的駱駝背負的是貨物，是商品，是主人的欲望。張騫，或許連背囊也沒有，背上空空如也；然而，我卻固執地認為，他背負著行囊，而且行囊很重，他背負的是漢武帝的希望，是漢朝的希望，希望與大月氏聯手，合擊匈奴，開闢太平盛景。

張騫不是這個世上第一個種豆得瓜的人，卻是得瓜最大的人。他播種的豆子沒能發芽，就胎死腹中。偏偏為了這個胎死腹中，他經歷了人世間少有的煎熬。暴風、沙塵、酷熱、嚴寒，都是在勞其筋骨，餓其體膚。落入匈奴之手，十年行動無法自由，這是在苦其心志，空乏其身，行拂亂其所為。勞其筋骨，餓其體膚，無法動搖張騫西行的意志；苦其心志，空乏其身，無法擾亂張騫西行的步履。向西，向西，目標大月氏。他逃出囹圄，仍然向西，履行自己的使命。可惜，千難萬險到達大月氏，滿懷希望地把聯合行動的方案告給大月氏王，卻絲毫未能打動人家。三寸不爛之舌，白白飛濺了無數唾沫。

希望很豐滿，現實很骨感。張騫的希望化作失望，失望而歸，歸途也不順利，還是再次落入匈奴的藩籬。藩籬，囹圄，這就是張騫首次西行十三年的經歷；拘禁，滯留，這就是張騫首次西行十三年的遭遇。經歷和遭遇不斷告訴他：此路不通。此路不通，是緣於匈奴當道。再次西行，暴風、沙塵、酷熱、嚴寒，似乎都收斂了威力，張騫和他那比起首次出訪時

第十一章　生前身後事

龐大了很多的使團，一路順暢，直抵烏孫。其實，暴風依舊，沙塵依舊，酷熱依舊，嚴寒依舊，只因沒有了匈奴當道，這酷烈天氣都不算什麼，都不是阻止腳步前行的障礙。

順暢西行。順暢回歸。

雖然，順暢去，順暢歸，並沒有讓希望變成現實，與烏孫聯合打擊匈奴的構想，依然只是夢想；但是，張騫和他派往各國的副使，帶著胡桃、蠶豆、石榴、琥珀、葡萄歸來了。琳琅滿目，令人目不暇接，張騫帶給了漢武帝一個新穎亮眼的西域世界。漢武帝興奮了。吃著葡萄，喝著葡萄美酒，漢武帝興奮地派遣使團陸續前往西域各國。漢朝的煉鐵技術、鑿井技術、開渠引水技術，源源不斷傳播到各地。輕柔的絲織品特別為西域各國喜愛，貴族們爭相媲美，媲美的重點就是身上有沒有穿戴漢朝的綾羅綢緞。

時光飛速過去，不覺然已是一八七七年。這一天，德國地質、地理學家李希霍芬(Ferdinand von Richthofen)坐在窗前，用手中的羽毛筆劃過紙面，欣然將「從西元前一一四年至西元一二七年間，中國與中亞、中國與印度間以絲綢貿易為媒介的這條西域交通道路」，稱之為「絲綢之路」。

絲綢之路，就這樣名揚世界！絲綢之路，是物品互通有無之路，是科學技術交流之路，是文化借鑑融合之路，是最早的一條開放貿易之路。

倘要是關注這條絲綢之路的開通，應該注視一下司馬遷的筆觸，他在《史記》中寫下的是：鑿空。

鑿空，的確是鑿空，的確需要鑿空。若不是鑿空，若是匈奴繼續盤踞，何談順暢？張騫無法順暢西行，無法順暢東歸，自然不會有絲綢之路。

張騫，早已成為絲綢之路的開拓者。行筆至此，我無意顛覆張騫開拓者的形象，卻想做一延伸。試想，張騫出使西域幾次？兩次。為何首次未能順暢抵達，順暢回歸？第二次為何暢通無阻，順利去，順利歸？顯而易見，是「匈奴遠遁，而幕南無王庭」，河西、隴西，亦然。恰如司馬遷所寫：「鑿空」了。

誰來「鑿空」？司馬遷給出的結論是張騫。在我看來，不是張騫，而是本書的傳主：衛青、霍去病。是他們鑿空了通往西域的平安大道，張騫沿著這條平安大道順暢來往，才有了久負盛名的絲綢之路。

不要動搖已有的成論，張騫還是絲綢之路的開拓者。

那麼，絲綢之路的奠基者必然是衛青、霍去病。

無意的巧合，往往勝過有意的安排。茂陵博物館設在霍去病陵園，這事實令人沉思。

霍去病暴病身亡，漢武帝悲傷不已，當即頒令讓霍去病陪葬在他百年以後長眠的茂陵。

衛青善終去世，漢武帝悲傷不已，當即頒令讓衛青陪葬在他百年以後長眠的茂陵。

陪葬，請注意是陪葬。茂陵之主，是漢武帝；茂陵之賓，是衛青和霍去病。儘管如此，斯年能夠獲此殊榮，得到漢武帝准許陪葬的能有幾人？公道說，為將、為臣，能夠到這個分

第十一章　生前身後事

上，能得到皇帝的青睞，不說是登峰造極，也可以說是功德圓滿。衛青、霍去病是幸運的，他們的心血沒有白費，他們的汗水沒有白流。

然而在茂陵，他們終歸是賓，而不是主。居主位的該當是決定他們命運的漢武帝。且慢，在此糾正一個錯誤，漢武帝是劉徹死後的謚號。他活著的時候，是皇帝，是天子。我使用謚號敘述他是為了便於讀者接受。嚴謹地說，決定衛青、霍去病命運的皇帝那時還是劉徹。劉徹寵愛衛青的姐姐衛子夫，衛子夫成為他的掌上明珠，她的話能夠撥動他的心弦，他才能將騎奴衛青解脫出來，提拔起來。從騎奴，變宮監，變侍中，都是他劉徹一句話。他是天子，是上天派往塵世統轄黎民的天之驕子，他的話就是金口玉言，能夠放之四海而皆準。君叫臣死，臣不得不死。換言之，君叫臣興，臣不得不興。自然，興到何種程度，那還是要看個人的造化。暫且不論霍去病，與衛青同時入宮的還有他的兄長衛長君，兄長未能像他那樣建功立業，還溘然早逝。究其根由，還是苦難歷練了衛青，使他有了超人的骨氣、超凡的毅力，才能在戰場上發出超常的光芒。

霍去病的入宮更是順理成章。阿姨風華正茂，漢武帝真是愛不夠呀！再說舅舅衛青這裡。匈奴剽悍，匈奴張狂，匈奴欺人太甚，邊塞常遭劫掠，歷數先輩，無一人不憤恨，無一人不頭疼，卻無一人敢舉旗，敢出兵，敢進擊，敢大刀闊斧廝殺一場。說起來還是建立漢朝的高祖有膽量，敢出兵；然而，那是個什麼結局，實在不敢恭維——遭受圍困，險些全軍覆沒。世世代代的心病，世世代代的渴望，渴望久旱逢甘霖，渴望來一場暴風雨，橫掃匈奴如捲席。衛青就是那一場甘霖、一場喜雨，他澆滅了匈奴勢不可當的氣焰，化解了馬邑之圍投在劉徹心頭的陰影。有阿姨、舅舅的蔭庇，霍去病高擎剽姚校尉的旗幟，躍馬揚戈，奔赴疆場，如同早早進宮加入羽林軍一樣順理成章。

順理成章，是緣於劉徹那金口玉言。他的金口玉言，不同凡響，承載著「我勸天公重抖擻，不拘一格降人才」的使命。這使命，成就了衛青，成就了霍去病。

不過，當劉徹躺進茂陵，變為漢武帝時，世人猛然察覺到劉徹也在憑藉衛青、霍去病，是衛青、霍去病的拚命奮戰，拓展疆域，為他爭取到「武」的諡號。一將功成萬骨枯，一個「武」字同樣萬骨枯，漢武帝這「武」字真真來之不易！士卒枯骨姑且不論，多少將領在浴血奮戰呀，那我為何要將造就漢武帝的功績歸結於衛青、霍去病？回首望，有多少將領像衛青、霍去病這樣打出了國威？緣於此王維的那句詩確實不敢恭維，「衛青不敗由天幸，李廣無功緣數奇」。如果說，衛青一次征戰勝利，那可能是「天幸」，可能是偶然，每戰必勝就不會是幸運之神緊緊相隨、寸步不離了。再說李廣，與匈奴作戰最多，多達七十餘次，勝仗幾何？如果要評價他感人的精神，他應該是殺伐驍勇、頑強不屈的典範，精神可嘉；但是要他征服匈奴，恐怕沒有絲毫希望。

倘要說是姐姐衛子夫給衛青創造了上陣殺敵的機會，才使他出人頭地，他這榮顯的光環裡不乏庇蔭；那麼，貳師將軍的行為該如何評價？貳師將軍就是李廣利，他是李夫人的弟弟。李夫人似乎是上蒼派往人間的迷魂仙子，她讓漢武帝神魂顛倒，生前迷，死後迷，迷得茶不思，飯不進。她鉤住了漢武帝的魂至死都不放手。放手的辦法很簡單，假如她讓漢武帝

第十一章　生前身後事

看看她病中枯黃的面龐、密布的皺褶，那印在漢武帝心裡的花容月貌頃刻就會被摧毀。她偏不，側身朝內，蒙頭捂面，就是不讓漢武帝看見自己的憔悴。漢武帝只能隔著棉被聽見，嬌滴滴的美人囑咐他，照顧好她的家人。漢武帝應諾，一諾千金，有衛青這個榜樣，他也要給她的兄弟們機會，讓他們建功立業。於是，李廣利帶著漢武帝奪取人家寶馬的期望出征大宛。一次出兵，損兵折將，敗回敦煌。想要回朝，漢武帝發怒了，說回來就將他處斬。李廣利只好硬著頭皮再戰，總算大宛妥協了，送了些馬匹。漢武帝看見喜歡的馬，當即封李廣利為海西侯。

海西侯後來有何作為？真難啟齒，李廣利投降了匈奴。依靠李廣，能不能拓展疆土？不能。依靠李廣利，能不能拓展疆土？不能。能夠給漢朝拓展疆土的唯有衛青和霍去病。是衛青和霍去病，使他有了謚號：漢武帝。是不是可以說，劉徹造就了衛青、霍去病，衛青、霍去病也成就了漢武帝。

為何不把博物館建在茂陵，而建在霍去病陵墓。回答是，霍去病陵墓周邊的文物最多，便於保護，不是有意冷落漢武帝。這無意所為，卻使霍去病與緊鄰的衛青陵墓成為中心地帶，拜謁的人來來往往、絡繹不絕。茂陵則大門緊閉，芳草茵茵，人跡罕見。

相形之下，這邊千秋萬代名，那邊寂寞身後事。無意而形成的現實狀況，確實令我，令世人深思……

附錄一　衛青年表

・約於漢景帝四年（西元前一五三年）出生。約七歲時回家鄉平陽放羊。約於十四歲時返回長安，入平陽侯府邸給平陽公主當騎奴。
・建元二年（西元前一三九年），進入建章宮當差。
・建元三年（西元前一三八年），被館陶公主抓捕，幾乎遇害，幸被公孫敖解救；因禍得福升任建章宮監、侍中。
・建元四年（西元前一三七年），升任太中大夫。
・元光六年（西元前一二九年），擔任車騎將軍，首次出征，直擊匈奴龍城，取得勝利，被封為關內侯。
・元朔元年（西元前一二八年）秋，二次出征匈奴，從雁門關北上，擊敗匈奴軍隊。
・元朔二年（西元前一二七年），收復河南地，被封為長平侯，食邑三千八百戶。自此，漢朝對匈奴作戰由防禦轉入反攻。
・元朔五年（西元前一二四年）春，從高闕出兵，奔襲匈奴，大獲全勝，得拜大將軍，加封食邑六千戶，三個兒子同時被封侯。
・元朔六年（西元前一二三年），兩次出擊匈奴，斬首俘虜人數過萬，得賞千金。
・元狩四年（西元前一一九年），與霍去病各率騎兵五萬，遠涉漠北。打敗匈奴單于伊稚斜所率主力。同時，霍去病也取得勝利。舅甥聯手將匈奴趕往漠北，自此「匈奴遠遁，而幕南無王庭」。歸來，加封大司馬。

元封五年（西元前一〇六年），去世，謚號為「烈」。

附錄二　霍去病年表

- 建元元年（西元前一四〇年），出生於長安平陽侯府邸。
- 元朔六年（西元前一二三年），任剽姚校尉，首次隨舅舅衛青出征，即顯示出卓越的軍事才能，斬殺匈奴部眾兩千零二十八人，受封冠軍侯，食邑一千六百戶；本年再次出兵。
- 元狩二年（西元前一二一）春天，任驃騎將軍，率軍一萬人出擊隴西，斬殺折蘭王、盧胡王，俘獲渾邪王子，以及相國、都尉，斬殺、俘獲八千九百六十人，並繳獲休屠王祭天的金人。食邑增加兩千兩百戶。
- 同年夏天，再次出擊隴西，直插匈奴腹地，斬殺、俘獲三萬餘人，俘獲五王、五王母，單于閼氏、王子五十九人，俘獲相國等重臣六十三人。加封食邑五千戶。
- 同年秋天，率領大軍迎降渾邪王四萬部眾。自此，漢朝控制了整個河西地區，前往西域的道路暢通無阻。
- 元狩四年（西元前一一九年）春天，與舅舅衛青各自率領五萬騎兵，出兵漠北。挺進兩千餘里，打敗匈奴左賢王，斬殺、俘獲七萬零四百四十三人，並在狼居胥山舉行祭天封禮。自此，「匈奴遠遁，而幕南無王庭」，漢朝抗擊匈奴取得了決定性勝利。戰後加封食邑五千八百戶，封大司馬。

第十一章　生前身後事

・元狩五年（西元前一一八年），在甘泉宮射殺打傷舅舅衛青的李敢。元狩六年（西元前一一七年），病故，謚號「景桓侯」。

附錄三　衛青霍去病傳

衛青字仲卿。其父鄭季，河東平陽人也，以縣吏給事侯家。平陽侯曹壽尚武帝姊陽信長公主。季與主家僮衛媼通，生青。青有同母兄衛長及姊子夫，子夫自平陽公主家得幸武帝，故青冒姓為衛氏。衛媼長女君孺，次女少兒，次女則子夫。子夫男弟步廣，皆冒衛氏。

青為侯家人，少時歸其父，父使牧羊。民母之子皆奴畜之，不以為兄弟數。青嘗從人至甘泉居室，有一鉗徒相青曰：「貴人也，官至封侯。」青笑曰：「人奴之生，得無笞罵即足矣，安得封侯事乎！」

青壯，為侯家騎，從平陽主。建元二年春，青姊子夫得入宮幸上。皇后，大長公主女也，無子，妒。大長公主聞衛子夫幸，有身，妒之，乃使人捕青。青時給事建章，未知名。大長公主執囚青，欲殺之。其友騎郎公孫敖與壯士往篡之，故得不死。上聞，乃召青為建章監，侍中。及母昆弟貴，賞賜數日間累千金。君孺為太僕公孫賀妻。少兒故與陳掌通，上召貴掌。公孫敖由此益顯。子夫為夫人。青為太中大夫。

元光六年，拜為車騎將軍，擊匈奴，出上谷；公孫賀為輕車將軍，出雲中；太中大夫公孫敖為騎將軍，出代郡；衛尉李廣為驍騎將軍，出雁門：軍各萬騎。青至蘢城，斬首虜數百。騎將軍敖亡七千騎，衛尉廣為虜所得，得脫歸，皆當斬，贖為庶人。賀亦無功。唯青賜

第十一章　生前身後事

爵關內侯。是後匈奴仍侵犯邊。語在匈奴傳。

元朔元年春，衛夫人有男，立為皇后。其秋，青復將三萬騎出雁門，李息出代郡。青斬首虜數千。明年，青復出雲中，西至高闕，遂至於隴西，捕首虜數千，畜百餘萬，走白羊、樓煩王。遂取河南地為朔方郡。以三千八百戶封青為長平侯。青校尉蘇建為平陵侯，張次公為岸頭侯。使建築朔方城。上曰：「匈奴逆天理，亂人倫，暴長虐老，以盜竊為務，行詐諸蠻夷，造謀籍兵，數為邊害。故興師遣將，以征厥罪。詩不云乎？『薄伐獫允，至於太原』；『出車彭彭，城彼朔方』。今車騎將軍青度西河至高闕，獲首二千三百級，車輜畜產畢收為鹵，已封為列侯，遂西定河南地，案榆谿舊塞，絕梓領，梁北河，討蒲泥，破符離，斬輕銳之卒，捕伏聽者三千一十七級。執訊獲醜，敺馬牛羊百有餘萬，全甲兵而還，益封青三千八百戶。」其後匈奴比歲入代郡、雁門、定襄、上郡、朔方，所殺略甚眾。語在匈奴傳。

元朔五年春，令青將三萬騎出高闕，衛尉蘇建為遊擊將軍，左內史李沮為彊弩將軍，太僕公孫賀為騎將軍，代相李蔡為輕車將軍，皆領屬車騎將軍，俱出朔方。大行李息、岸頭侯張次公為將軍，俱出右北平。匈奴右賢王當青等兵，以為漢兵不能至此，飲醉，漢兵夜至，圍右賢王。右賢王驚，夜逃，獨與其愛妾一人騎數百馳，潰圍北去。漢輕騎校尉郭成等追數百里，弗得，得右賢裨王十餘人，眾男女萬五千餘人，畜數十百萬，於是引兵而還。至塞，天子使使者持大將軍印，即軍中拜青為大將軍，諸將皆以兵屬，立號而歸。上曰：「大將軍青躬率戎士，師大捷，獲匈奴王十有餘人，益封青八千七百戶。」而封青子伉為宜春侯，子不疑為陰安侯，子登為發干侯。青固謝曰：「臣幸得待罪行間，賴陛下神靈，軍大捷，皆諸校力戰之功也。陛下幸已益封臣青，臣青子在繈褓中，未有勤勞，上幸裂地封為三侯，非臣待罪行間所以勸士力戰之意也。伉等三人何敢受封！」上曰：「我非忘諸校功也，今固且圖之。」乃詔御史曰：「護軍都尉公孫敖三從大將軍擊匈奴，常護軍傅校獲王，封敖為合騎侯。都尉韓說從大軍出窴渾，至匈奴右賢王庭，為戲下搏戰獲王，封說為龍哣侯。騎將軍賀從大將軍獲王，封賀為南窌侯。輕車將軍李蔡再從大將軍獲王，封蔡為樂安侯。校尉李朔、趙不虞、公孫戎奴各三從大將軍獲王，封朔為陟軹侯，不虞為隨成侯，戎奴為從平侯。將軍李沮、李息及校尉豆如意、中郎將綰皆有功，賜爵關內侯。沮、息、如意食邑各三百戶。」其秋，匈奴入代，殺都尉。

明年春，大將軍青出定襄，合騎侯敖為中將軍，太僕賀為左將軍，翕侯趙信為前將軍，衛尉蘇建為右將軍，郎中令李廣為後將軍，左內史李沮為彊弩將軍，咸屬大將軍，斬首數千級而還。月餘，悉復出定襄，斬首虜萬餘人。蘇建、趙信并軍三千餘騎，獨逢單于兵，與戰一日餘，漢兵且盡。信故胡人，降為翕侯，見急，匈奴誘之，遂將其餘騎可八百奔降單于。蘇建盡亡其軍，獨以身得亡去，自歸青。青問其罪正閎、長史安、議郎周霸等：「建當云何？」霸曰：「自大將軍出，未嘗斬裨將，今建棄軍，可斬，以明將軍之威。」閎、安曰：「不然。兵法『小敵之堅，大敵之禽也。』今建以數千當單于數萬，力戰一日餘，士皆不敢有二心。自歸而斬之，是示後無反意也。不當斬。」青曰：「青幸得以肺附待罪行間，不患無威，而霸說我以明威，甚失臣意。且使臣職雖當斬將，以臣之尊寵而不敢自擅專誅於境外，其歸天子，天子自裁之，於以風為人臣不敢專權，不亦可乎？」軍吏皆曰「善」。遂因建行在

第十一章　生前身後事

所。是歲也，霍去病始侯。

霍去病，大將軍青姊少兒子也。其父霍仲孺先與少兒通，生去病。及衛皇后尊，少兒更為詹事陳掌妻。去病以皇后姊子，年十八為侍中。善騎射，再從大將軍。大將軍受詔，予壯士，為票姚校尉，與輕勇騎八百直棄大將軍數百里赴利，斬捕首虜過當。於是上曰：「票姚校尉去病斬首捕虜二千二十八級，得相國、當戶，斬單于大父行藉若侯產，捕季父羅姑比，再冠軍，以二千五百戶封去病為冠軍侯。上谷太守郝賢四從大將軍，捕首虜千三百級，封賢為終利侯。騎士孟已有功，賜爵關內侯，邑二百戶。」

是歲失兩將軍，亡翕侯，功不多，故青不益封。蘇建至，上弗誅，贖為庶人。青賜千金。是時王夫人方幸於上，甯乘說青曰：「將軍所以功未甚多，身食萬戶，三子皆為侯者，以皇后故也。今王夫人幸而宗族未富貴，願將軍奉所賜千金為王夫人親壽。」青以五百金為王夫人親壽。上聞，問青，青以實對。上乃拜甯乘為東海都尉。

校尉張騫從大將軍，以嘗使大夏，留匈奴中久，道軍，知善水草處，軍得以無飢渴，因前使絕國功，封騫為博望侯。

去病侯三歲，元狩二年春為票騎將軍，將萬騎出隴西，有功。上曰：「票騎將軍率戎士隃烏盭，討遬濮，涉狐奴，歷五王國，輜重人眾攝讋者弗取，幾獲單于子。轉戰六日，過焉支山千有餘里，合短兵，鏖皋蘭下，殺折蘭王，斬盧侯王，銳悍者誅，全甲獲醜，執渾邪王子及相國、都尉，捷首虜八千九百六十級，收休屠祭天金人，師率減什七，益封去病二千二百戶。」

其夏，去病與合騎侯敖俱出北地，異道。博望侯張騫、郎中令李廣俱出右北平，異道。廣將四千騎先至，騫將萬騎後。匈奴左賢王將數萬騎圍廣，廣與戰二日，死者過半，所殺亦過當。騫至，匈奴引兵去。騫坐行留，當斬，贖為庶人。而去病出北地，遂深入，合騎侯失道，不相得。去病至祁連山，捕首虜甚多。上曰：「票騎將軍涉鈞耆，濟居延，遂臻小月氏，攻祁連山，揚武乎鱳得，得單于單桓、酋涂王，及相國、都尉以眾降下者二千五百人，可謂能舍服知成而止矣。捷首虜三萬二百，獲五王，王母、單于閼氏、王子五十九人，相國、將軍、當戶、都尉六十三人，師大率減什三，益封去病五千四百戶。賜校尉從至小月氏者爵左庶長。鷹擊司馬破奴再從票騎將軍斬遬濮王，捕稽且王，右千騎將王、王母各一人，王子以下四十一人，捕虜三千三百三十人，前行捕虜千四百人，封破奴為從票侯。校尉高不識從票騎將軍捕呼于耆王王子以下十一人，捕虜千七百六十八人，封不識為宜冠侯。校尉僕多有功，封為煇渠侯。」合騎侯敖坐留不與票騎將軍會，當斬，贖為庶人。諸宿將所將士馬兵亦不如去病，去病所將常選，然亦敢深入，常與壯騎先其大軍，軍亦有天幸，未嘗困絕也。然而諸宿將常留落不耦。由此去病日以親貴，比大將軍。

其後，單于怒渾邪王居西方數為漢所破，亡數萬人，以票騎之兵也，欲召誅渾邪王。渾邪王與休屠王等謀欲降漢，使人先要道邊。是時大行李息將城河上，得渾邪王使，即馳傳以聞。上恐其以詐降而襲邊，乃令去病將兵往迎之。去病既度河，與渾邪眾相望。渾邪裨王將見漢軍而多欲不降者，頗遁去。去病乃馳入，得與渾邪王相見，斬其欲亡者八千人，遂獨遣渾邪王乘傳先詣行在所，盡將其眾度河，降者數萬人，號稱十萬。既至長安，天子所以賞賜數十鉅萬。封渾邪王萬戶，為漯陰侯。封其裨王呼毒尼為下摩侯，雁疕為煇渠侯，禽黎為河綦侯，大當戶調雖為常樂侯。於是上嘉去病之功，曰：「票騎將軍去病率師征匈奴，西域王渾邪王及厥眾萌咸奔於率，以軍糧接食，并將控弦萬有餘人，誅獟悍，捷首虜八千餘級，降異國之王三十二。戰士不離傷，十萬之眾畢懷集服。仍興之勞，爰及河塞，庶幾亡患。以千七百戶益封票騎將軍。減隴西、北地、上郡戍卒之半，以寬天下繇役。」乃分處降者於邊五郡故塞外，而皆在河南，因其故俗為屬國。其明年，匈奴入右北平、定襄，殺略漢千餘人。

其明年，上與諸將議曰：「翕侯趙信為單于畫計，常以為漢兵不能度幕輕留，今大發卒，其勢必得所欲。」是歲元狩四年也。春，上令大將軍青、票騎將軍去病各五萬騎，步兵轉者踵軍數十萬，而敢力戰深入之士皆屬去病。去病始為出定襄，當單于。捕虜，虜言單于東，乃更令去病出代郡，令青出定襄。郎中令李廣為前將軍，太僕公孫賀為左將軍，主爵趙食其為右將軍，平陽侯襄為後將軍，皆屬大將軍。趙信為單于謀曰：「漢兵即度幕，人馬罷，匈奴可坐收虜耳。」乃悉遠北其輜重，皆以精兵待幕北。而適直青軍出塞千餘里，見單于兵陳而待，於是青令武剛車自環為營，而縱五千騎往當匈奴，匈奴亦從萬騎。會日且入，而大風起，沙礫擊面，兩軍不相見，漢益縱左右翼繞單于。單于視漢兵多，而士馬尚彊，戰而匈奴不利，薄莫，單于遂乘六贏，壯騎可數百，直冒漢圍西北馳去。昏，漢匈奴相紛挐，殺傷大當。漢軍左校捕虜，言單于未昏而去，漢軍因發輕騎夜追之，青因隨其後。匈奴兵亦散走。會明，行二百餘里，不得單于，頗捕斬首虜萬餘級，遂至窴顏山趙信城，得匈奴積粟食軍。

軍留一日而還，悉燒其城餘粟以歸。

青之與單于會也，而前將軍廣、右將軍食其軍別從東道，或失道。大將軍引還，過幕南，乃相逢。青欲使使歸報，令長史簿責廣，廣自殺。食其贖為庶人。青軍入塞，凡斬首虜萬九千級。

是時匈奴眾失單于十餘日，右谷蠡王自立為單于。單于後得其眾，右王乃去單于之號。

去病騎兵車重與大將軍軍等，而亡裨將。悉以李敢等為大校，當裨將，出代、右北平二千餘里，直左方兵，所斬捕功已多於青。

既皆還，上曰：「票騎將軍去病率師躬將所獲葷允之士，約輕齎，絕大幕，涉獲單于章渠，以誅北車耆，轉擊左大將雙，獲旗鼓，歷度難侯，濟弓盧，獲屯頭王、韓王等三人，將軍、相國、當戶、都尉八十三人，封狼居胥山，禪於姑衍，登臨翰海，執訊獲醜七萬有四百四十三級，師率減什二，取食於敵，卓行殊遠而糧不絕。以五千八百戶益封票騎將軍。右北平太守路博德屬票騎將軍，會興城，不失期，從至檮余山，斬首捕虜二千八百級，封博德為邳離侯。北地都尉衛山從票騎將軍獲王，封山為義陽侯。故歸義侯因淳王復陸支、樓剸王伊即軒皆從票騎將軍有功，封復陸支為杜侯，伊即軒為眾利侯。從票侯破奴、昌武侯安稽從票騎有功，益封各三百戶。漁陽太守解、校尉敢皆獲鼓旗，賜爵關內侯，解食邑三百戶，敢二百戶。校尉自為爵左庶長。」軍吏卒為官，賞賜甚多。而青不得益封，吏卒無封者。唯西河太守常惠、雲中太守遂成受賞，遂成秩諸侯相，賜食邑二百戶，黃金百斤，惠爵關內侯。

第十一章　生前身後事

兩軍之出塞，塞閱官及私馬凡十四萬匹，而後入塞者不滿三萬匹。乃置大司馬位，大將軍、票騎將軍皆為大司馬。定令，令票騎將軍秩祿與大將軍等。自是後，青日衰而去病日益貴。青故人門下多去事去病，輒得官爵，唯獨任安不肯去。

去病為人少言不泄，有氣敢往。上嘗欲教之吳孫兵法，對曰：「顧方略何如耳，不至學古兵法。」上為治第，令視之，對曰：「匈奴不滅，無以家為也。」由此上益重愛之。然少而侍中，貴不省士。其從軍，上為遣太官齎數十乘，既還，重車餘棄粱肉，而士有飢者。其在塞外，卒乏糧，或不能自振，而去病尚穿域蹋鞠也。事多此類。青仁，喜士退讓，以和柔自媚於上，然於天下未有稱也。

去病自四年軍後三歲，元狩六年薨。上悼之，發屬國玄甲，軍陳自長安至茂陵，為冢象祁連山。謚之并武與廣地曰景桓侯。子嬗嗣。嬗字子侯，上愛之，幸其壯而將之。為奉車都尉，從封泰山而薨。無子，國除。

自去病死後，青長子宜春侯伉坐法失侯。後五歲，伉弟二人，陰安侯不疑、發干侯登，皆坐酎伉失侯。後二歲，冠軍侯國絕。後四年，元封五年，青薨，謚曰烈侯。子伉嗣，六年坐法免。

自青圍單于後十四歲而卒，竟不復擊匈奴者，以漢馬少，又方南誅兩越，東伐朝鮮，擊羌、西南夷，以故久不伐胡。

初，青既尊貴，而平陽侯曹壽有惡疾就國，長公主問：「列侯誰賢者？」左右皆言大將軍。主笑曰：「此出吾家，常騎從我，柰何？」左右曰：「於今尊貴無比。」於是長公主風白皇后，皇后言之，上乃詔青尚平陽主，與主合葬，起冢象廬山云。

最大將軍青凡七出擊匈奴，斬捕首虜五萬餘級。一與單于戰，收河南地，置朔方郡。再益封，凡萬六千三百戶；封三子為侯，侯千三百戶，并之二萬二百戶。其裨將及校尉侯者九人，為特將者十五人，李廣、張騫、公孫賀、李蔡、曹襄、韓說、蘇建皆自有傳。

李息，郁郅人也，事景帝。至武帝立八歲，為材官將軍，軍馬邑；後六歲，為將軍，出代；後三歲，為將軍，從大將軍出朔方：皆無功。凡三為將軍，其後常為大行。

公孫敖，義渠人，以郎事景帝。至武帝立十二歲，為騎將軍，出代，亡卒七千人，當斬，贖為庶人。後五歲，以校尉從大將軍，封合騎侯。後一歲，以中將軍從大將軍再出定襄，無功。後二歲，以將軍出北地，後票騎，失期當斬，贖為庶人。後二歲，以校尉從大將軍，無功。後十四歲，以因杅將軍築受降城。七歲，復以因杅將軍再出擊匈奴，至余吾，亡士多，下吏，當斬，詐死，亡居民間五六歲。後覺，復繫。坐妻為巫蠱，族。凡四為將軍。

李沮，雲中人，事景帝。武帝立十七歲，以左內史為彊弩將軍。後一歲，復為彊弩將軍。

張次公，河東人，以校尉從大將軍，封岸頭侯。其後太后崩，為將軍，軍北軍。後一歲，復從大將軍。凡再為將軍，後坐法失侯。

趙信，以匈奴相國降，為侯。武帝立十八年，為前將軍，與匈奴戰，敗，降匈奴。

第十一章　生前身後事

趙食其，祋祤人。武帝立十八年，以主爵都尉從大將軍，斬首六百六十級。元狩三年，賜爵關內侯，黃金百斤。明年，為右將軍，從大將軍出定襄，迷失道，當斬，贖為庶人。

郭昌，雲中人，以校尉從大將軍。元封四年，以太中大夫為拔胡將軍，屯朔方。還擊昆明，無功，奪印。

荀彘，太原廣武人，以御見，侍中，用校尉數從大將軍。元封三年，為左將軍擊朝鮮，無功，坐捕樓船將軍誅。

最票騎將軍去病凡六出擊匈奴，其四出以將軍，斬首虜十一萬餘級。渾邪王以眾降數萬，開河西酒泉之地，西方益少胡寇。四益封，凡萬七千七百戶。其校尉吏有功侯者六人，為將軍者二人。

路博德，西河平州人，以右北平太守從票騎將軍，封邳離侯。票騎死後，博德以衛尉為伏波將軍，伐破南越，益封。其後坐法失侯。為彊弩都尉，屯居延，卒。

趙破奴，太原人。嘗亡入匈奴，已而歸漢，為票騎將軍司馬。出北地，封從票侯，坐酎金失侯。後一歲，為匈河將軍，攻胡至匈河水，無功。後一歲，擊虜樓蘭王，後為浞野侯。後六歲，以浚稽將軍將二萬騎擊匈奴左王。左王與戰，兵八萬騎圍破奴，破奴為虜所得，遂沒其軍。居匈奴中十歲，復與其太子安國亡入漢。後坐巫蠱，族。

自衛氏興，大將軍青首封，其後支屬五人為侯。凡二十四歲而五侯皆奪國。征和中，戾太子敗，衛氏遂滅。而霍去病弟光貴盛，自有傳。

贊曰：蘇建嘗說責「大將軍至尊重，而天下之賢士大夫無稱焉，願將軍觀古名將所招選者，勉之哉！」青謝曰：「自魏其、武安之厚賓客，天子常切齒，彼親待士大夫，招賢黜不肖者，人主之柄也。人臣奉法遵職而已，何與招士！」票騎亦方此意，為將如此。

（選自《漢書》卷五十五〈衛青霍去病傳〉）

西漢雙雄

長平侯衛青與冠軍侯霍去病，且看舅甥二人如何助武帝開創大漢盛世

作　　者：喬忠延
發 行 人：黃振庭
出 版 者：崧燁文化事業有限公司
發 行 者：崧燁文化事業有限公司
E-mail：sonbookservice@gmail.com
粉 絲 頁：https://www.facebook.com/sonbookss/
網　　址：https://sonbook.net/
地　　址：台北市中正區重慶南路一段六十一號八樓 815 室
Rm. 815, 8F., No.61, Sec. 1, Chongqing S. Rd., Zhongzheng Dist., Taipei City 100, Taiwan
電　　話：(02) 2370-3310
傳　　真：(02) 2388-1990
印　　刷：京峯彩色印刷有限公司（京峰數位）

定　　價：370 元
發行日期：2022 年 02 月第一版
◎本書以 POD 印製

國家圖書館出版品預行編目資料

西漢雙雄：長平侯衛青與冠軍侯霍去病，且看舅甥二人如何助武帝開創大漢盛世 / 喬忠延著 . -- 第一版 . -- 臺北市：崧燁文化事業有限公司，2022.02
面；　公分
POD 版
ISBN 978-626-332-013-0(平裝)
1.CST: (漢) 衛青 2.CST: (漢) 霍去病 3.CST: 傳記
782.821　110022198

電子書購買

臉書